JN296029

フェルディナン・ビュイッソンの教育思想

第三共和政初期教育改革史研究の一環として

尾上雅信
Onoue Masanobu

東信堂

はしがき

　本研究は、フランス第三共和政確立・発展期における1880年代教育改革の立案・推進主体の中心にあったフェルディナン・ビュイッソン（Buisson, F; 1841-1932）の教育思想の形成過程とその特質をあきらかにすることを具体的な課題とするものである。

　第三共和政初期の教育改革に関するこれまでの多くの研究は、新たに創出される学校教育の制度的改革の特質ならびにそれを立案・推進した主体の政策的意図の解明に力を注いできた。その蓄積のなかで、フランス革命と第三共和政との関係についてのひとつの「通説」が形成されてきたこと、あるいは前提とされてきたことは、否定できないであろう。それはすなわち、フランス革命が「無償」「義務」「世俗（性）」という公教育（制度）の理念・原則を産出し、紆余曲折ののち100年後の第三共和政において現実に制度的に実現されたとする歴史的評価である。こうした「通説」に対しては、1980年代以降、フランス革命史およびその教育史研究の側から疑問や問題提起がなされてきた。その一方で、第三共和政の教育史に関する研究においても、「通説」への批判的考察は提出されてきたのであるが、それらは政治史あるいは現代社会学的アプローチによるものが多く、こうした考察からは、当時形成されつつあった「教育学」の立場からの提言が見落とされ、それがもつであろう歴史的意義に関する考察がなされてこなかった。本研究は、さきの「通説」の淵源そのものを追及しようという初発の問題関心とともに、従来の第三共和政教育改革史研究に対する、この点についての批判的問題関心を根底に抱くものである。すなわち、教育における制度改革に関する歴史的検討には、制度改革の特質や政策的意図の分析のみならず、そのような制度の改革を必要とした、あるいはそれを導き出した教育論ないし教育思想——それは教育の具体的な内容と方法に関する思索の展開が中心となるであろう——の析出

とその歴史的検討ならびに位置づけが必要であり、こうした作業課題の遂行によって、従来の政治史・制度史的な研究成果に対して教育学・教育史的研究の立場から新たな成果の蓄積がなされ得るということである。本研究において、のちにみずからソルボンヌで「教育科学 (la science de l'éducation)」講座を担当することとなるビュイッソンをとりあげ、その言説の分析をとおして第三共和政教育改革を検討しようとする根拠はここにある。それはまた、本研究が従来の教育制度・教育政策史の研究あるいは政治史・社会史的もしくは社会学的研究とは異なる独自性をもつ根拠となるのである。このことはまた、フランスにおける第三共和政教育史研究の近年の動向が、その研究対象を学校制度・政策上の改革から、教育の実態——具体的な教育内容・方法を含め、クラス・学年編成などの「教育組織」——の解明へとシフトしつつあることとも対応しているのである。

　フェルディナン・ビュイッソンといえば、フランス教育史研究を専門とする者はもちろん、フランスの教育にかかわる者ならば即座にその『教育学・初等教育事典』を想起するであろう。この事典なくしてフランス教育研究はあり得ないとも言える。これまで、その編者であるビュイッソンその人については、あまり知られてこなかった。ところが近年、とくにフランス・プロテスタントに関する歴史研究において、彼の宗教思想ならびにその形成過程、さらには詳細な伝記的研究が急増している。一種の、ビュイッソン・ルネサンスと呼んでも過言ではない。その背景には、イスラーム・スカーフ事件に象徴される、フランス独自のライシテ（世俗性ないし非宗教性）の伝統の揺らぎと柔軟な解釈が求められていることがあると思われる。第三共和政期に確立したライシテ原理ではあるが、その確立と伝播に努めたビュイッソン自身およびその思想のもつ柔軟性が、今ふたたび求められているようにも思われるのである。しかしながら、彼の教育思想については、第三共和政に関する歴史研究全般は言うまでもなく、教育史研究においても、教育にかかわる彼の事跡の解明をはじめ、教育思想の形成過程、思想体系の解明はもちろんのこと、教育に関するその言説の系統的な分析と特質の解明さえ、いまだ不十分な状況にある。このような研究状況をふまえ、さらにさきの問題関心をか

さねあわせ、本研究では、第三共和政確立期から1880年代改革期に至るビュイッソンの経歴をあきらかにしつつ、その時系列に即して彼の具体的な言説をとりあげ、その基本的特徴を明確にする作業によって彼の教育思想形成過程を追及し、彼の教育思想の特質をあきらかにすることを、具体的課題として設定した。この課題の遂行をとおして、1880年代教育改革に関して、具体的な教育内容・方法レベルにおける改革の思想にまで踏み込んだ総合的な再構成と再検討の手がかりを得ること、これが本研究の目的である。

本書は、筑波大学に提出した学位請求論文（「フェルディナン・ビュイッソンの教育思想の形成に関する研究――第三共和政初期教育改革史研究の一環として――」）に、若干の加除修正を行なったものである。研究を進めるにあたり、日本学術振興会の科学研究費補助金の交付をうけた。直接には、平成14〜15年度の基盤研究「フランス第三共和政教育改革におけるF.ビュイッソンの役割に関する基礎的研究」の成果にもとづくものである。公費の援助をうけたことに感謝の意を表したい。

2007年春

著　者

フェルディナン・ビュイッソンの教育思想
──第三共和政初期教育改革史研究の一環として──／目次

はしがき ……………………………………………………………… i

序章　本研究の課題と構成 …………………………………… 3
1. 問題の所在 ……………………………………………… 3
   (1) フランス革命と第三共和政教育改革の連続・非連続をめぐる問題から　3
   (2) 第三共和政教育史研究の動向から　5
2. ビュイッソン研究の概要・検討と問題点の指摘 …………10
3. 本研究の課題と方法、範囲ならびに全体の目的 …………15
4. 本研究の構成 ……………………………………………16
   註 (18)

第1章　世俗的教育思想の基底 ……………………………22
第1節　第二帝政下パリにおける活動 ……………………23
   (1) 改革派教会における活動──自由プロテスタント思想の表明　23
   (2) ヌーシャテルへの亡命──共和主義の表明　28
第2節　ヌーシャテル時代の活動 …………………………30
   (1) 初等教育世俗化の志向──「聖史」の教育の批判と教育の世俗化　30
   (2) 自由キリスト教協会運動──「自由キリスト教」思想の形成　36
小　括 ………………………………………………………40
   註 (41)

第2章　共和主義的改革への志向 …………………………43
　　　　──パリ・コミューン期の活動をとおして──
第1節　ヌーシャテルからパリへ──普仏戦争 ……………44
   (1) 普仏戦争とフランスへの帰国　44
   (2) 『労働者の共和国』掲載の記事から　46
第2節　パリ・コミューンとビュイッソン …………………49
   (1) パリ・コミューンの教育・福祉改革　49
   (2) パリ・コミューンの孤児院関連施策とビュイッソン　50

小　括 ……………………………………………………………57
　註 (59)
第3章　ウィーン万博派遣とその報告書 ……………………62
　第1節　第三共和政の成立とビュイッソンの活動 …………62
　　　　　──初等視学官任命からウィーン万博派遣の経緯
　　(1) 初等視学官任命とその批判の経緯　62
　　(2) ウィーン万博への派遣　66
　第2節　ウィーン万博報告書の概要と基本的特徴 …………67
　　(1) 報告書の目的と基本的特徴　67
　　(2) 内容の構成　69
　　(3)「ウィーンにおける学校博覧会の組織」の概略と特徴　70
　　(4)「第8章　歴史と地理」から：その基本的特徴　77
　小　括 ……………………………………………………………80
　註 (81)
　〈参考〉ウィーン万博の教育関係資料（抜粋）………………85
第4章　フィラデルフィア万博派遣とその報告書 …………102
　第1節　フィラデルフィア万博とフランス視察団派遣の経緯……103
　　(1) フィラデルフィア万博とその学校博覧会　103
　　(2) フランス視察団派遣の経緯　104
　第2節　フィラデルフィア万博報告書の概要と基本的特徴……105
　　(1) 報告書の目的・主題　105
　　(2) 報告書の内容構成　107
　　(3) 報告書の概要と基本的特徴　108
　小　括 ……………………………………………………………118
　註 (120)
　〈参考〉フィラデルフィア万博の教育関係資料（抜粋）………122
第5章　万博における「道徳・宗教教育」に関する視察報告…158
　第1節　ウィーン万博報告書における道徳・宗教教育の報告……159
　　(1) 報告の構成と概要　159
　　(2) 報告の基本的特徴　161
　第2節　フィラデルフィア万博報告書における道徳・宗教

　　　　教育の報告……………………………………………163
　　　(1)「第22章　宗教教育について」の構成と概要　163
　　　(2)「第23章　道徳教育」の構成と概要　166

　　小　括 ……………………………………………………172
　註 (173)

第6章　直観教授論の展開 ……………………………175
　第1節　万博報告書等にみられる直観教授に関する見解……176
　　　(1) ウィーン万博報告書にみられる直観教授に関する見解　176
　　　(2) フィラデルフィア万博報告書にみられる直観教授に関する見解　178
　　　(3) パリ万博講演会における直観教授に関する見解　179
　第2節　1880年代教育改革とビュイッソンの直観教授論 …………182
　　　(1) 教育課程の拡充と直観的方法　183
　　　(2) 教育制度改革論への展望　185

　　小　括 ……………………………………………………186
　註 (187)

第7章　教育制度改革論の展開 ……………………………189
　第1節　初等教育局長就任と『教育学・初等教育事典』の編纂……189
　　　(1) 初等教育局長就任の経緯　189
　　　(2)『教育学・初等教育事典』編纂と教育制度改革　193
　第2節　ジュール・フェリー改革：「国民教育」の創設…………197
　　　(1) 制度改革の目的と手段──「無償」「義務」「世俗性」の根拠　198
　　　(2) 制度改革を支える「教育的改革」──教育内容・方法の改革　200
　第3節　「ゴブレ法」：教員制度の改革 ……………………………204
　第4節　1880年代教育改革の総括と歴史的正統化 ………………211
　　　(1)「初等教育三原則」の歴史的正統化　212
　　　(2) 制度改革を支える「教育的改革」──教員の教育的使命の強調　218
　第5節　国家による道徳の世俗的教育への展望……………………219
　　　　　──「国家の代理人」としての教師

　　小　括 ……………………………………………………222
　註 (223)

終章　本研究の結論 …………………………………228
　1．ビュイッソン研究に即して：研究の成果 …………………228
　　(1) 各章における検討結果　228
　　(2) 本研究の成果　232
　2．第三共和政教育改革史研究に即して：研究の展望 ……………236
　註 (239)
フェルディナン・ビュイッソン（Ferdinand Buisson）関連略年譜 …………240
参考文献一覧 …………………………………………………244
あとがき …………………………………………………251
事項索引 …………………………………………………255
人名索引 …………………………………………………257

フェルディナン・ビュイッソンの教育思想
――第三共和政初期教育改革史研究の一環として――

序章　本研究の課題と構成

　本章においては、まず第一に、本研究の前提となる筆者の問題関心に関して述べる。おもにフランス革命と第三共和政教育改革の連続・非連続の問題をめぐる研究状況を切り口にして、第三共和政初期教育改革史研究の動向の概観と整理・問題点の指摘を行ない、本研究全体の課題を概括的に提起したい。ついで第二に、本研究で直接とりあげる具体的な対象であるF. ビュイッソン (Buisson, F.; 1841-1932) に関する先行研究の状況を整理し、その成果と限界を総括的に論ずる。そして第三に、上記の作業結果をふまえて、本研究の直接的課題と方法、範囲ならびに叙述の構成を明示するとともに、その作業全体をとおして本研究がめざす目的を確定する。

1. 問題の所在

(1) フランス革命と第三共和政教育改革の連続・非連続をめぐる問題から

　フランス近代初期、七月王政以来の伝統的な諸学校を、「義務・無償・世俗」的な学校制度に再編成する過程として展開された第三共和政1880年代教育改革、いわゆるジュール・フェリー改革に関する従来の歴史的評価には、フランス革命との関連においてみるとき、ひとつの「通説」が存在してきたことは否定できない。すなわち、すでに古典ともいうべきゴンタールの研究『第三共和政の学校事業 (Gontard, M.; *L'Oeuvre scolaire de la Troisième République*, Toulouse, c. 1950)』やフーリエの『1789年から1945年までのフランス教育史 (Fourrier, Ch.; *L'Enseignement français de 1789 à 1945*, Paris, 1965)』をはじめ、ジュール・

フェリー (Ferry, J.; 1832-1893) らを「フランス大革命の立法者の弟子たち」[1]と位置づけたレオンの『フランス教育史 (Léon, A.; *Histoire de l'enseignement en France*, Paris, 1967)』のごとく、フランス革命が教育改革の理念——「無償」「義務」「世俗性」という制度的な理念ないしは理想——を生み出し、第三共和政がそれを実現したとする伝統的な評価である[2]。こうした「通説」に対しては、その評価のもつ一面性を批判する論考もなくはなかった[3]。しかしながら、この伝統的な歴史評価に対する本格的な疑問が提示され、フランス革命と第三共和政との連続性について再検討が開始されたのは、1980年代のフランス革命史およびフランス革命教育史研究からである。それは、バチコの『民主主義のための教育 (Baczko, B.; *Une éducation pour la démocratie*, Paris,1982)』などの問題提起を受けとめ、新たな革命期議会史料集 (*Archives Parlementaires—Recueil complet des Débats Legislatifs & Politiques des Chambres Française*) を活用した革命期教育史研究であり、その問題提起はたとえば、「教育史の側からのアプローチは、概して、第三共和制下における現代学校教育制度に特有な諸原理 (無償性、義務性、世俗性など) を革命期の教育案の中に探し求める、という発生史的視点」をとっているという松浦の指摘[4]に代表される。これらは「公教育」概念の広がりを示唆するなど[5]、一定の成果をあげつつ、さきの「通説」に対して疑問をなげかけるものであった。しかし、これはあくまでもフランス革命史および革命期教育史研究からの問題提起であり、第三共和政教育 (改革) 史研究からのなげかけではなかった。

　ひるがえって、第三共和政教育史の研究からは、どうであったか。こちらは、教育史研究よりむしろ、政治史や社会史、あるいは社会学からの批判的研究が中心であった。たとえば、ロジャー・プライスは「社会統制論」の観点からとくに道徳教育の世俗化に注目し、世俗化と就学義務に関する1882年3月28日の法律によって新たに公初等教育に導入された「公民教育」の教科書 (副読本) 分析をとおして、この教育がフランス国土の美しさとそこに住む人々の社会的協調、そして世界最善の共和政の確立による一切の社会的矛盾の解消を描き出すことで、「支配的社会集団」の文化と道徳を子どもたちに押しつけるものであったことを指摘する[6]。このような研究は、第三共和政教育

改革の立案・推進主体の政策的意図に着目し、それがもつ、あるいはつくりだすイデオロギーの分析に力点をおくもので、その研究成果・評価は妥当性に富み、とくに第三共和政教育改革が現実に機能していく方向性を見定めようという視点からは多くの示唆を得ることのできるものである。しかしながら、これらの研究の拠って立つ立場・視点からは、当時形成されつつあった教育学の立場からの提言が見落とされてしまっている。第三共和政教育改革の渦中においては、形成されつつあった教育学の立場から、制度改革を支えるために、教育学的提言がなされていたはずである。とすればこの場合、それはどのような提言で、どのような仕方で提起されていたのか、また如何なる論理の展開をみせ、実際の改革にかかわっていたのか、が問われなければならない。具体的には、教育改革における政策的意図や制度的変革の特質の析出のみならず、教育の内容および方法にかかわる改革へと接近することである。そうすることにより、これまでの研究成果に対して教育学・教育史研究の立場から新たな成果を付け加えることができると考えるからである。本研究において、当時の教育改革推進主体のひとりであるとともに、のちには自らソルボンヌで「教育科学」講座を担当することとなるビュイッソンをとりあげ、その言説の分析をとおして第三共和政教育改革を検討する意義はここにあるのであり、それはまた、本研究が、前述した従来の政治史・社会史的研究と異なる独自性の根拠ともなるのである。

(2) 第三共和政教育史研究の動向から

　第三共和政の教育改革について、教育内容・方法のレベルから検討しようとする動向は、教育課程・方法に関する法令・通達等の分析にとどまるジオリットの古典的な研究『19世紀初等教育史（Giolitto, P.; *Histoire de l'enseignement primaire aux XIXe siècle*, 2vols, Paris, 1983 et 1984）を別にすれば、きわめて最近のものといえる。ここでは、シャプリ（Chapoulie, J.-M.）およびメルシエ（Mercier, D.）の、最新の研究成果をとりあげ、その問題関心・課題設定の理由・研究方法等を概観・検討することをとおして、第三共和政教育（改革）史研究の動向を把握するとともに、あわせて本研究における問題の所在をあきらかにする。

シャプリの論文「第三共和政初等教育の組織：その地方ならびにパリにおける1850年から1880年の起源 (L'Organisation de l'enseignement primaire de la IIIe République: ses origines provincials et parisiennes, 1850-1880)」は、「教育組織 (organisation pédagogique)」という概念を導入・使用することで、第三共和政教育改革を教育内容・方法の視点から検討しようとするものである[7]。シャプリのいう「教育組織」とは、「学校における（何らかの—引用者）区分による生徒の再編の様式、様々な活動の時間配分、様々な教科の学習の進行」[8]であるが、さらに詳しくは「学校の制度上の組織と呼ばれ得るもの——その財政、職員の監督と管理を担う権限、教員の養成と資格の制度が考えられる——」および「教育の内容、すなわち教育課程、生徒が獲得すべき知識と技能、ならびに様々な教科の授業において用いられる教授方法にかかわる問題」と、二つに分けて定義される[9]。シャプリの問題関心は、この「教育組織」に関する1830年代のギゾー (Guizot, F.; 1787-1874) 法（1833年6月28日の初等教育法）時代の規程と、1880年代ジュール・フェリー (Ferry, J.; 1832-1893) 改革期の規程とのあいだに存在する大きな相違点の原因と意味についての解明にある。その相違点とは、ギゾー法時代の初等教育に関する規程はきわめて簡潔であり、しかも事実上それは「死文」化したのに対して、1880年代の改革においては1882年7月27日の省令によって初等教育について詳細な規定がなされていること、およびそれが「長期にわたり初等教育を組織していく」こと[10]である。この相違点がなぜ、如何にして形成されたのか、シャプリは具体的には1850年代の初等視学官たちが書き残した報告書・指導書・教科書等の歴史文書を用いて「おもに社会学において発展された研究の長い伝統にもとづく」調査の方法をとり[11]、実証的に解明していく。その方法論と具体的な研究成果は参考となるものも多い[12]が、ここで注目したいことは、シャプリのとる先行研究の批判的検討の視点とその内容である。すなわち、シャプリがさきにみた「教育組織」の二つの側面のうち、前者すなわち学校（教育）の制度上の組織に関する歴史については古くから研究がなされてきたとして、さきのゴンタールの古典的著作と近年のグルヴェの研究『現代学校の起源 1789年から1835年 (Grevet, R.; L'Avènement de l'école contemporaine, 1789-1835,

Lille, 2001)』をあげ、それに対して「教育組織」の後者すなわち教育内容・方法に関する歴史的研究は「数も少なく、比較的最近に」行なわれるようになったにすぎないとして、国語（フランス語）教育に関する歴史研究を例示[13]している点である。第三共和政教育改革に関する全般的な教育史研究をこのように「教育組織」の二つの側面に範疇化するならば、すでに古典的名著といえるさきのフーリエ、レオンの著作、プロの著書『フランスの教育 1800-1967 (Prost, A.; *L'Histoire de l'enseignement en France 1800-1967*, Paris, 1968)』、そしてシュヴァリエらの研究『フランス大革命から現代のフランス教育史 (Chevallier, G. et Grosperrin, B.; *L'Enseignement français de la Révolution à nos jours*, Paris, 1971)』などは、前者つまり学校の制度上の組織に関する研究にふくまれることとなり、従来の「通説」形成に貢献してきた多くの研究が、こうした制度的（改革）研究に終始するものであったといっても過言ではない。後者すなわち教育内容・方法に関する歴史研究については、シャプリの例示するように各教科ないし教科教育に関する歴史研究、それもシャプリは指摘していないが、フランス史教育に関する研究が近年盛んになってきていること[14]が、注目される程度にすぎない。教育内容・方法の視点、広くは教育課程全般、教育（教授）方法一般をふくむ「教育組織」に関する歴史研究は、シャプリの指摘するように、「数少ない」状況にあり、その多くは今後に残された領域であるといえるのである。

　一方、ほぼ同様の問題関心から、1880年代から1914年までの「道徳教育」の実際の実施状況について、やはり初等視学官の報告書を素材にして検討したのが、メルシエの論文「道徳教育の実態：1880年から1914年にかけての初等視学官の役割 (L'Enseignement de la morale au quotidian: le rôle des inspecteurs primaires (1880-1914))」である。メルシエの課題意識は、あらたな共和政の成立によって導入された道徳教育の理念が、実際の（初等）学校現場にどのように浸透していったのか、その実態にせまること、より具体的には、おもに1890年代から世紀転換期にかけてフランス各地の初等視学官たちによって「学級（授業）実践の実態およびそれを改善するために提案された考察を把握」することにある[15]。その研究成果も示唆されるところは数多くある[16]が、ここでもやはり、メルシエのとる第三共和政教育（改革）史に関する先行研究

へのまなざしとその検討内容に注目したい。メルシエは論文冒頭において、共和政によって1882年から導入された道徳教育は、歴史家にとって「第三共和政の学校における世俗思想（l'idée laïque）の勝利について自省する機会である」としてメイヨール（Mayeur, J.-M.）らの著作[17]をあげ、これらは「共和派の教育の本質と目的をあきらかにしている」[18]としながらも、これらの先行研究についての批判を展開する。その批判の中心は、そこで使用されている史・資料に関するもので、二つに分けられる。ひとつには、「大臣の演説あるいは省の提示した公文書だけに注目してそれを使用することは、第三共和政の教育事業を、その立法・政策・法制─立法の政策、だけに矮小化してしまう」とする点である[19]。これは、従来の研究のほとんどが公的文書のみを使用して政策（史）的アプローチをとってきたことへの、史料的および方法論的な批判といえる。しかし、その一方でまた、「生徒の学習証書とノートのコピー」を資料として用いるボベロ（Baubérot, J.）らの研究に対しても、その資料は「特定の生徒が記憶した知識」をあきらかにする点ではすぐれているが、「学級（授業）の実践の多様性とそこで用いられた教授法」についてはあきらかにすることはできないと批判しているのであり[20]、いわゆる社会史的アプローチ、ないしは史・資料の使用のみを無批判に賞賛しているわけではない点に注意したい。この点が、ここでとくに注目したいメルシエの先行研究批判の第二点に関連しているからである。その第二の批判とは、すなわち、「教科書あるいは専門的な定期刊行物の論説に関する研究は、それ（第三共和政の教育事業─引用者）に関して、『学級の世界』あるいは『学校において体験された経験的な現実』への、統治者の期待の受容を無視している」という指摘である[21]。これは、使用されている史・資料そのものへの批判ではなく、その素材から「統治者の期待」を読み取っていない、さらにはその「期待」の「受容」という観点が抜け落ちているという、方法論ないし研究の視角に関する批判的問題提起といえる。メルシエ自身は、こうした「伝統的に使用されてきた資料」に加えて「学級のなかで起きたことによりいっそうせまることのできる資料」が必要であるとして、視学官報告書をとりあげることになるのであるが、ここではとりあえず、この第二点目の先行研究批判ないし問題提起の

視点だけを強調しておくことで、本研究の主題設定へとつなげたい。

　以上に概観した二つのごく最近の研究は、具体的な研究対象はそれぞれ異なり、方法論も微妙に異なるものではあるが、ともに第三共和政1880年代の教育改革に関する従来の歴史研究が学校の制度やその基本となる政策の解明に重点がおかれ、それなりに多くの成果を残してきたことを認める一方で、その教育実態――具体的な教育内容・方法をふくめてクラス・学年編成などの「教育組織」――に関する研究の蓄積の薄さを主張する点、そしてその間隙を埋めていこうとする方向性において、一致している。本研究もまた、こうした問題提起と課題意識のうえに位置づくべきものと考える。本研究は、メルシエの研究とはその具体的な研究対象も同じく道徳教育に関心を寄せるものであり、またその主張する「(新たに道徳教育を導入した―引用者)統治者の期待」そのものの解明とともに、それがどのように「受容」されていったか、または「受容」されるべく努力されたか、という観点からのアプローチという点においてにそのスタンスを共有する。しかし、メルシエがフランス全土を覆いつくすネットワークを形成した「初等視学官」群に注目したことは、個々の視学官の道徳教育に関する思惑や構想・計画への接近は可能にしたものの、その統一的ないしは統合的理解に欠く結果となり、全体として「(新たに道徳教育を導入した―引用者)統治者の期待」そのものの全体像あるいは指導的な理念・理想像の解明には至らなかったのである。このような先行研究の問題提起を継承するとともに、その研究視角・方法における限界をふまえ、本研究では、初等視学官ネットワークの頂点にたち、実際の政令・省令・通達の作成、さらに様々な講演会等の活動をとおして1880年代教育改革の直接的な立案・推進主体としての役割を果たした公教育省初等教育局長であったビュイッソンに着目する。彼がその指導的立場において公表した様々な言説を検討・分析することによって、よりいっそう「統治者の期待」の具体的内容、そしてその「受容」のための教育改革の具体的な説明手法と内容をあきらかにすることができると考えるのである。

　本研究のこうした概括的な課題を確認したうえで、つぎには本研究で具体的対象としてとりあげるビュイッソンに関する先行研究について、整理・検

討ならびに問題点を指摘し、よりいっそう具体的に研究課題の確定を行なう。

2. ビュイッソン研究の概要・検討と問題点の指摘

　ビュイッソンに関しては、これまでも様々な先行研究が存在する。教育学事典や教育史の通史的研究において断片的にとりあげられているものも多い[22]。ここでは、こうした断片的な紹介に関しては除外し、ビュイッソン自身の事跡と思想を直接対象とした一般的ないし解説的な著作ならびに学術的研究について整理・検討する。

　これらの研究を大雑把に分類するならば、①第三共和政の成立史のなかでプロテスタントの果たした役割、さらにその世俗性（ライシテ）思想に関する歴史・思想史的研究において彼をとりあげるもの、および②彼の教育学ないし教育思想、教育的業績をもっぱらの対象とする歴史・教育史研究、の二つに分けられよう。以下、それぞれの代表的な研究著書、論文をとりあげ、検討する。

　①に分類される代表的な著作には、ギサ・ペイルの大著『ビュイッソン像の多義性：或るピューリタンの共和主義的使命 (Gueissaz-Peyre, M.; *L'Image émigmatique de Ferdinand Buisson: La Vocation républicaine d'un saint puritain*, Paris, 2003)』があげられる。このギサ・ペイルの研究（原著は、1998年にパリ第7大学に提出された学位論文）は、第三共和政成立の過程においてプロテスタント、とりわけそのマイナーながらも結集力の強いネットワークを形成したプロテスタントの一派（革新派・自由派）に注目し、その思想的特質とともに第三共和政の政策決定過程への関与とそこで果たした役割の分析を、ビュイッソンの事跡の解明という時系列にそって行なうものである。彼女は自らの課題意識をつぎのように述べている。「現代の歴史研究は、第三共和政初期の諸内閣に多くのプロテスタントが存在していたこと、およびジュール・フェリーの周辺にプロテスタント自由派が存在したことを指摘するだけで満足しているが、とくに後者についてはまったくあるいはほとんど説明できていない。長い政教分離の過程におけるフェルディナン・ビュイッソンの果たした役割

についても、多くの専門家が強調はするが、ほとんど解明されていないし、十分には説明されていない」と。また、これらのプロテスタントの人々に対する関心の欠如のため、「ライシテ(世俗性)におけるフランスの特殊性という問題が持ちえたかもしれない意味についての検討は、未解決となったのではないか？」と[23]。このような課題意識に支えられた彼女の研究課題は、「同時代人にとって、フェルディナン・ビュイッソンという公人は何であったのか、そしてその事跡のもっとも特徴的な背景と状況は何であったのかを示すこと」にあったのである[24]。これからもあきらかなように、彼女の研究はフランス・プロテスタント研究の立場からビュイッソンの事跡について詳細な調査を行なってはいるが、その教育思想はもちろん、教育にかかわる事跡の研究ではまったくないのである。しかし、結果的にビュイッソンの事跡研究においては、これを超えるものはなく、同じ問題関心からの研究のほとんどがこれをその拠りどころとしている。これに依拠しつつ、その延長線上に位置づけられるのが、エアの著書『フェルディナン・ビュイッソンの世俗的情熱 (Hayat, P.; *La Passion laïque de Ferdinand Buisson*, Paris, 1999)』である。ビュイッソンの事跡、ライシテ思想の分析成果は、ほぼギサ・ペイルの成果に依拠したものである。エアは、とくに近年のイスラーム・スカーフ事件によって顕在化したライシテ原理の思想的な基盤と、そのゆるやかな解釈の可能性ないし選択性を、ビュイッソンの時代とその思想のなかにみいだしている。しかしながら、その研究目的・視角の設定上やむをえないことではあるが、これらの研究はあくまでも第三共和政成立史という歴史研究の一環である。またビュイッソンに限ってみてもその事跡およびその関連の事実関係についてはそれなりの知識を提供してくれるが、ビュイッソンの教育思想はもちろんのこと、その教育に関する事跡についても十分にはとりあつかっておらず、この点において本研究の視点からは、援用に限界のあるものといわざるをえない。さらにまた、最近刊行されたトムィの浩瀚な大著『フェルディナン・ビュイッソン (1841-1932):自由プロテスタンティズム、世俗的信念、そして急進＝社会主義 (Tomei, S.; *Ferdinand Buisson (1841-1932) Protestantisme libéral, Foi laïque et Radical- Socialisme*, Paris, 2004, 2 vols.)』も、その基調となる問題関心から、こ

の分類にいれることができる。全2巻のこの大著は正確にはビュイッソンの伝記であり、その基底には、従来のビュイッソン研究が「その人物のひとつ乃至二つの側面、すなわちあるものは教育者、あるものはプロテスタント、またあるものは自由思想家（まれに政治家）」と、ビュイッソンを一面的にあつかってきたとして、「『包括的な』アプローチによって (par approche《globale》)」「（ビュイッソンの—引用者）人生を跡づけ、その私生活 (la vie intime de Buisson)」の全体像をあきらかにするものである[25]。さきのギサ・ペイルも使用できなかったビュイッソンの書簡集などの貴重史料を駆使し、少年期から晩年に至るまでの全生涯を対象とした伝記的研究であるが、その基本的視座は、おもにビュイッソンのプロテスタンティズムの形成過程と内実の解明に重点をおいたもので、ギサ・ペイルの延長線上に位置づけられるものといえる。ビュイッソンの実生活に関してはギサ・ペイルを超える成果をあげているが、その「《包括的な》アプローチ」ゆえに、逆に焦点が絞りきれず、とりわけビュイッソンの教育思想の分析、さらに教育史上の役割や位置づけに関しては考察されていない点において、限界があるものといえる。このことは、たとえば、本研究でのちに詳しく分析することとなるビュイッソンの万博派遣についても、その背景・事情また実際の滞在の様子などはビュイッソン自身の書簡やその妻の手紙なども活用してあきらかにしながらも、その報告書に関しては分析も、内容紹介も行なっていないこと[26]からもあきらかであろう。一定の資料的価値は有するものの、研究成果の点においては、さきのギサ・ペイルをこえるものとはいえないのである。

　②に分類されるものは、さらに細かく、以下の三つのタイプに分類される。第一に、基本的には①の研究と同様の課題設定をし、その解明ないし分析の手がかり、あるいはその関連においてビュイッソンの教育思想をとりあげるものである。これにはまず、エアによるビュイッソンの諸著作の抜粋集に附されたエア自身の解説『フェルディナン・ビュイッソン：教育と共和国 (Hayat, P. (éd.); *Ferdinand Buisson: Education et République*, Paris, 2002)』があげられる[27]。抜粋集そのものがもつ第二次資料としての価値は高く、現時点の日本においてはフランス国立図書館、スイス・ヌーシャテル大学、英国ブリティッシュ・

ライブラリーに照会しても複写不可で利用できない史料が多く転載・抜粋されており、本研究でも十分に活用している。また、各章冒頭に附された、それぞれの史料に関するエアの解説は、その特徴を的確に把握し示すものであり、その特徴づけも要領を得たものとなっている。ただ、抜粋集の解説という性格上、それぞれの史料の特徴の把握・叙述もたいへん大雑把なものであり、かつ本来の課題設定が教育学研究そのものに置かれているものではないこともあり、ビュイッソンの教育思想に関する統一的な解説とはなっておらず、断片的な研究にとどまるものである[28]。

②に分類される第二のタイプの研究は、ビュイッソン個人を対象に、その教育思想・教育学の形成と特質をあつかった研究で、これには、古いものではチェイス (Chase, G.) の論文があげられる[29]。これはその題目からはこの範疇に入れられるが、内容的には最初の①に入れるべきものであろう。チェイスは、ライシテの思想こそビュイッソンが生涯をかけて没頭した様々な活動・事柄を総括するものであるとして、ビュイッソンにとってのライシテ概念の形成過程を追及し、ライシテの意味ないし役割を、フランスに道徳的かつ精神的な統一を与え、国民に社会的な救済を与えようとするものであったとしている。その思想形成過程の段階区分など、示唆を得るところもあるが、今日ではさきのギサ・ペイルらにのりこえられたものといえる。この分類における代表的な研究は、ルッフェルの著作『フェルディナン・ビュイッソン：世俗学校の使徒 (Loeffel, L.; *Ferdinand Buisson: Apôtre de l'école laïque*, Paris, 1999)』であろう。フェリー改革における初等教育改革の精神になったとするビュイッソンの教育学を、とくに直観教授と道徳教育の観点からあきらかにするもので、これから得られるところは多い。たとえば、直観教授という観点から第三共和政教育改革をとらえようとするまなざしそのもの、ビュイッソンの直観教授とマリ・パプ・カルパンティエ (Pape-Carpantier, M.; 1815-1878) の実物教授との比較検討をとおしてビュイッソンの直観教授の本質を「知的本能にしたがって子どもたちを活動させる一般的方法」にあるとする指摘[30]、道徳教育論についても、ビュイッソンがたえずその源泉を「道徳的直観」においていたとする指摘などである[31]。しかしながら、これはあくまでいわゆ

る概説書であり、事跡の検討にもとづく思想形成過程の考察がほとんどなされていないこと、直観教授も道徳教育論も、執筆年代の異なる様々な史料を概括した俯瞰的な解説に終わっていることなど、不十分な点が認められるのである。

　②に分類される第三のタイプは、有名なビュイッソン編『教育学・初等教育事典 (*Dictionnaire de Pédagogie et d'instruction primaire*)』を直接の対象とした研究であり、近年数多く刊行されつつあるものである。デュボワの著作『フェルディナン・ビュイッソンの事典：共和国の学校の基盤 (Dubois, P.; *Le Dictionnaire de Ferdinand Buisson: Aux fondation de l'école républica (1878-1911)*, Paris, 2002)』は、この『事典』の成立過程を当時の政治・哲学的な状況の急激な変動のなかでとらえ、編集作業過程そのものにみられる編者たるビュイッソンの編集意図から『事典』の体現する「教育（科）学」思想をあきらかにするとともに、『事典』の1911年版（『新・教育学・初等教育事典』）と比較考察することにより、その「新しさ」の意味を問い直そうとするものである。これは著者の博士論文をもとにしたもので、その論文自体は、さきのギサ・ペイルもビュイッソンの『教育学・初等教育事典』編纂にかかわる事跡およびその内容的な特質の検討にあたってはほぼ全面的に依拠しているほど精緻な研究である。この論文の副産物として、同じ著者による『教育学・初等教育事典』各項目執筆者についての簡潔な略歴をまとめた執筆者総覧『フェルディナン・ビュイッソンの教育学・初等教育事典：執筆者経歴集 (*Le Dictionnaire de pédagogie et d'instruction primaire de Ferdinand Buisson: Répertoire biographique des auteurs*, Paris, 2002)』もある。また、様々な「教科」の成立史研究の立場から『教育学・初等教育事典』の新・旧両版の比較研究を試みたドゥニらの共同研究『共和国の学校と知識の体系：フェルディナン・ビュイッソンの事典の調査研究 (Denis, D. et Kahn, P. (sous la direction); *L'Ecole républicate et la question des savoirs : Enquête au Coeur du Dictionnaire de pédagogie de Ferdinand Buisson*, Paris, 2003)』もある。これらはみな、『教育学・初等教育事典』を対象とした総合的な研究であり、それぞれの研究成果、とくにデュボワの研究成果からは得られるところも少なくない。すなわち、『事典』の編集過程とそこにおける執筆項目の取捨選択の過程の分析をとおして、

最終的にビュイッソンの意図を読み取ろうとするアプローチとその成果は、とりわけ「道徳」およびその教育をめぐるビュイッソンの葛藤や課題意識の分析などが参考になる。しかしながら、これらの研究はいずれもビュイッソン個人を直接の研究対象としてその教育学や教育思想を分析・検討するものではなく、『教育学・初等教育事典』の項目以外のビュイッソンの記録・史料は分析対象として用いられておらず、その教育思想の検討には至っていない。またそのほとんどが『教育学・初等教育事典』の新・旧両版の比較分析を行なっているため、年代的にも長期にわたり、かつ連続性を欠くこととなっており、結果的に研究成果の統一性のとれていない部分が認められるのである。

　以上のようなビュイッソンに関する先行研究の動向と個々の問題点の整理と検討の結果をまとめるならば、ビュイッソンの経歴に関する研究はその世俗思想と形成過程の解明とともにかなりの成果をあげてきた一方で、教育に関する彼の事跡の解明をはじめ、教育思想の形成過程、思想体系の解明はもちろんのこと、教育に関する彼の言説の系統的な分析とその特質の解明さえ、いまだ不十分な状況にあるということができる。したがって、ビュイッソンの教育思想に関する研究は、教育にかかわるその経歴の解明とともに、その経歴にそった彼の教育に関する言説の分析からとりかからねばならないのである。

3. 本研究の課題と方法、範囲ならびに全体の目的

　このような研究状況をふまえ、また前節で述べた筆者自身の第三共和政教育改革史研究、とくに1880年代教育改革に関する問題関心をかさねあわせ、本研究は、ビュイッソン自身の教育思想を対象にして、その経歴にそった時系列的な思想形成過程を追及し、その過程の重要な時期に提出された彼自身の論考——論文、論説、解説・解題等の記事、講演記録、議事録等——に見られる言説の分析を行なう。これを具体的な方法とし、その作業をとおして、彼の教育学ないし教育思想、とりわけ道徳教育を中心とした教育の内容と方

法に関する思想の形成過程とその特質をあきらかにすることを、具体的かつ直接的な課題として設定する。そして、この課題の遂行により、(1)これまで教育史分野で本格的にとりあげられてこなかったビュイッソンの経歴と教育思想の形成過程を解明し、その教育思想の全体像構築への見通しをたてること、(2)それによって、1880年代教育改革に関して従来から蓄積されてきた制度史・政策史的研究の成果に加え、より具体的な教育内容・方法レベルでの改革の思想にまでふみこんだ総合的な再構成と再検討の手がかりを得ることを研究作業全体をとおしての目的としたい。なお、対象とする範囲(時期)は、本研究のこの目的にてらして1880年代を中心とし、ビュイッソンの経歴の時系列に即して1860年代から1890年頃まで、と限定する。

4. 本研究の構成

　上記課題、すなわちビュイッソンの教育にかかわる経歴を追跡調査しながら、その教育思想形成過程の解明および教育改革に関する彼の言説の分析を行ない、第三共和政1880年代教育改革期における彼の教育思想の特質をあきらかにするという課題に迫るため、本研究においては、以下のような全体構成をとる。

　まず第1章において、これまでほとんどあきらかにされてこなかった青年期、とくにスイス・ヌーシャテル亡命時代の思想形成と活動の展開をとりあげ、のちの教育の世俗化への取り組みの土台となる世俗的教育思想の基底をさぐる。

　第2章では、普仏戦争からパリ・コミューンの動乱期におけるビュイッソンの活動をとりあげる。これは、本研究の依拠する先行研究においてもまったくあきらかにされていない事跡の追求となる。

　第3章および第4章では、成立直後の第三共和政において教育の世界にデビューし、功績が認められる契機となったウィーン万博(正式には、国際博覧会 L'Exposition Universelle)における学校博覧会 (L'Exposition scolaire)：以下、「万博」と略称する)ならびにフィラデルフィア万博への派遣および教育事情視察の

経緯、そして両万博の報告書をとりあげる。これらはともに、従来の第三共和政教育史に関する先行研究ではまったくとりあげられていない。またビュイッソンに関する先行研究においても、わずかな紹介がなされているだけでほとんど分析がなされていない史料である。これらを活用して、とくに両報告におけるビュイッソンの言説の全体的な特徴をあきらかにし、万博派遣による海外教育事情視察から彼が何を学び、問題関心を形成していったのかという点の解明を図る。第3章ではウィーン万博、第4章ではフィラデルフィア万博の報告書を対象に検討する。なお、それぞれの章末には、活用した史料の重要部分の翻訳を〈参考〉として提示する。

　第5章では、上記報告書における「宗教教育」および「道徳教育」に関する報告から、当時のビュイッソンの言説の特徴を読み取り、とくに道徳教育の内容と方法の改革に寄せる彼の課題意識の解明へとせまる。これもまた、これまでほとんどの教育史研究であつかわれなかった史料を用いての、考察されてこなかった範囲・領域に関する検討となるのである。

　第6章においては、ウィーンおよびフィラデルフィア万博でビュイッソンが認識を深めたとみとめられる「直観的方法（直観教授）」に関して、これも従来その存在の紹介はされても分析はなされてこなかった1878年パリ万博における彼の講演記録も使用して、直観的方法（直観教授）に関する彼の思索の展開ならびに構造と特質をあきらかにする。これはビュイッソンの教育思想の形成過程の追及とともに、その中核となる部分を教育方法の視点からあきらかにするもので、やはり従来の先行研究においては時系列的な形成過程の検討ならびにその構造と特質の解明はなされていない。

　第7章では、初等教育局長として1880年代教育改革に直接関与したビュイッソンが、この改革、具体的には1881年および1882年の教育法、いわゆるジュール・フェリー法、ならびにそれを補完し1880年代教育初等教育改革の到達点ともなった1886年のゴブレ法について、如何に認識していたか、またどのように理解してもらおうと企図していたのかという観点から、具体的な講演記録・コメンタール・論文にあらわれた彼の言説の基本的特徴をあきらかにし、教育制度改革のなかに如何なる教育学的な意義を見いだそうと

していたのか、それを含めてこの時期において彼がどのような教育改革の構築を構想していたのかという点について検討する。

最後に、終章においては、本研究の各章における具体的な検討結果を簡潔にまとめていく。それをふまえてまずは本研究の直接的な課題であるビュイッソンの教育思想形成過程ならびにその特質について確認し、そのことをとおして、ビュイッソン研究に即した本研究の具体的な成果を提示する。ついで、その成果がこれまでの第三共和政教育史研究に対してなし得る貢献について、本研究全体のめざす目的にてらして総括的に考察することで、第三共和政教育改革史研究への新たな展望をあきらかにすることとしたい。

註

1　Léon, A.: *Histoire de l'enseignement en France*, Paris, 1967, p.88.

2　このほか、これらを基本参考文献とした、梅根悟（監修）『世界教育史大系10 フランス教育史Ⅱ』講談社、昭和50年などにもみられる。また近年のものでは、社会史的な研究視角と成果に富む、Mayeur, F. (éd.): *Histoire générale de l'enseignement et de l'éducation en France, tome III, de la Révolution à l'Ecole république*, Paris, 1981, p.11. も、やはり大革命を現代公教育（学校教育）の基本理念をうちだしたものとして位置づけており、基本的にはこの「通説」にそうものである。

3　教育史家ではないが、教育学者としてこの問題を早くから指摘したものとしては、堀尾輝久『現代教育の思想と構造』岩波書店、1971年、57頁。

4　松浦義弘「フランス革命と〈習俗〉――ジャコバン独裁期における公教育論議の展開と国民祭典」『史学雑誌』92 (4)、1983年、57頁。

5　たとえばバチコや松浦の問題提起を受けた小林亜子「フランス革命における〈公教育〉と〈祭典〉――憲法制定国民議会期（1789～1791）を中心に」『日本の教育史学』第29集、1986年など。

6　Price, R.: *A Social History of Nineteen Century France*, Hachinson, 1987, pp.329-330. 政治史の領域からは、喜安朗がジュール・フェリーの初等教育諸改革をとりあげ、その最大の特徴を「それが反教権主義に立脚し、とくに初等教育から修道院の影響を排除しようとした点」にもとめ、全体としてそれは農民層と共和政とのあいだに恒常的な回路をうち立て、また逆にそれにより農民層の支持を得て教育制度の確立を期し、社会平和の維持――エリート・ブルジョワジーと民衆・農民の社会的対立の防止――の目的を達成しようとするものであった、とする指摘が早いものである。以上、喜安朗「フランス第三共和政の形成とその政治支配の論理

——ブルジョワ支配と『制度民主主義』」『歴史学研究』第350号、1969年、23-24頁。また、現代社会学の立場から桜井哲夫は以下のように指摘している。すなわち、「非宗教・無償・義務教育」の成立とともに「業績主義」が支配的イデオロギーとして機能していき、それを民主主義のもとでの「平等主義」が補完していく過程として第三共和政の教育史をとらえ、「ジュール・フェリーこそこの教育制度の確立の中心的な人物」であり、選別の思想と表裏一体となった「『業績と平等』という価値体系」の伝播によって「アノミー」は拡大され、人々の「ルサンチマン」が増大される過程である、と。以上、桜井哲夫『知識人の運命——主体の再生に向けて』三一書房、昭和58年、45-50頁。近年の政治史・歴史研究では、小山勉「レジームの近代化過程における学校・教育・国家——フランス革命から第一帝政期まで」、日本政治学会(編)『18世紀の革命と近代国家の形成』岩波書店、1990年、谷川稔『十字架と三色旗——もうひとつの近代フランス』山川出版社、1997年、平野千果子「第三共和政フランスの公教育と植民地」西川長夫・渡辺公三(編)『世紀転換期の国際秩序と国民文化の形成』柏書房、1990年、などがある。

7 Chapoulie, J.-M.: "L'Organisation de L'Enseignement primaire de la IIIe République: ses origines provincials et parisiennes, 1850-1880" in *Histoire de l'Education*, no.105, 2005.

8 Ibid., p.3.

9 Ibid., p.6.

10 Ibid., pp.3-5.

11 Ibid., p.43.

12 たとえば、引用・抜粋されている1850年代の初等視学官たちの教授法改善案などは第二次資料としての価値をもつとともに、1850年代の教育史的位置づけに関する再検討に重要な素材となるものである。

13 たとえば、Cheval, A.: *Histoire de la grammaire scolaire*, Paris, 1977, Boutan, P.: *La Langue des messieurs. Histoire de l'enseignement du français à l'école primaire*, Paris, 1996, Chapoulie, J.M.: op. cit., pp.6-7.

14 Bolbène, E.: *Commet on enseigner l'histoire*, Paris, 1996, Henry, E.: *Un siècle de leçon d'histoire, L'histoire enseigné au lycée* 1870-1970, Renne, 1999, Jeanneney, J.-N.: *La République a besoin d'histoire*, Paris, 2000, Lucas, N.: *Enseigner l'histoire dans le secondaire, Manuels et enseignement depuis 1902*, Renne, 2001, Loubes, O.: *L'Ecole et Patrie, Histoire d'un désenchantement 1914-1940*, Paris, 2001, Garcia, P. et Leduc, J.: *L'Enseignement de l'histoire en France de L'Ancien Régime à nos jours*, Paris, 2003、などがある。

15 Mercier, D.: "L'Enseignement de la morale au quotidian: le rôle des inspecteurs primaires (1880-1914)" in *Histoire de l'Education*, no.105, 2005, p.46.

16　たとえば、立法主体の構想した道徳教育の理念についての簡潔な素描は参考となる。また、様々な初等視学官が提案した具体的な教授法案についての引用・抜粋は、第二次資料としての価値がある。
17　Mayeur, J.-M.: *La question laïque: XIXe-XXe siècles*, Paris, 1997, Baubèrot, J.: Gauthier, G., Legrand, L. et Ognier, P.: *Histoire de la laïcité*, Besançon, 1994, Déloye, Y.: *Ecole et citoyenneté*, Paris, 1995.
18　Mercier, J.-M.: op. cit., p.45.
19　Loc. cit.
20　Ibid., p.46. なお、この箇所では明記されていないが、メルシエの指摘するボベロの著書は、Baubèrot, J.: *La morale laïque contre l'ordre moral*, Paris, 1997. をさしていると思われる。
21　Loc. cit.
22　事典・辞典類では、*Dictionnaire de Biographie Française*, tome 7, Paris, 1966, pp.645-647, Demnard, D.: *Dictionnaire d'Histoire de l'Enseignement*, Paris, 1981, pp.91-92, Rouet, G.: *Dictionnaire pratique de l'enseignement en France*, Paris, 1996, pp.58-59, Champy, Ph. et Etévé, Ch. (éd.): *Dictionnaire encyclopédique de l'éducation et de la formation*, Paris, 2000, pp.151-152. など。教育史の概説書では、Caplat, G.: *Les Inspecteurs Généraux de l'Instruction Publique*, Paris, 1986, pp.204-206, Gontard, M.: *L'Oeuvre scolaire.*, op. cit., Zeldin, T.: *Intellect and Pride*, Oxford, 1980, Parias, L.-H. (éd.): *L'Histoire générale de l'Enseignement et de l'Education en France*, tome 3, Paris, 1981, など。
23　Gueissaz-Peyre, M.: *L'Image émigmatique de Ferdinand Buisson; La Vocation répubulicaine d'un saint puritain*, Paris, 2003, pp.20-21.
24　Ibid., p.59.
25　Tomei, S.: *Ferdinand Buisson (1841-1932) Protestantisme libéral, Foi laïque et Radical-Socialisme*, 2 vols., Paris, 2004, p.27.
26　Ibid., pp.283-293.
27　Hayat, P. (éd.): *Ferdinand Buisson; Education et République*, Paris, 2002.
28　なお、この範疇に入る邦語文献としては、上垣豊「ライシテと宗教的マイノリティー——フランス第三共和政初期の教育改革とプロテスタント」(望田幸男・橋本伸也 (編)『ネイションとナショナリズムの教育社会史』昭和堂、2004年) がある。この論文は、その課題設定や視角、用いた史料に至るまで、ほとんどギサ・ペイルの著書に依拠している。なによりも、ビュイッソンの道徳教育論をとりあげながらも教育学 (教育史) 上の先行研究はまったく活用せず、ビュイッソン自身の著した論考もわずか二点しか利用していないため、教育思想の考察としては限定されたものである。これに対し、大坂の論文は古いものではあるが、ビュイッ

ソンの教育論を正面からとりあげた本格的な研究である。ただし、その対象とする範囲(時期と素材)が1910年代の統一学校論に限定されている。大坂治「F. ビュイッソンの公教育思想(その1)」『教育制度研究』第9号、昭和51年。なお、最近の邦語文献として吉澤昇の論文がある。「世俗性(ライシテ)」概念に関する丁寧な読解にもとづく考察であるが、分析対象の素材が20世紀に刊行されたビュイッソンの著作であるため、本研究の扱う時代範囲を超えたものである。吉澤昇「近代公教育原理『世俗性』と現代ドイツ・フランスの宗教教育——(3)世俗性の歴史的諸要因(続)」『研究室紀要』第31号、東京大学大学院教育学研究科教育学研究室、2005年6月。

29 Chase, G.: "Ferdinand Buisson and Salvation by National Education" in Frijhoff, W. (ed.): *L'Offre d'école*, Paris, 1983.

30 Loeffel, L.: *Ferdinand Buisson, Apôtre de l'école laïque*, Paris, 1999, pp.31-32.

31 Ibid., pp.47-54.

第1章　世俗的教育思想の基底

課題設定

　本章では、青年期におけるビュイッソンの経歴を簡潔に叙述するとともに、彼自身の重要な論考（論文・講演記録・雑誌記事等）に見られる言説の特徴をあきらかにすることをとおして、とくに宗教と教育をめぐる彼の思想の基底形成について考察する。

　ビュイッソンの経歴については、これまでの教育史の概説的研究や事典・辞典類では、その概略、それも第三共和政初期の初等教育局長 (le directeur de l'enseignement primaire) 就任以降の紹介——とくに教育の世俗化ならびに政教分離の実現への取り組み——にとどまってきた。容易に利用できるもっとも古いビュイッソンのアンソロジーを編集したブーグレ (Bouglé, C.; 1870-1940) も、その解説において、簡略な事跡の素描しかできない理由として、ビュイッソン自身がその回顧録の執筆を辞退したことをあげているほどであった[1]。近年になって急速にその事跡があきらかにされ、紹介されるようになったことは、さきにあげたギサ・ペイルの研究成果によるものである。最近のビュイッソン研究における、その事跡にかかわる部分は、ほとんどすべてが彼女の成果に依拠していると言っても過言ではない。ギサ・ペイルの研究、そしてそのほとんどを彼女の成果に依拠ししつも、ビュイッソンにおける世俗性 (laïcité) 思想の形成と展開に焦点を絞ったエアの研究によって、ビュイッソンの思想形成——世俗性の観念を中心として——の過程があきらかにされつつあると言える。これらの研究をとおして注目されるのは、その思想形成——あくまでも世俗思想のそれであるが——の追求において、これまでまったく触れられてこなかったビュイッソンの青年期の事跡があきらかにされて

いる点であり、とりわけ、そのスイス亡命時代こそが、彼の世俗思想の形成に決定的な時期となっていたことの指摘である[2]。この点はまた、彼の教育学・教育思想の俯瞰的考察をするルッフェル——その参考文献にはギサ・ペイルの大著はあげられていないが——も、その事跡紹介において指摘しており、この時期に彼の世俗思想とともに、教育に関する思想の基底が形成されたとするのである[3]。エアとルッフェル、さらにギサ・ペイルも含めて三者は、その目的（課題）も方法論も異なるものであるが、ビュイッソンの事跡ないし思想形成過程の探求という点に関してみるならば、いずれも彼の青年期、とくにスイス亡命時代のもつ重要性を指摘していることになる。こうした近年の研究動向ならびにその指摘にしたがい、本章では、おもに詳細なギサ・ペイルの研究成果を援用しながら、ビュイッソンのこの若き時代の事跡について簡潔に再構成し、彼自身の重要な論考（論文・講演記録・記事等）に見られる言説の特徴をさぐり、のちに展開される世俗的な教育思想の基底形成をあきらかにしたい。第1節では、そのパリ時代——第二帝政時期——における活動をとりあげ、ついで第2節で、重要なスイス・ヌーシャテル亡命時代をあつかうこととする。

第1節　第二帝政下パリにおける活動

(1) 改革派教会における活動——自由プロテスタント思想の表明

　ビュイッソンの経歴からもあきらかなように、第三共和政教育改革における推進主体として彼の取り組んだ中心的課題は、宗教と教育の問題、換言すれば、教育——この場合、公立学校の教育組織——の世俗化の問題であった。したがって、彼の教育学ないし教育思想の検討は、宗教および道徳に関する思想の検討がともなわなければならないであろう。ここでは、この点に焦点をあわせつつ、ビュイッソンの生い立ちとともに第二帝政下のパリにおける彼の活動を跡づける。

　ビュイッソンは、1841年12月20日にパリの「プロテスタントの家系」に生まれている[4]。同時代人で友人のペコー（Pécaux, F.; 1828-1898) の息子の記

録によれば、彼の宗教的な源泉は母親に求められるという[5]。機織工の娘であった彼の母親は、少女時代のある日、納屋でメソディスト派の説教師の話をきき自らの信仰を改めたといわれ、それゆえ、ビュイッソンは「敬虔主義」の家庭で生まれ育ったとされるのである[6]。裁判官であった父親はその職務柄、フランス各地を転勤し、サン・テティエンヌで1858年に死亡した[7]。未亡人となった母親は、残された二人の息子の教育のためにパリに上京するが、その生計は苦しく、長男であったビュイッソンは早くから家庭教師もしくは復習教師をつとめて家計を助けるとともに、自らの学費とし、パリのリセで学習を続けた[8]。この時期の注目すべきこととして、とくに母親の影響により、はやくからパリのテブ教会に熱心に通いつめ、1865年には執事（diacre）に任命されていることである。彼がいつから、またどのような経緯でこのテブ教会に通うようになったのか、ギサ・ペイルもあきらかにはできていない。ただ彼女は、この「執事」の任務は貧者に供物を分配することをとおして信仰を広めることであり、教会の「慈善的」「伝道的」な使命と密接にかかわっていたこと、および、こうした任務を担う執事に就任したことは、この時点でビュイッソンがすでに「普通の信徒」ではなく、その教会における地位の向上をめざすつもりであったことを、推測しているだけである[9]。このテブ教会は、もともとイギリス大使館の援助を受けて設立され、フランス・プロテスタントすなわち改革派（des réformés）[10]の教会であった。ビュイッソンが入門した当時には、とりわけ改革派のなかでも、伝統的な教義に執着し幅広い解釈に否定的な正統派（orthodoxe）[11]が優位を占め、保守的な教会になっていたらしい[12]。この「正統派」が優位を占めていく過程で決定的な事件となり、また、ビュイッソンが自身の宗教的信念を公表するに至るひとつの事件——転機が起きた。すなわち、「コクレル師追放事件」である。

　この「事件」の詳細はギサ・ペイルが、改革派教義の幅広い解釈をもとめたいわゆる自由派と、さきの正統派との抗争を詳述するなかでまとめている。その要点を示せば、およそつぎのようになる。テブ教会の牧師補助を務めていたコクレル師が1861年1月に自由派を含む教会内の少数派を集めた集会で説教し、そのなかの発言の一部が正統派の逆鱗にふれたのである。それはキ

リストの超自然的な誕生は自分にとって「なによりも重要な問題」ではなく「検討にあたいすべき問題」であるとの発言であり、それをとらえて、教会内で優勢を確立しつつあった正統派が、コクレル師は「イエス・キリストは神である」という命題を否定したと断定、牧師補助の再任拒否つまり結果的にテブ教会から追放した事件であった[13]。この事件に若きビュイッソンがかかわり、自らの宗教的立場を自分自身で明確化することになったのである。

このときの彼の宗教観を示す史料として、1864年に公表した「改革派教会における正統派教義と福音書 (*L'Orthodoxie et L'Evangile dans L'Eglise réformée*, Paris, 1864)」がある。ここで、この史料に見られる若き日のビュイッソンの言説の特徴を検討することによって、彼の宗教観の一端をあきらかにしよう。この史料に関しては、先行研究でもギサ・ペイルがその概略を紹介しているだけであるが、やはり当時のビュイッソンの宗教観を表現するものとしてとりあつかっている。しかしながら、それは正統派が優勢を占めていくテブ教会におけるビュイッソンの独自性＝特異性を強調することに重点がおかれ、本研究のごとく、のちの世俗的な教育思想展開への基底形成を探るという視角はとられていないのである[14]。

この小冊子は、コクレル師追放に加担し、教会における自由検討 (libre examen) を批判したウジェーヌ・ベルシエなる人物に対する反論を公開書簡という形式で発表したものである。この公開書簡において、ビュイッソンはまずベルシエの主張を簡潔にまとめ、それから反論を開始する[15]。すなわち、ベルシエの主張は、改革派教会が「教会についての理解の仕方によって」二つの派閥に分かれていること、それぞれを「一方は、あたかもあらゆる意見が生み出され得る闘いの場と理解しているもの」で、「他方は、教会は唯一の信仰を保持しそれを表明し、また表明すべきとするもの」であると特徴づけていること、とする。前者が「自由派」であり、後者が「正統派」であることはいうまでもない。執筆者のビュイッソン自身はこのどちらにも加担するものではないとことわりながらも、ベルシエの主張につぎのように述べ、結果的に自由派を擁護するのである。

「教会においてリベラルな意見の代表者と見なされる人々の唱える主張を真剣に検討してみても、(ベルシエ氏の―引用者)言われるような、『頭に浮かんだことをそのまま表明する』権利を彼らが主張しているとは思われない。彼らが主張していると考えられる権利は、自分の良心にしたがって福音書を説き聞かせる権利なのである。

あなたは、過激なものたちは教会に対し『どのような教義的基礎』も与えようとしない、と繰り返し言われる。彼らは、ひとつの基礎をもとめているのである。それは、確実で現実的かつ充分なものである。すなわちそれは福音書そのものであり、それ以上のものでもそれ以下のものでもない。与えられたままで、何の先入観もなく、先験的な解釈もともなわない福音書である」[16]。

ここには、ベルシエの主張に対する「自由派」の弁護がみられるが、教会においては「福音書」以外の「基礎」を認めず、「自分の良心にしたがって福音書を説く権利」を主張していることが特徴的である。同様の弁護は、「福音書」における使徒たちの言葉の解釈をめぐる論争を整理したのち、「自由派」はつぎのように主張するだろうとして、ふたたびくりかえされる。

「お気をつけていただきたい、わたしは大兄(ベルシエのこと―引用者)に、わたしと同様のことをしたりわたしの意見を採用してくれと要求しているのではない。わたしは、どちらが最善かを大兄に示そうとしているのでもない。しかし、わたしの主張すること、それは、わたしの確信が福音書から汲み取られたものであり、大兄のものと同様に神聖な源泉を有するものであり、それゆえ、わたしが『なんでもかも自由に検討すること (le libre examen absolu)』を要求しているなどとキリスト教およびプロテスタント社会に言いふらす権限は大兄にはないこと、である。わたしは、福音書の自由な解釈を要求しているだけなのである」[17]。

このように、この論文においては、ベルシエの主張と、それに対する「自

由派」からの想定される反論を、くりかえして展開するという形式をとっているが、そこに述べられている反論（主張）が「自由派」の姿をかりつつもビュイッソン自身のものであることは、コクレル師追放の教会の権限にかかわる文脈で、つぎのように述べるとき、あきらかであろう。ここでの主語「わたし」は、ビュイッソン自身なのである。

　「プロテスタント教会において、われわれはどこから権利と義務を引き出すのか？　大兄は、律法が聖職者団体に与えた権限について語っている。それは、どんな律法なのか？　わたしは今日まで、たったひとつの律法しか信じてこなかった。教会を統治する唯一の権威、それは福音書なのである」[18]。

ここでビュイッソンが、教会において「福音書」以外の「権威」は認めず、しかも「自分の良心にしたがって福音書を説く」権利、さらに自分自身が「福音書」を「自由に解釈する権利」を主張している点が重要であろう。この点において、後に彼がスイス・ヌーシャテル亡命中に展開する宗教関係の運動およびその思想の原型を確認できるからである。こうした福音書重視の主張は、信徒の組織＝教会のあるべき姿、理想像へと継続して展開される。そこではビュイッソンはもはや「自由派」の代弁という形式を捨て、自らの見解を直接主張するのである。それは、およそつぎのようである。

　「福音書によって歴史的な人物、すなわちイエス・キリストに接した人々は、彼の説教とともにその実践によって良心が覚醒させられることを自覚する。その人々は、福音書が述べるように、『人々を罪から救済し、人間のなかの邪悪と闘い、それを壊滅させ、われわれを正しいものとする（justifier)、すなわち正直で真摯で謙虚で慈悲に富み、慈愛あふれるもの、端的に言えばイエス・キリストの似姿となるために、この世に生まれてきたことを自覚するのである。……（中略)……われわれの労働者や農民たちが、たとえ神学の知識はなくとも、この世の偉大な人々と同

様に、主の語る書物のまわりにあつまり、励ましをくりかえし一緒に読み、生と死を考え、自らを愛するように、自己犠牲（献身）に至るまで他人を愛することを学ぶのだ。

　これがキリスト教教会の本質的な姿である。それは教義を形成するためではなく、活動する（agir）ためであり、キリスト教を説教するためではなく実践する（appliquer）ためにかたちづくられるのである」[19]。

　この主張にみられる特徴、すなわち特定の教義を形成・遵守するためではなく、活動をともにするための集合体として教会を構想している点もまた、後の新たな教会組織運動の思想的な基底となるものと言えよう。

　正統派で保守的なテブ教会にあって、こうした自由派の主張を擁護し、それを公言したことが、この教会からのビュイッソン追放の原因となったことは、確かである。ギサ・ペイルは特定していないが、エアの推測によれば、彼は遅くとも1866年にはテブ教会を追放されたという[20]。こうしたビュイッソンに、さらに不幸が続く。

(2) ヌーシャテルへの亡命——共和主義の表明

　彼はパリのリセで学習を重ね[21]、文学士、理学士、さらに哲学のアグレガシオンも取得し、高等師範学校入学の準備にとりかかっていた。1863年には受験許可がおりるが、当時の第二帝政下での伝統として、学校長との面接を受けなければならなかった。この面接のおり、ビュイッソンは共和政への激しい信念を宣言し、その結果、高等師範学校はビュイッソンの健康状態を口実にして入学を拒否したのである[22]。彼は哲学のアグレガシオン、つまり当時にあっての中等・高等教員の資格を得ていたわけであるが、第二帝政下では、教職に従事するにあたっては皇帝（帝政）への忠誠の宣誓が必要とされていた。共和政への激しい熱望を抱いていたビュイッソンがこれを拒んだことは、容易に想像できる。教職、リセ等の哲学教授への道は閉ざされたのであった[23]。すでにみたように、時期の特定はできないが、これと前後してテブ教会から追放されたのであり、ビュイッソンには、聖職者の道、教職の

道が失われたのである。このように不遇な状況にあったビュイッソンに就職と亡命の道を教示したのが、その共和主義思想の師エドガー・キネ（Quinet, E,: 1803-1875）であった。この経緯について、ビュイッソン自身、つぎのように述べている。

> 「わたしをヌーシャテルに導いてくれたのは、エドガー・キネであった。彼は、亡命仲間のひとりで当時のジュネーヴ大学教授の哲学者ジュール・バルニ（Barni, J.; 1818-1878）から、アカデミーを改編し、『哲学および比較文学』の教授ポストを国籍に関係なく公募することを聞いたばかりであった。キネとバルニは、わたしにそれを受けるよう、勧めたのである」[24]。

こうしてスイス・ヌーシャテルへと亡命するのであるが、既に熱烈な共和主義に傾倒していたビュイッソンは、来るべきフランスの共和政のために、その基礎・基本をヌーシャテルにおいて実地に学ぼうとしていた。以下の彼の回顧は、そのことを物語っている。

> 「現に生きている民主主義を客観的に学ぶこと、学校があってこその国民なのだから、学校において民主主義の魂を探求すること、そして、いつの日にか、われわれの国において、盲信的な追従によってではなく、自由と理性の力によって再生を試みることのできるような、偉大な特徴を探し出すこと、このことが最初から最後の日まで持ち続けた、わたしの専心したことがらであった」[25]。

以上のように、パリ時代のビュイッソンは、宗教的には改革派（プロテスタント）のなかでもラディカルな福音主義、自由派の立場をかため、政治的には共和主義への熱望を表明しつつ、その立場をかためていったと言える。この頃のことを後年になって彼自身、共和主義の熱烈な支持者であったヴィクトール・ユゴー（Hugo, V.; 1802-1885）とエドガー・キネを師匠と仰ぎ、「当

時、フランスにあってわれわれは『不屈の』共和主義の若いあつまりであった」と述べているのである。

第2節　ヌーシャテル時代の活動

(1) 初等教育世俗化の志向——「聖史」の教育の批判と教育の世俗化

　エアによれば、ヌーシャテルでは世俗教育と質の高い教育を求める急進派が、新しい大学の開学準備を進めており、1866年にその運動が実を結び、「質の高い教育を行ない、世俗教育への信頼を分かち合うという条件さえ満たせば」、ビュイッソンのような外国人も教員として受け入れることとなった[26]。1814年以来、スイスのカントン（州）となったヌーシャテルでは、1831年および1840年の政治革命を経て共和派が主導権を握り、とくにそのなかでも急進派 (radicaux, あるいは les homes radicaux) は革命の理念に忠実で1857年に急進党 (le parti radical neuchâtelois) を結成、政教分離を重要な政治課題にかかげ、教育の発展にも熱心であり、まずは高等教育の改革——新たな大学（アカデミー）の開学——にのりだしたのである[27]。これに賛同し、審査を通過したビュイッソンは、この新しい大学（アカデミー）で、1866年から「哲学および比較文学」の教員となり、「4時間の哲学と3時間の比較文学」の講義を担当する教員[28]となったのである。亡命したヌーシャテルで、ビュイッソンは快適な環境をみいだし、かなり満足したようである。1867年には、つぎのように述べている。

　　　「アルプスを越えて、この穏やかなカントン（州）の首都を一瞥するとき、とりわけ驚かされるものがある。それは、街の知識欲である。街の所有する大きな三つの建物は、三つとも学校である。『あなたがたは、何を望んでいるのか』と聞けば、当地の人は、いくらかの悪気をもって、驚く訪問者にこたえるだろう、『これはわたしたちにとって、わたしたちの兵営なのです』と。

　　　ヌーシャテルだけでみられるわけではない、このような学校建築の贅

沢さは、若者たちに対して特別な計らいをする余裕があるからである。……（中略）……ヌーシャテルの人々が、いささか傲慢に言うことに驚くだろう、『わたしたちのところでは、市民のなかでもっとも重要な人々は、兵士でも聖職者でもなく、むろん憲兵などでもなく、それは教師なのです』と」[29]。

　こうした環境で開始されたビュイッソンの活動を特色づけるもののひとつは、初等教育、とくにその教育内容の世俗化の問題への取り組みであった。ここでは、この問題について当時の彼が発表した具体的な言説をとりあげ、そこにみられる特徴をあきらかにする。
　初等教育の世俗化への取り組みは、初等学校における「聖史 (Histoire sainte)」の教育をめぐる問題提起のかたちではじまった。このときの事情と心的状況を、後年ビュイッソンは、つぎのように述べている。

　　「事件は、わたしが取り組んできた学習のひとつから、正確に生じたのだ。それは、慎重さよりも情熱あふれるわたしの若さがなすところであった。原則として公立学校で、宗派的な宗教教育が行なわれるべきか否か、をはっきりさせることが問題であった。1850年の国会で、ただひとりエドガー・キネが守り、その後、有名な論争となって以来、共和派のプログラムのひとつの項目となった『独立道徳』の革命的な理論にすっかり染まっていたわたしは、この問題に対し、激しく否と答えたのであった」[30]。

　ここからはじまる、フレデリック・ゴーテ (Godé, F.; 1812-1900) 等との論争をとおして、ビュイッソンは宗教と教育の関係に関する自らの思索を深め、かためていくこととなる。その論争ないし問題提起とは、どのようなものであったか。以下、1868年12月にヌーシャテルでビュイッソンが行なった講演記録である、「初等教育における緊急の改革 (Une Réforme urgente dans l'Instruction Primaire)」をとりあげ、検討しよう[31]。

この講演（記録）は、大きく四つに分割されよう。最初は、問題提起と視点の明確化、ついで本論が二つに分けられ、最後に結論部分が来る。この流れにそって概略を紹介しつつ、そこにみられる特徴を確認する。

問題提起としては、①憲法や法律上では実施されないことになっている「聖史の教育」が、「学校の慣習」として広く行なわれていることに対して批判することが目的であること、ただし②ここでとりあつかう、あるいは批判の対象とするのは「一般的な宗教教育」ではなく、あくまでも「聖史」そのもの、およびそれを教育することであると、問題範囲を限定している。批判の視点、もしくは行論については、教育そのものについての「原理」にしたがうという。すなわち、教育には二重の目的があり、ひとつは「知性の涵養」であり、もうひとつは「道徳的良心の涵養」であるとし、以下の批判的考察ないし議論はこの二つに分けて行ないたい、としているのである。

講演の本論は、したがって上記の二つの教育目的にそって分割されている。具体的には、「Ⅰ 知性の発達に対する聖史の影響」および「Ⅱ 良心の発達に対する聖史の影響」である[32]。それぞれについて、みていこう。

第一部（前半）では、はじめに「聖史」とは何か、なぜそのように呼ばれるのか、という疑問をだし、自ら答え、その性格づけをつぎのように行なう。「この歴史は、そこに含まれる教えの神聖さゆえにそのように呼ばれるのではなく、それが、自ら聖なる人々、人類の特権的な民と名のる人々の歴史だからである」。ここですでに「聖史」の基本的性格をあきらかにするとともに、それを批判している。それは、「聖史」と呼ばれるものが、「人類の模範とされるべき人々を描いたコレクション」ではないこと、神による「特権」を与えられた人々の歴史となっている事実、である。ここでは、とくに後者の性質が問題とされ批判されていくのであるが、それはおよそ二つに分けられる。ひとつは、そのような歴史が、子どもの知性に「人類」についての誤った歴史観を与えてしまうということ、二つには、現実の物理的世界の説明についても、誤った観念を植えつけてしまうこと、である。もう少し具体的に、引用をまじえながら概観しよう。第一点は、「聖史」が人類の特権的な民の歴史であることから、これを教えることにより、子どもにとって「二つの部分

に分裂した」人類の歴史の観念を与えてしまうという。それは、「神聖なものと世俗のもの、神がすべてを占めるものと、まったく関与しないもの」であり、「こうして、二つの人種、つまり神の啓示あるいは恩寵の二つの種類、先天的な不平等」の観念を与えてしまうこととなる。これこそ子どもの知性の発達への悪影響であるとして、ビュイッソンはこの部分をつぎのような問いかけのかたちで締めくくる。

「もしわれわれが、子どもたちにわれわれにとって大切な思想、つまり、あらゆる人種、風土、肌の色の人々の調和、平等と博愛の思想を与えようと望むのなら、子どもたちに、神に見捨てられた人々と神の啓示を受けた人々つまりはとくに厚くもてなされる一握りの選良と、その他の人類の大部分の人々、とを見せることからはじめるというのは、不合理ではないか?」。

ここでの言説の特徴は、「聖史」教育の悪影響を語りながらも、ビュイッソン自身が子どもたちに早くから教えたい「思想」が語られていることであり、それは「平等」という理念であった点であろう。

ついで、物理的世界についての悪影響の点であるが、ここでは「聖史」ではなく「聖書 (la Bible)」そのものをとりあげていることが第一の特徴である。聖書の描く物理的世界の説明についての批判なのである。それは、「奇跡の絶え間ない連続」として描かれていると特徴づける。これを教えることに対する批判の視点として、子ども（ここでは小学生10歳前後が想定されている）の「本能的性向」をもちだしていることが、第二の特徴といえる。すなわち、「子どもは、妖精的な気まぐれによるのではなく、規則正しい法則によって支配された自然についての観念を獲得するのに、たいへんな苦痛をともなう。こうしたことが、子ども時代の本能的な性向だとすれば……（中略）……早くから、そんなところ（「奇跡の絶え間ない連続」―引用者）に投げ入れてしまうことは、形成にたいへんな時間がかかり苦痛もともなう合理的考察力をいっそう押し殺すことにしかならず、子どもの理性の発達を妨げることにはならな

いだろうか?」と、批判しているのである。さらにもう一点、今度は「聖史」ということだが、これが自然の事物・出来事の説明をすべて「神」に結びつけてしまい、ほかの説明の余地を与えない点について批判が続く。「聖史は、物事を他の説明もなく直接的に神と結びつけてしまうことによって、『なぜ』と『どのように』という、骨の折れる探求を、子どもたちに与えない」というのである。これもまた、逆にビュイッソンが子どもには早くから「なぜ」「どのように」と常に質問して探求する習慣をみつけさせるべきだと考えていたことを示すものと言うことができ、大きな特徴であろう。以上が、本論の前半、つまり「聖史」教育が子どもの「知性の発達」に与える悪影響についてビュイッソンが述べたところであった。

　後半、すなわち道徳的良心あるいは単に「良心」に「聖史」教育が与える悪影響に関する論述であるが、その論点は、「聖史」教育が子どもの「道徳的価値」観の分裂をもたらす、という点に集約されよう。

　ここでビュイッソンが強調するのは、「聖史」そのものよりも、「聖史の哲学」であり、それは教師も意識しないまま、「聖史」の授業 (leçons) のなかから子どもが「引き出して」しまい、「子どもの精神の奥深くに刻み込まれ」てしまうものという。これが、子どもにおける「道徳的価値」観の分裂であるが、これについて、彼はつぎのように述べている。

　　「過去を現代とは異なった仕方で判断すること、また、現代においては嫌悪すべきことを、過去にあっては称賛してもよいということを、子どもに習慣づけてしまうことである。この場合、唯一で普遍的な道徳を信じるかわりに、子どもの魂は規範と例外とのあいだで引き裂かれてしまうだろう……（中略）……現代の迫害、専制、個人あるいは国民の非寛容は非難するけれども、古代ユダヤにおけるこれらはあえて非難しようとしない人々が出現することとなるのである」。

　さらに、続けて述べる。

「そういう人たちも、今日においては義務こそ唯一の行動規範であること、すべての人は法の前に平等であるべきこと、人間は同じ神の子として兄弟であることを信じているのだが、しかし、選良などのための神の特別な好意、恵みと特権の痕跡をも信じているのだ」。

　ここからは、やはり「聖史」の教育を批判しつつ、ビュイッソン自身の望む教育の目的が「唯一の行動規範」としての「義務」、そして「平等」の観念の認識におかれていることをみてとることができる。さらに、その批判は「聖史」あるいはその根拠たる「新約・旧約聖書」の内容そのものより、それをひとつの絶対的教え、あるいは教義として無批判に「信じ」てしまう、そして「信じ」させてしまう行為に向けられていることがわかる。これも、ひとつの特徴であろう。
　以上のような議論の展開ののち、最後の結論部分では、「子どもたちに、初歩の道徳・社会的教育の代わりに、過去の、かつては偉大であっただろうが人類がそれを引き継ぎ追い越した人々に由来する事柄を、もはや教えないことである」と述べる。これは「聖史」教育の廃止を求めるのみでなく、それに代えて「初歩の道徳・社会的教育」の実施を求める主張となっている。このことは、続く部分でさらに明確に、つぎのように主張される。「子どもたちに家庭と同様、学校においても、共和国の空気を胸いっぱいに吸わせなさい。子どもたちに早くから、そしてたっぷりと、権利と義務、祖国と人類、自由・平等と人類の連帯について話をさせなさい」と。そして、結論として、「聖史を廃止して、その代わりに人類の歴史を置こう」と締めくくるのである。
　以上概観してきたように、この講演は、「聖史」教育の不合理さを指摘することで、その廃止を求めるという形式をとりつつも、それをとおして実際には自らの教育の目的あるいは理念を主張していた。その不合理さの根本は、「聖史」ないし「聖書」の内容をまったく無批判に絶対的な教えや教義として信じ込ませるような教育のあり方と、その結果としての批判的検討もなく内容を受容する態度の形成という点にあったと指摘する。そしてそれに代えてビュイッソンが望む教育の目的・内容は、子どもに早くから「なぜ」「どのよ

うに」というまさに自由な探求・検討をする習慣を身に付けさせ、「義務」を中核に「自由」と「平等」の観念を教えようとするものであったこと、などの特徴をもつものであったといえる。とくに注目されるのは、「聖史」ないし「聖書」そのものの否定ではなく、それを無批判・無検討に受け入れる態度を批判していた点であろう。これが、この時代に形成されつつあった彼の宗教観について、重要な示唆を与えるものであるからである。このことを確認したうえで、つぎには、この時期の彼のもうひとつの重要な活動、「自由キリスト教協会」の運動について、検討することとしたい。

(2) 自由キリスト教協会運動──「自由キリスト教」思想の形成

　上述の講演以降、1869年から1870年にかけて、ビュイッソンは「自由キリスト教 (le christianisme libéral)」の普及・宣伝活動に集中する[33]。そしてこの「自由キリスト教」の原理・原則に賛同する様々な人々のための集会所としての、一種の教会である「自由教会 (l'Eglise libérale)」の設立をめざして、「自由キリスト教協会 (l'Union pour le Christianisme libéral あるいは l'Union du Christianisme libéral)」運動を起こしたのであった。この運動の基本理念となった「自由キリスト教」の原理・原則を把握することが、ここでの主題である。素材とするのは、1869年に「自由キリスト教協会設立のための準備委員会によって公表され」、「ビュイッソンがその主要な起草者」とされる[34]『自由キリスト教宣言 (Manifeste du Christianisme libéral)』である[35]。この内容は、「自由キリスト教」の定義、追求する理念およびそれについての解説とさらに敷衍した部分、そしてその理念に同意し、ともに追及する同志の結集する場としての「自由教会」の基本的性格の説明、の三つに分けられる。それぞれについて、概要を示しつつ、そこにみられる基本的な特徴をあきらかにしよう[36]。

　『自由キリスト教宣言』(以下『宣言』とする)は、冒頭から、「自由キリスト教」とは「人間と人類の精神的完成 (le perfectionnemant spiritual) を唯一の目的とする宗教」である、と定義する。その求める「理想 (un idéal)」は、「唯一の権威 (une autorité unique) である良心 (conscience) の権威に、常に、そして全面的にしたがい、絶対的な善 (le bien absolu) に対する絶対的献身と定義される」とする。

このやや抽象的な定義を、『宣言』は続けて解説していく。その論理展開をおえば、つぎのようになる。まずは、「神についての観念を理論上どのように定義したとしても、実践においては神の愛は、普遍的命令 (l'ordre universel) への服従を、わたしたちの利害や人柄よりも上位におくことにあることは、誰もが認める」ことであるとし、それゆえに、「心から神を愛する人は、義務の観念と感情 (l'idée et sentiment du devoir) がふかく染み渡った人」であるとする。ここに「義務の観念」を登場させ、ついでそれを道徳の問題へと展開させていく。すなわち、「義務という法則 (la loi du devoir) は、道徳的良心のなかで成長し……（中略）……すべての人に共通し、普遍的に認められ、そしてすべての人がしたがう唯一のものである」とし、この「義務という法則」こそ、「様々な意見をもつ人々を結び合わせることになり得る、神に対する信仰の唯一の形態」であるとして、具体的には「人類への愛」と「隣人愛」をあげる。「人類への愛」は、われわれ個人の利益を人類の利益へと「自由意志によって」従属させることであり、「隣人愛」とは、「献身」「自己犠牲」そして「同朋の幸福のために努めること」とされ、ここで「宗教」が道徳の領域、しかも実践・実生活のなかで示される道徳の領域へと転換されていくのである。このように、使用される言葉ひとつひとつを微妙に変えながらも、全体として、宗教ないし宗教的なものを、道徳ないし道徳的なものへと転換していること、さらに言えば、宗教の本質を道徳ないし道徳的生活におこうとすることが、この『宣言』にみられる「自由キリスト教」についての説明の最大の特徴といえる。つぎの文は、それを典型的にあらわしている。「実際に善くなろうと全力で努力しているもの、もっとも豊かでもっとも崇高な道徳的生活をしているものこそ、教条的な信仰や敬神の標語や神秘的な心情を示すものよりも、すぐれて宗教的な人間である」。あるいは、「（自由キリスト教とは―引用者）すべてを道徳にしたがわせ、道徳はなにものにも服従せず……（中略）……人類の公共善 (le bien commun de l'humanité) のために互いに助け合い、教えあうことを教えてくれる、愛の宗教」である、と。

　このように示された「理念」に賛同するものが集う場が、「自由教会」とされた。このことも「自由キリスト教」そのものとともに、冒頭において定義

されている。この「教会」は、「厳密な正義へのすぐれた道徳的理想の追求に、ともに参加する人々の、自由意志による集まり」である。これもまた、「聖職者なき教会」「強制的な教義も奇跡も、誤りのない書物も、そして聖職者の権威も存在しない教会」と説明されるが、つぎの二つの文がもっともよくその特質を表現していると考える。すなわち、「盲目的信仰、権威の信仰を、反道徳的な原理として絶対的なやり方で追放し……(中略)……憶見(opinions)の受身的で卑しい画一性を追放し……(中略)……すべての人に共通する精神的な改善の努力 (le travail de leur commune amelioration spirituelle) に力強く取り組むことに対し、人間として同意するものすべてを受け入れる」組織であり、さらにまた「『善の信仰』と『人類愛』という言葉があらわす努力に全力で参加することを真摯に約束するものをみな、平等に同朋として受け入れる」組織である、というものである。そして、こうした「自由教会」が真に設立されるまで当面、「この宣言に賛同する人々」を「自由キリスト教協会」の名のもとに集結するよう呼びかけて、『宣言』は締めくくられるのである。

　このように比較的短文な『宣言』であるが、ここでは、「宗教」あるいは「宗教的なもの」が「道徳」また「道徳的なもの」へと置き換えられ、むしろ実践的な道徳的理念としての「公共善」の遂行への積極的参加の態度こそが、宗教的態度とされていたことが、大きな特徴であった。この『宣言』は、ビュイッソンだけの手になるものではないが、彼が「主要な起草者」であり、彼自身の宗教観が十分に反映されたものと言える。この点につき、ギサ・ペイルは、ビュイッソンがこの時期、主幹となって発行した機関紙の論説を手がかりに、さらなる分析とその機関紙にみられる言説の特徴の析出を行なっている。それをここで援用することによって、上述したビュイッソンの宗教観の特徴を確認しておこう。

　この機関紙は『解放 (l'Emancipation)』で、「これまで孤立し各地に散っていたプロテスタント自由派 (les protestant libéraux) に、互いに知り合い、近づき、他の同じ意見の人々と交流するために提供された」[37]ものであり、ビュイッソンはその主幹・主筆であった。ギサ・ペイルはこれに対立する機関紙の論説と比較対照することをとおして、この『解放』の構想する自由キリスト教

およびその教会の特徴をあきらかにしようとする。素材とする『解放』掲載の記事・論説は、必ずしもビュイッソンの執筆したものとは限らないが、ギサ・ペイルは「『解放』の編集者たち（これはビュイッソンと読み替えてほしい）」[38]として、その特徴を、ビュイッソンの思想の特徴として描いている。その論点はさきにみた『宣言』の特色とほぼ同様であるが、「自由教会」についての構想ならびに基本的特徴を彼女の言葉でまとめた部分が、これまでの論述——ビュイッソンの宗教観の特徴の析出——を補強するうえでも重要と思われるので、紹介しておこう。彼女によれば、その「教会」は、「宗教的感情の追放を勝ち取ることをねらうのではなく、権威的宗教の追放だけを強く勧告し、真の宗教において残るべきものすべてを推し進めることを追求」する組織である。そこにおいては、「いったん、権威的な原理が取り除かれれば、宗教は『道徳の開花 (l'epanouissement de la morale)』にすぎないということ、『一定程度の純粋さ、熱意、崇高さにまで』達した道徳的生活は、能力のすべて、心、精神、想像力、活動の全体に入り込み、それらを活性化し、宗教的生活と同一視されるに至ること、すなわち、『日常会話に対する詩や雄弁と同じく、宗教は道徳にとって、より熱く、より活力と驚きの多い、ひとつの段階なのだ』と主張された」[39]。また、「道徳は宗教への最初の一歩にすぎなかった」あるいは「『道徳を種まきすること、それは魂のなかに神の芽を発芽させること』と主張していた」[40]。こうした特徴ある宗教観を、ギサ・ペイルは端的に「コペルニクス的転換」と表現し、「『道徳から宗教』をつくりだすこと、『あるいは同様にして、宗教から道徳へと戻ること』」[41]とまとめるのである。この分析は、『解放』の論説を素材にしながらも、執筆者がビュイッソンと特定できていないため、一定の条件は付けられるものの、上述した『宣言』にあらわれた、この時点でのビュイッソンの宗教観における最大の特徴——宗教を道徳と同一視していること、さらにその道徳の具体的内容としては「人類愛」「隣人愛」にもとづき、「公共善」に全力で尽くそうとする生活態度、また個人的にはさらなる「善」を求める、換言すれば、より善くなることの不断の努力態度——を、確認するものであるといえよう。

小　括

　本章においては、まず、ビュイッソン研究のなかでも、その事跡研究の動向を整理・概括し、近年この方面での研究が急速に進み、彼の事跡があきらかにされていること、その宗教と教育にかかわる思想形成においては、スイス（ヌーシャテル）亡命時代の重要性が指摘されていることを明確にした。ついで、この指摘ならびに先行研究の成果によりながら、青年期(20歳代)のビュイッソンの事跡と思想形成過程を概観し、その思想的特徴をあきらかにした。これは、二点に分けられる。一点め初期のパリ時代にあっては、改革派教会における抗争に参入し、福音書を自由に検討・解釈そして表現する権利を主張して、正統派から逸脱していったこと、それは宗教的にはラディカルな福音主義および自由主義と呼べるものであった点である。また同時期に、政治的にはユゴー、キネから強い影響を受け、共和主義への熱望を表明し、共和派の立場を鮮明にしていたことをあきらかにした。ついで、二点めスイス・ヌーシャテル亡命時代には、二つの特色ある活動を展開し、独自の思想を形成・表明していたことを指摘した。第一には、初等教育世俗化への積極的な取り組みである。これは、「聖史」教育の不合理性を批判し、その廃止を求めながら、彼自身の教育観（教育目的・内容）を表明するものであった。すなわち、子どもに、自由な探求・検討（「なぜ」「どのように」）の習慣を早くから身につけさせること、「義務」を中核に「自由」と「平等」の観念を教えようとするものであったこと、である。第二に、自由キリスト教協会の運動への取り組みである。「自由キリスト教」の名のもとに、教義や聖職者に代表される「権威」を宗教から取り除き、宗教を「義務」の信仰とすることで、その本質を、個人としてよりいっそう善くなろうとする向上心とともに、「公共善」のために全力で尽くそうとする心的態度に見いだしたこと、やや乱暴に換言すれば、宗教と道徳、道徳と宗教を同一視していたことを、あきらかにした。

　以上の特色ある活動と思想の展開をまとめれば、「聖史」に代表される特定の教えを無批判・無検討に受容する態度を形成するような教育を改善する

ものとしての、教育の世俗化の主張、その一方で、宗教を道徳と同一視し、私的・公的な「善」に向かって全力を尽くす心的態度とみなす宗教観を形成していたのである。彼のパリおよびヌーシャテルにおける実際の活動の順序性・時系列を考慮すれば、その宗教観、すなわち宗教を「義務」の信仰と置き換えることで道徳と同一視あるいは置き換えようとする宗教観がパリ時代に形成され、それを基底にして、ヌーシャテルでは実際の教育における教育内容の世俗化を求める活動を展開していたと言えるのであり、ここに、彼の世俗的教育思想の基底形成をみいだすことができたのである。

註

1 Bouglé, C. (éd.): *Un moraliste laïque; Ferdinand Buisson*, Paris, 1933, pp.3-4.
2 Hayat, P.: *La Passion.*, op. cit., pp.18-19.
3 Loeffel, L.: op. cit., p.13.
4 Hayat, P.: *La Passion*. op. cit., p.7.
5 Pécaux, F.: "Ferdinand Buisson: quelques traits de l'homme" in *L'Enseignement publique*, no.107, 1932, なお、この号はビュイッソン追悼の特集となっており、著者のペコーは、フェリックス・ペコーの第五子、ピエール・フェリックス・ペコー（Pécaux, P.F.; 1866-1946）と推定される。ピエールについては、Gueissaz-Peyre, M.: op. cit., *Annexe 1, Notices biographiques*, p.10.
6 Bouglé, C. (éd.): op. cit., pp.3-4.
7 Hayat, P.: *La Passion.*, op. cit., p.7.
8 Loc. cit.
9 Gueissaz-Peyre, M.: op. cit., pp.132-133.
10 「改革派（Réformés）」とは、プロテスタント・カルヴァン派のフランスでの呼び方である。以下、同義で用いる。典拠、ibid., p.73., et *Annexe 4*, p.101.
11 「正統派」とは、19世紀中頃には「福音派」とも呼ばれ、宗教改革期の信仰を再興しようとする「信仰復興運動」の推進派をさした。のちに、プロテスタント自由派が、その教義への執着に対する批判をこめて正統派という言葉を用いるようになった。典拠、上垣、前掲論文、147頁、Gueissaz-Peyre, M.: op. cit., *Annexe 4*, p.101.
12 Hayat, P.: *La Passion.*, op. cit., p.7.
13 Gueissaz-Peyre, M.: op. cit., pp.122-128.
14 Ibid., pp.133-136.
15 Buisson, F.: *L'Orthodoxie et L'Evangile dans l'Eglise réformée*, Paris, 1864, p.3.
16 Ibid., pp.3-4.

17　Ibid., p.6.
18　Ibid., p.7.
19　Ibid., p.10.
20　Hayat, P.: *La Passion*., op. cit., p.7.
21　ビュイッソンが学んだリセについて、エアは「ボナパルト・リセ」から「コンドルセ・リセ」へと転校したように記しているが、ギサ・ペイルは後者のみをあげている。Hayat, P.: *Fredinand Buisson*., op. cit., p.9, et Gueissaz-Peyre, M.: op. cit., *Annexe 1*, p.2.
22　Hayat, P. (éd.): *Ferdinand Buisson*., op. cit., p.9, Loeffel, L.: op. cit., pp.8-9.
23　Loeffel, L.: op. cit., p.9., Bouglé, C.: op. cit., p.4.
24　Buisson, F.: *Souvenirs*, Paris, 1916, pp.10-15. cité in Bouglé, C. (éd.): op. cit., p.15.
25　Loc. cit.
26　Hayat, P.: *La Passion*., op. cit., p.11.
27　Gueissaz-Peyre, M.: op. cit., pp.140-146.
28　Ibid., p.160.
29　Buisson, F.: "L'Instruction publique dans un petit canton Suisse," in Hayat, P. (éd.): *Ferdinand Buisson*., op. cit., p.52.
30　Buisson, F., *Souvenirs*, op. cit., cité in Loeffel, L.: op. cit., p.11.
31　Buisson, F.: "Une Réforme urgente dans l'instruction primaire," in Hayat, P. (éd.): *Fredinand Buisson*., op. cit., pp.27-36. 以下、この講演内容についての叙述はすべて上記箇所による。また、この講演およびその講演記録の公刊の事情については、ibid., pp.329-330.
32　この部分のタイトルは「道徳的良心 (la conscience morale)」ではなく、「良心 (la conscience)」となっている。ここにみられるように、一般にビュイッソンの言説においては、「精神」「魂」「良心」「心」などの言葉の使用にあたり、省略・置き換え・転用が多くみられる点に注意したい。
33　Gueissaz-Peyre, M.: op. cit., p.166, Hayat, P. (éd.): *Ferdinand Buisson*., op. cit., p.330.
34　Hayat, P. (éd.): loc. cit.
35　Manifeste du Christianisme libéral, in Hayat, P. (éd.): ibid., pp.37-40.
36　以下の叙述は、ibid., pp.37-40.
37　Ibid., p.330.
38　Gueissaz-Peyre, M.: op. cit., p.198.
39　Ibid., pp.197-198.
40　Loc. cit.
41　Ibid., p.195.

第2章　共和主義的改革への志向
──パリ・コミューン期の活動をとおして──

課題設定

　本章では、スイス・ヌーシャテル亡命末期、「自由キリスト教」の普及とその共同体ともいえる「自由教会」創設の運動が、協力者の転任等により挫折[1]していくその頃、勃発した普仏戦争 (1870-1871) の報を受け、急遽帰国の途に着いた直後のビュイッソンの事跡をとりあつかう。具体的には、戦争の敗北とパリ・コミューン (la Commune de Paris) の動乱のなかで、ビュイッソンは如何なる問題意識をいだき、どのような具体的活動に従事したのか、先行研究の成果とともに、新たな史料（第二次史料）をとりあげることで、あきらかにする。その際、とくに時代背景としてのパリ・コミューンに注目し、その教育関係施策ないし改革を具体的にとりあげ、そのなかにビュイッソンの活動と言説を位置づけることを主題とする。ここであつかう時期は、ビュイッソンの生涯ではちょうど20代に別れを告げるころであり、新たな共和政実現への夢を抱き、教育のみならず政治の世界への道を歩みはじめる時期でもある。

　これまで検討し、かつ本研究で活用してもいるビュイッソンに関する様々な先行研究においても、フランス帰国前後のビュイッソンの事跡については、あまりあきらかにされていないのが現状である。彼の教育思想をとりあつかったルッフェルは、つぎのように述べるにとどまっている。

　　「未亡人の長男であったフェルディナン・ビュイッソンは、1870年の戦争で兵役を免除されている。しかし、共和政が宣言されるや、身ごもっていた妻をスイスに残して彼はパリに戻り、国民衛兵に参加する。パリ

占領（1871年1月18日）と王党派議会の選挙という二重の衝撃のもと、1年以上の攻囲の後、パリ・コミューンの反乱が突然おきた。フェルディナン・ビュイッソンは孤児を集め、バティニョールで母親の経営していた孤児院、あるいは市の施設に収容したが、これについてはあまりよく知られていないのである。」[2]

また、前章で活用したエアの研究書も、「1870年、スダンの後、ビュイッソンはパリに戻るためにヌーシャテルを去る。この日から、ビュイッソンの戦闘的な使命は、世俗学校の創設のなかに新たなる闘いの場をみいだしたのである」とし、さらに「パリに戻るとすぐさまに、フェルディナン・ビュイッソンは第17区に世俗の孤児院を組織し、バティニョールのインターナショナルの支部に参加したのである」と述べているにすぎない[3]。またビュイッソンの復刻史料集『フェルディナン・ビュイッソン：教育と共和国』に寄せた解説においても、「ビュイッソンはスダンの軍隊崩壊後ただちにパリに戻った」と紹介しているのみである[4]。さらに、ビュイッソンの事跡についてもっとも詳細に解明したギサ・ペイルの研究では、なぜかこの時期の事跡はまったくふれられていないのである。こうした研究状況のなか、デュボワの論考は、簡潔ながらもこれらの先行研究がまったくあきらかにしていない事跡を紹介している。ビュイッソンが「国民衛兵」[5]に入隊したというのは「確証のない伝承」であること、マロン（Malon, B.; 1841-1893）らとともに、インターナショナルのバティニョールとテルヌの支部に参加したこと、などである[6]。本章は、これらの指摘にしたがいながらも、時代背景となるパリ・コミューンと関連づけながら新たな史料を補足することで、こうした先行研究の間隙をうめ、ビュイッソンの事跡研究の空白の一部をあきらかにしようとするものである。

第1節　ヌーシャテルからパリへ──普仏戦争

(1) 普仏戦争とフランスへの帰国

第二帝政下、隣国ドイツ（プロイセン）が強大な統一国家になることを何よりもおそれていたナポレオン三世（Bonaparte, Ch.; 1808-1873）は、国際的には対外政策の失敗により相対的に孤立し、対内的には帝政を批判する共和主義の活動に動揺したため、威信の維持・回復をかけてプロイセンとの戦争を必要としていた[7]。一方のビスマルク（Bismarck, O.E.L., Fürst von; 1815-1898）もドイツ統一の最後の障壁であったフランスとの戦争を不可避と考え、そのための準備を着々と整えていた。そこに生じたスペインにおける王位継承問題を契機に、ナポレオン三世がプロイセンに宣戦布告する。普仏戦争の勃発である。周知のように、プロイセン軍の迅速な進出のまえにフランス軍は連敗し、ナポレオン三世はスダンで捕虜となり、ここにフランス第二帝政は崩壊、パリで共和政が宣言された。さきにみたルッフェルの言葉によれば、ビュイッソンは「共和政が宣言されるや、身ごもった妻をスイスに残して」フランス、パリに帰国する[8]。彼にとっては、まさにヌーシャテルで実地に学んだ共和主義の、フランスにおける実現の機会であったといえる。教授職を投げ捨ててまで帰国したところに、共和政（共和主義）に対する彼の情熱があらわれているともいえる。そしてエアの指摘するように、「パリに戻ると、すぐさま、第17区に世俗の孤児院を組織し、バティニョールのインターナショナルの支部に参加」するのである[9]。ここで、『コミューン事典』等により、パリにおけるインターナショナル支部活動の動向を確認しておこう[10]。

1863年のポーランドの独立運動弾圧に対する抗議集会が、ロンドンで開催されたことを契機に結成された最初のインターナショナル（国際労働者協会）[11]は、その年から67年にかけてヨーロッパ各地に支部を広げていった。パリ支部は1865年の初めに設立され、翌年には600名の参加者を集めている。69年にはフランケル（Fränkel, L.; 1844-1896）などの活動家が労働者の連合組織を結成、これが第二帝政崩壊直後にパリ20区共和中央委員会（Comité central républicain des Vingt arrondissements）、そして監視委員会（Comité de Vigilance）を生み出す母体となり、パリ・コミューンを導く運動を展開することとなるのである。パリの各区にもそれぞれの支部が結成され、テルサンらによれば、「郊外まで数えれば、パリ・コミューンの時期には60のインターナショナル

地区支部があった」とされる[12]。ビュイッソンが滞在した第17区でも、テルヌ、バティニョール、マルシェルブの三つの地域に支部があったことが確認されているけれども、残念ながら、テルサンらが示す当時の史料におけるそれぞれの代表者には、ビュイッソンの名は記載されていない[13]。しかし、インターナショナルそのものがそうであったように、パリの支部も、普仏戦争直前、そしてパリ・コミューン前夜にあって各地において活発な活動を展開していた。デュボワによれば、第17区のテルヌとバティニョールの支部は「つかの間の」機関紙『労働者の共和国 (La République des travailleurs)』を発行しており、そこにビュイッソンの名が登場するのである[14]。この『労働者の共和国』は、パリ・コミューン成立を目前に控えた1871年1月8日から2月4日までしか発行されていないが[15]、その1月10日付けのものにビュイッソンが、共和国としてのフランスにとっての普仏戦争の意義について論述した記事を掲載している。管見のかぎり、フランス帰国直後の、パリ・コミューン前後におけるビュイッソン自身の手になる記録に残る文書は、これだけのようである。ちなみに、フランス本国に押し寄せたプロイセン軍のパリ砲撃が開始されたのが、1月5日のことであったから、まさにパリ民衆によるパリ防衛、そしてパリ・コミューンの蜂起直前の時期であった。これは、出典であるエアの復刻史料集以外、ビュイッソンに関する先行研究にはいっさい登場してこないものであり、エア自身も、時代背景もふくめてまったく解説を加えていない。この事実に加え、史料的価値も考慮にいれて、少々長くなり、また第二次史料としてではあるが、以下にそのまま引用し、そこにみられる、フランス帰国直後インターナショナル活動に参加した時点での、ビュイッソン言説の特徴をあきらかにしてみたい。

(2)『労働者の共和国』掲載の記事から

まずは、エアの復刻史料集に収録された記事を引用する。タイトルは、「戦争の恩恵」という、シニカルなものであった。

「フランス共和国の諸君に、勇気をもって告げなければならないこと、

それはパラドックスというのではなく、ひとつのつらい真実である。すなわち、この恐ろしい戦争は、われわれに邪悪よりも、より大きな善をもたらすであろうということである。
　第一に、受けるべき処罰を受けることは、常に良きことである。罰を受けないことは、最悪の不幸である。この惨事の前、フランスはどのようなありさまであったことか。腐敗したままで、それで良しとしていた国。ほんのわずかな少数のものが、何の反響もないまま抵抗していた。残りの人々は、驚嘆すべきことが続いた道徳・社会・政治の苛立つような体制に20年も前からおとなしくしたがっていた。これらの人々を、なにものも帝政の汚濁を振り払おうと決意させなかったのである。この人々を、失われた自尊心へと連れ戻すためには、とてつもない衝撃が必要であった。フランスが無気力から滅亡へと移り行くことにあきらめきれなかった人々が、フランスに期待できたすべてのこと、それは雷のような一撃であった。フランスは、それよりも些細なことでは目覚めることができなかったのである。レイクスオッフェンに始まり、スダンに終わった罪滅ぼしの悲劇は、それが如何に恐ろしいものであろうと、自ら望んだ服従と恥じるべき言動の20年に対しては、ほんのつかの間の苦悩である。ある人たちは、われわれが脱ナポレオン化するために、そのような戦争が必要であったことを残念に思うかもしれない。そのような人々よ、諸君は、宮廷の改革以外に何の犠牲も無いまま一日にして帝政から共和政へと移行すると考えられるか。そんなことは不可能であったし、それはまた、背徳的でもあった。共和国はそれ相応のことを必要とし、フランスは復活することでのみ、共和政への権利を獲得するのだ。戦争という大事件が、決定的な退廃か、あるいは少しの流血で勝ち取られる共和国かの、どちらかの選択をわれわれに迫ったことを、われわれは喜ばなければならないのである。
　われわれは、とりわけフランスがしだいに募る決意とともに、祖国が今後も未来を持ち得るか、未来をもつ資格があるか否かを決定するような、このうえない試練を受けるところに立ち会っていることを、喜ばな

くてはならないのである。

　さらに言おう。われわれの不幸のどん底には、そうした不幸だけが共和国を永遠なるものにすることができるという幸せな点があるのだ。この国家同士の戦争は、おそらくわれわれを内戦から救ってくれるだろう。それはいつのときにも祖国を引き裂いてきた階級と党派とを危険のなかにも友愛のうちに結び合わせた。われわれの、以前の革命のあとには、反抗したり陰謀を企てたりした裏切りの輩が残っていた。このたびは、ボナパルトのために誰が陰謀を企てたり、反抗したりするだろうか。700万の賛同者たちは、ボナパルトを批判すべきではないと聞けば、怒りで顔を真っ赤にするだろう。その人たちは今や投票よりも戦場に行くかもしれないが、われわれはそのような人々を容認するのである。

　したがって、戦争とその災難のおかげで、共和国はふたたび問い直される前に、その実力のほどを示すときを得たことになる。それは、議会の気だるくさせる議論に振り回される間もなく、人々の想像力のなかに自ら威光をつくりだしたことになる。何が起ころうとも、フランスに魂を吹き込んだのは共和国であること、根性を叩きなおし自己犠牲を生み出し、ついには市民の軍隊、敵前で持ちこたえる第一線を即座につくりだしたのは共和国であったということが、どんな分からず屋にも、今やあきらかになったのだ。共和国に恐れを抱いてきた人々に、それを永遠に親しく神聖なものとするには、これで十分である。しかし、もっと望み、もっと要求しよう。共和国はわれわれを救済し得ると。そしてかつてのいわゆる救世主に対してそうであったように、少なくともフランス人民は、見極めることによって、共和国に忠実になるだろうと考えるべきなのである」[16]。

　少々長く引用したが、ここにみられる特徴は、以下のようなところであろう。すなわち、プロイセン軍によるパリ砲撃・攻囲の最中、戦争・敗北・多大な犠牲こそを新たな政体である共和政出発の契機ととらえ、さらに共和政のみがフランス国民を救済し得るという、共和政に対する信仰的とさえいえ

るビュイッソンの期待が述べられている点である。彼にとっては、普仏戦争敗北の犠牲さえ、償うべき「処罰」であったのである。とりわけ引用文後段の、民衆に対する共和政への信頼を訴える部分が、この時点での彼の政治的信念・立場を明確にしている。1871年2月の国民議会選挙を目前にしたこの時期、「ヨーロッパでは二、三の小国にしか採用されていなかった共和主義体制にたいする国民の期待は、熱狂的なものでも普遍的なものでもなく、むしろフランス革命や二月革命の記憶に結びつけられて、不安感をいだく人びとのほうがはるかに多かった」[17]という状況を考慮するとき、ビュイッソンのこうした期待ないし熱狂が如何に特異で激しいものであったか、その政治的立場・信条の特徴があきらかになるのである。

　一方、この記事が掲載されたとき、すでにビュイッソンは第17区において孤児院の運営にかかわっていたと推定される。つぎに、この活動の一端をあきらかにするとともに、重要な時代背景、すなわちパリ・コミューンの勃発とその教育・福祉施策ないし改革のなかに、その活動を位置づけてみよう。

第2節　パリ・コミューンとビュイッソン

(1) パリ・コミューンの教育・福祉改革

　パリ・コミューンの革命は、1871年3月18日のパリ民衆の全面的蜂起とともに始まった。この日、臨時政府行政長官のティエール（Thiers, L.A.; 1797-1877）とその政府機関はヴェルサイユに逃れ、代わってまったく無名の大衆的組織である国民衛兵中央委員会が市庁舎を占拠し、政治的実権を握った。3月26日にはコミューンの選挙が行なわれ、プチ・ブル知識層を中核としながらコミューン議員が選出されることで、ここに「自由なパリ」が成立したのである[18]。パリ・コミューンは、その二ヶ月あまりの短期間のあいだに、政教分離宣言にもとづく教育の世俗化をはじめとして、様々な教育・福祉施策ないし改革を立案・実施している。この点に関して、管見し得たかぎりの先行研究を概観すれば、およそ以下のような特徴があげられる。

　ひとつには、研究方法ないし視角が、いわゆるマルクス・レーニン主義の

立場に立つものが多い点である。わが国での代表的かつ精密な研究といえる牧柾名の論考は、コミューンの教育改革の意義を「教育への権利」の理念からとらえ、万人に開放され、かつ労働と結びついた「科学的全面教育」をめざしたものとするが、その全体的な意義を「支配階級による教育の独占をはじめてうちこわし」たこと、そして「その思想は、革命的プロレタリアートの教育思想として継承」される点に見いだしている[19]。長谷川正安の論考も、牧の研究に依拠し、ほぼ踏襲しているといえる[20]。第二の特徴として、パリ・コミューンの模索した様々な施策・改革のなかでも教育の世俗化に検討と評価の重点が置かれ、しかもそれを、続く第三共和政教育改革の先取りとしてとらえて評価する傾向があげられる。これは、コミューン研究の古典ともされるルージュリの研究が、まさに「第三共和政の先取り」と題しておもに世俗化政策・改革をとりあげ、「コミューンは、与えられた短い間に、第三共和政が30年かけて達成したもの以上とはいえないまでも、それとほぼ同じことを実行した」と述べていることに代表されるであろう[21]。ビュイッソンが取り組んでいたような孤児院に関する施策・改革をとりあげるものは、わずかにドマンジェの古典的労作『コミューン下の教育、子ども、そして文化 (L'Enseignement, l'Enfance, et la Culture sous la Commune, Paris, 1964)』があげられるだけなのである[22]。そして、これらのパリ・コミューンに関する歴史研究においてビュイッソンの名が登場するのも、これだけなのである。このような先行研究の動向をふまえ、ここではドマンジェの論考も援用しながら、パリ・コミューン史料にもとづき、まずはパリ・コミューンの孤児院関連の施策・改革の状況について、あきらかにしていく。

(2) パリ・コミューンの孤児院関連施策とビュイッソン

ドマンジェは、その著書のなかの一節「パリ・コミューン下の子どもたち」において、都心の豊かな地区の子どもたちはプロイセン軍の攻囲下にあっても芝居鑑賞にでかけたりして「両親たちの社会的地位の恩恵」を受けていたのに対し、都心をとりまく労働者地区では多くの若い徒弟や子どもたちが「学校にも行けず、街路にたむろしていた」ことを指摘している[23]。この点に

ついて、残された史料から確認してみたい。なお、本章で使用するコミューン関係の史料は、すべて当時の原史料をマイクロフィルム化した「パリ・コミューン史料集（*Les Murailles Politiques françaises,* 2 vols., Paris, 1875）」および、ブルジャンとアンリオの編集した『パリ・コミューン議会議事録（*Procès-verbaux de la Commune de 1871,* 2 vols., Paris, 1924）』である。具体的には、当時としては「高級住宅地」であった[24]第8区の事例である。第8区では、7歳から15歳の男女児童6,251人のうち、当時14校あった公立学校に通っていたものは、2,730人であり、全体の半数に満たなかった。さらにその2,730人のうち、271人が区の保育所（asile）に入所していた。このことから、第8区のように多くの学校が存在していた区でも、少なくとも学齢相当児童の半分以上は何らかの教育・保育施設のそとにおかれていたということになるのである[25]。このような問題状況に、積極的に取り組んだのが、パリ防衛に立ち上がっていた国民衛兵の組織であった。その様子を伝える当時の史料（ビラ）には、「戦争の犠牲者のためのパリ国民衛兵の孤児院」がある。日付けは記されていないが、ドマンジェはこの孤児院が「3月18日以前に」設置され、「コミューンの期間も常に機能し続けた」としている[26]。以下、その史料（ビラ）、を示す。

　「わたしたちの権利と自由を守るために戦っている男性たち、わたしたちの兄弟に服を着せ、あるいは傷の手当てをして働いている女性たち、現状では自分で世話をすることができない子どもたちがいたら、わたしたちのところに連れてきてください。ベッド、食べ物、衣服、そして家庭的なお世話を準備しています。
　この事業の仮事務所は、ヴィクトール・ユゴー通り40番にあります。最近、軍事一般経費によって認められた広い孤児院が、そこで数ヶ月前から開設されています。この事業の委員会の配慮により、最近の討議結果にしたがい、パリの様々なところで近々、他にも孤児院が開設されるでしょう。
　パリ20区すべての孤児は、毎日ここで1時から4時まで受け入れられることになります。

ご婦人、とくに未亡人の方で、わたしたちの貧しい孤児院に寛大にも援助してくださる方は、毎日、上記の事務所で1時から4時までのあいだに登録してください。
婦人委員会
アナ・ド・グランジュ、V.ルロワ、デラント、ラニョ、ショヴェ、ルノワール
視学官　H.マリオ
所長　レイモン　」[27]

　こうした施策・対策は、成立したコミューン議会においても、比較的早くから取り組まれた。成立間もない4月10日のコミューン議会では、孤児と未亡人に対する年金給付に関する政令（デクレ）案が提案・討議され、可決されるのである。そのときの議事録によれば、討議は、年金の金額をはじめとし、給付対象の未亡人が正式に婚姻した女性とそうでない女性の場合の区別の是非、孤児が認知されている場合とそうでない場合との区別の是非などをめぐって行なわれたが、そうした区別ないし差別は一切排除する方向で終結している[28]。以下に、当日可決され、同日付けで公布された「年金に関する政令（デクレ）」を掲げておく。

　「パリ・コミューンは、人民の権利を守るために亡くなったすべての市民の未亡人と子どもを承認し、布告する。
第1条　人民の権利を守るために殺害された国民衛兵の未亡人は、その権利と要求を立証するための調査ののち、600フランの年金が給付されるであろう。
第2条　子どもたちはそれぞれ、認知の有無にかかわらず、18歳に至るまで12回の分割で支払われる年間365フランの年金が給付されるであろう。
第3条　子どもたちがすでに母親を亡くしている場合、コミューンの経費で養育されることとなる。コミューンは、社会において自活

できるようになるために必要な総合的な教育を子どもたちに受けさせることとなる。
第4条　パリの権利を守るために死亡したあらゆる市民の尊属、父親、母親、兄弟・姉妹は、その死亡者が必要不可欠な支えであったことを証明できれば、各人100フランから800フランの範囲内で、それぞれの必要に応じた年金の給付が認められるであろう。
第5条　上記の条項の実施に必要となるあらゆる調査が、各区で選出される6名の委員とその区に属するコミューン議員1名が主宰する各区の特別委員会によってなされるであろう。」[29]

この政令（デクレ）にしたがい、各区では実際に孤児院が開設され、また年金給付のための調査も行なわれている。ドマンジェの研究および各種史料によれば、少なくとも第3区、5区、8区、11区、12区、および17区において孤児院の開設が確認される[30]。その典型的な事例として、第11区の告示を示しておこう。

「パリ・コミューン
　第11区委員会　　告示
　パリ・コミューンを守るための召集により、すべての市民が家庭を離れなければならないことを考慮して、また、一家の父親の不在のために国民衛兵の子どもたちが浮浪のままになってしまう事態を考慮し、そのような不都合な問題に対応することが緊急を要することを考え、第11区のコミューン委員会は、以下のことを決定する。
　国民衛兵未亡人の子どもたちは、調査の後、特別な施設に入所が認められる。そこでは、そのために任命された委員会が、食事、就寝、その他、すなわちわれわれの区に居住する未亡人の子どもたちの幸福のためのあらゆる事柄に専念することとなる。
　この告示は、1871年4月17日月曜から施行される。
　パリ　　　　　　1871年4月17日

コミューン議員　モルティエ、アシ、ドレクリューズ、アヴリアル」[31]

また、同じ第11区では、コミューン議会政令（デクレ）にしたがって、年金給付にかかわる調査も実施されたようである。その結果は不明であるが、以下のような調査実施通知の史料（ビラ）が残されている。

「パリ・コミューン
第11区
家族、およびその代理人へ
人民の権利の防衛の犠牲者の未亡人と孤児に給付される年金と補償金に関する調査委員会
市民
4月10日のパリ・コミューンの政令にしたがって、第11区の調査委員会が昨日13日に正式に組織された。委員会は、家族とその代理人に、委員会が本日14日、区役所婚姻待合室に事務所を開設したことを伝える。委員会は毎日、朝9時から11時までと午後2時から5時まで受け付けを行なう。
委員会は、家族と代理人に、委員会の緊急かつ重要な任務を遂行できるよう、関係者にあらゆる文書と情報を提供することを伝える。
パリ　1871年4月14日
モルティエ（委員長）、ギィヨーム（書記）、ブーシェ（シャルル）、
補佐　デュドワ、ブランシュ、モロワ、ボウ　」[32]

それでは、ビュイッソンの滞在していた第17区の状況は、どうであったのだろうか。この点について、ドマンジェは、コミューンの教育委員会[33]の委員であったラーマ（Rama, ?-?）の、学校教育の世俗化のための活動を中心に紹介している[34]。それによれば、ラーマは区の公立学校および幼稚園の教師にあてた声明文を公表し、宗教的中立性のために戦うことを訴えたという。その声明文には、「税金によって運営される知育と教育のための施設は、各

人の信仰が何であろうとも無差別にすべての納税者の子女に開かれていなければならない」こと、「宗教および教義の教育は、すべて家庭のイニシアティヴと自由な方針にゆだねられるべき」ことが主張され、学校教師に、「実験的あるいは科学的方法、すなわちその性質が何であれ、物理的・道徳的・知的、その他諸々の事実の観察から出発する方法」とともに、「宗教的または教義的なあらゆる原理から解放された有益で理論的かつ『支配の精神』と『隷属の精神』からも解放された道徳教育」を実施し、「宗教的好意と偶像の排除」そして「『科学的方法と和合の精神に反する』事柄と書物の排除」を行なうことを勧告しているという[35]。また、この区において開設された孤児院について、ドマンジェは、「自治体は、区にある孤児院でコミューンが3月29日の議会で承認した施設の運営に専念した」[36]と述べているが、コミューン議会の当該議事録では、そのような孤児院承認の議題や事実は確認できない[37]。確認できるのは、さきの国民衛兵孤児院と同じく、この区においてもパリ・コミューン成立以前から孤児のための施設が開設され、活動していたことである。このことを伝えるとともに、この施設に早くからビュイッソンがかかわっていたことを示す史料が、さきのインターナショナルのテルヌとバティニョール支部の機関紙『労働者の共和国』1871年1月15–25日号の記事、「共和国の孤児院」である。この史料は、エアの復刻集にはじめて収録されたもので、詳細なギサ・ペイルの研究にも登場しないものであり、また、エア自身も解説までは加えていないものである。史料的な価値だけでなく、この時期におけるビュイッソンの事跡をあきらかにし得る唯一のものとして、以下に掲げておこう。

「われわれが体験するこのうえない試練のなかで、あらゆる心情を引き裂くもっとも残酷な苦しみのひとつ、それは、われわれの親しい、そしてその多くが戦場で倒れていく戦士たちのあいだに、救いも安寧もなく、時には後見人もいない孤児たちをあとに残すことを思うことである。
第17区の自治体が、数名の献身的な市民の協力を得て、これらの子どもたちに、共和国が負うべき母親のような保護をすみやかにできる限

り数多く確保するために、あらゆる労をとることを決定したのは、このような誠に正当な不安の感情にかられてのことである。

　われわれは、こうしたイニシアティヴのおかげで、家庭内にあっても、または両親の知り合いの家庭にあっても十分な世話と救済を得られない男女の孤児を受け入れるための施設が開設されたことを告示できて、幸いに思うものである。

　共和国の孤児のための教育の家という名称のこの施設は、ポール・サン・トゥーアン通り46番地に置かれている。

　戦争の直接的な不幸に対処しようとするものではあるが、この施設は永続的性格をもち、子どもたちに完璧な教育を保障するはずのものである。

　したがって、それにはかなりの費用が必要である。イニシアティヴをとった自治体もまた、市民の献身に対して緊急の呼びかけをすることをためらいはしない。われわれは、富者も貧者も、できる範囲において、あらゆる不幸のうちでもっとも胸を打つ不幸を救うという名誉を得ようとすることに、疑いをもたない。われわれはとくにインターナショナルの愛情ある尽力に期待している。それは労働者の子どもたちのなかでももっとも不幸な子たちに、民主的、真摯で全面的な教育を実施する試みを必ず支援してくれるであろう。

　現物、現金とも、第17区の庁舎あるいは孤児院で受け付ける。

　この施設の管理・運営は、ともに世俗のものにゆだねられている。

　入所願いは、出生証明書とともに、孤児院の臨時の所長である市民ビュイッソンに送付していただきたい。」[38]

　ここに、ビュイッソンの名前がはじめて登場する。記事掲載の日付けから、この孤児院がパリ・コミューン成立以前、おそくとも71年1月には開設され、それにビュイッソンがかかわっていたことが確実に推測できる。しかしながら、この施設のその後の発展・展開については明確でない。引用した記事は、インターナショナルの協力に期待を寄せているが、テルサンらの論考によれ

ば、パリ・コミューンの動乱のなかで、インターナショナル・パリ支部自体が組織としては弱体・衰退していたらしい。すなわち、「インターナショナルの支部はコミューン以前には、労働者の組織化を強化し、プロレタリアートに自らの力と役割の自覚化を支援することで、決定的かつ積極的な役割を果たした。しかし、動乱のなかでは、パリの支部は消滅こそしなかったものの、緊迫した情勢が求めたほどには発展していない。……(中略)……パリのインターナショナルに欠けていたものは、その代表者たちの非常に衝動的なイニシアティヴを調整することのできる中央の組織であった」とするのである[39]。これにしたがえば、この第17区の孤児院も、インターナショナルの組織的な協力が得られたとは考えられない。ドマンジェは、「(この孤児院は—引用者)60名の子どもを収容した。一時、その管理は、建物・暖房施設・照明器具あわせて月々200フランでオーギュスト・セライエとその夫人に委ねられそうになったが、結局、ビュイッソンの手に移った」としているが[40]、典拠があきらかでないうえ、時系列的に齟齬があるとも思われる。新たな史料がないかぎり、結局のところ、ここではルッフェルの指摘するように、この時期のビュイッソンの活動およびこの孤児院については、「あまり知られていない。確かなことは、この孤児院の活動が、多難のなかで教育者ポール・ロビンによって1880年から1894年まで経営されることとなるワーズ県コンピュイスの孤児院の出発であったことである」[41]とするにとどまらざるを得ないのである。しかしながら、本章では、これまで多くの先行研究が使用してこなかった史料(第二次史料)を紹介・分析し、部分的ではあったがビュイッソンの活動をあきらかにするとともに、パリ・コミューンに関しては第一次史料を用いることで、その活動をパリ・コミューンにおける教育・福祉改革のなかに位置づけることができたと考える。これは、これまでの先行研究における空白をうめるものであったといえる。

小　括

本章では、普仏戦争勃発直後にスイス・ヌーシャテルから、フランス・パ

リに帰国したビュイッソンの事跡について、主要な先行研究の成果に新たな史料を重ねることで、あきらかにしようとした。その結果、彼がパリ第17区においてインターナショナルのテルヌおよびバティニョールの支部に参加し、そのつかの間の機関紙『労働者の共和国』の編集にかかわるとともに、自らも、普仏戦争の共和主義的意義についての記事を執筆していたこと、およびかなり早い時期から同区の孤児院の管理・運営にかかわり、「仮の所長」をもつとめていたこと、そしてその活動は結果としてパリ・コミューン議会の孤児院を中心とする教育および社会福祉的な施策あるいは改革の先取りとして位置づけられることが、あきらかとなった。しかしながら、71年3月18日のパリ・コミューン成立以降、そのもとでのビュイッソンの具体的な活動については、不明である。コミューン下の第17区では、コミューン議会関係者と学校教師との協力で世俗的な公立学校開設の試みがなされている。当時のその史料(ビラ)には、ラーマ等の名前はあるが、ビュイッソンの名は記されていない[42]。現在入手しているその他の史料にも、第17区の教育・福祉活動とビュイッソンの具体的な名を示すものは発見できていない。しかしながら、仮に上記の世俗的公立学校開設にビュイッソンがかかわっていたとしても、それはヴェルサイユ軍進入、パリ・コミューン鎮圧にいたる20日たらずの出来事にすぎない。ルッフェルは、「『血の一週間(1871年5月21-28日)』にコミューンの鎮圧がなされ、コミューンの人々への残忍な弾圧(王党主義者アドルフ・ティエールによる大々的な弾圧)が襲いかかる。フェルディナン・ビュイッソンは、それらコミューンの人々が身を隠したり逃れたりするのを援助した」とする[43]。さらにデュボワは、「(ビュイッソンは―引用者)ヴェルサイユ軍の5月23日のバティニョール征服を目撃したことになる。そしてコミューン下での第17区助役であったマロンをかくまったのは、彼であった」[44]と指摘している。実際、マロンは5月22日にバティニョール防衛線を組織し、パリ・コミューン敗北後にはスイスに亡命している[45]ことから、これは事実であったと思われる。しかし、その詳細を語る史料については、先行研究も、また、本研究でもあきらかにし得ないままなのである。

　フランス帰国のとき、ビュイッソンはすでに大学教員の職は失っていた。

その彼に救いの手をさしのべたのが、共和主義者でスイス亡命中も志を同じくしたジュール・シモン（Simon, J.; 1814-1896）であった。シモンは自ら公教育大臣となると、ビュイッソンを初等視学官に抜擢し、これが契機となって第三共和政初期の教育界におけるビュイッソンの活躍が開始されることとなる。その最初の業績が、ウィーンそしてフィラデルフィアにおける万国博覧会で開催された学校博覧会への派遣視察とその報告書であった。この派遣において、ビュイッソンは何を学び、それを如何に報告していったか、この点につき、その経緯とともに、次章以下で検討することとしたい。

註

1 Gueissaz-Peyre, M.: op. cit., pp.199-201.
2 Loeffel, L.: op. cit., pp.13-14. なお、引用文中「王党派の選挙」とは、フランス降服後にプロイセンの強い要請で行なわれた国民議会選挙のことである。
3 Hayat, P.: *La Passion.*, op. cit., pp.18-19. なお、引用文中「スダンの後」とは、普仏戦争におけるナポレオン三世の敗北・虜囚のことである。スダンはフランス東部、ベルギー国境近くの町名。
4 Hayat, P. (éd.): *Ferdinand Buisson.*, op. cit., p.52.
5 国民衛兵（Garde nationale）は、フランス防衛のための民兵組織であり、その起源はフランス革命にまでさかのぼる。1871年には、強力な中央集権的組織を形成してパリ・コミューン成立の原動力のひとつとなった。Noël, B.: *Dictionnaire de la Commune*, Paris, 1971, p.192.
6 Dubois, P. et Bruter, A.: *Le Dictionnaire de pédagogie et d'instruction primaire de Ferdinand Buisson: Répertoire biographique*, op. cit., p.47.
7 柴田三千雄・他（編）『世界歴史体系 フランス史3 19世紀なかば～現代』山川出版社、1995年、118-119頁、秀村欣二（編）『西洋史概説 第四版』東京大学出版会、1991年、266頁、など。
8 Loeffel, L.: op. cit., p.13.
9 Hayat, P.: *La Passion.*, op. cit., p.19.
10 インターナショナルの活動については、とくにことわらないかぎり、Noël, B.: *Dictionnaire.*, op. cit. によっている。
11 訳語は、『新編 西洋史辞典』東京創元社、平成12年、75頁による。
12 Tersen, J. et al.: *La Commune de 1871*, Paris, 1970, p.155.
13 Ibid., p.165.
14 Dubois, P. et Bruter, A.: op. cit., p.47.

15 Loc. cit.
16 Buisson, F.: "Les Bienfaits de la Guerre", in Hayat, P. (éd.): *Ferdinand Buisson.*, op. cit., pp.65-66.
17 柴田（編）、前掲書、123頁。
18 柴田三千雄『パリ・コミューン』中公新書、1973年、および Noël, B.: op. cit. による。
19 牧柾名「3 パリ・コミューンと人民の教育権」『牧柾名教育学著作集1教育権の歴史と理論 上』エイティム社、1998年、65, 70, 75-76頁。なお、こうした研究の典拠として、牧も依拠しているのが、フルーモフの論考で、それによれば、「1871年のコミューンは学校教育の真の世俗化を企図したのであり、それは、10年後に第三共和政のブルジョワジーによってなされたものとは、まったく異なるのであった」として、労働者階級対ブルジョワジーという図式を描いていた。
Froumov, S.: *La Commune de Paris et Démocratisation de l'école*, Moscou, s.d., p.32.
20 長谷川正安『コミューン物語』日本評論社、1991年、111-114頁。
21 Rougerie, J.: *Paris libre*, Paris, 1971, pp.100-105.
22 Dommannget, M.: *L'Enseignement, l'Enfance et la Culture sous la Commune*, Paris, 1964.
23 Ibid., pp.80-81.
24 長谷川、前掲書、122頁。
25 *Les Murailles Politiques françaises*, tome 2, Paris, 1875, p.370.（大仏次郎記念館所蔵）
26 Dommannget, M.: op. cit., p.81.
27 *Les Murailles Politiques.*, op. cit., p.397.
28 Bourgin, G. et Henriot, G. (éd.): *Procès-verbaux de la Commune de 1871*, tome 1, Paris, 1924, pp.159-161.
29 *Les Murailles Politiques.*, op. cit., p.218.
30 Dommanget, M.: op. cit., et *Les Murailles Politiques.*, op. cit. による。
31 *Les Murailles Politiques.*, op. cit., p.302.
32 Loc. cit.
33 教育組織委員会は、コミューンの教育委員会を補佐するために4月28日に教育委員会代表であったヴァイアン（Vaillant, E.; 1840-1915）によって組織された委員会である。
34 Dommanget, M.: op. cit., pp.71-72.
35 Loc. cit.
36 Ibid., p.73.
37 Bourgin, G. et Henriot, G. (éd.): op. cit., pp.33-56.

38 "Un Orphelinat Républicaine," *La République des travailleurs*, in Hayat, P.: *Ferdinand Buisson.*, op. cit., pp.66-67.
39 Tersen, J. et al.: op. cit., pp.156-157.
40 Dommannget, M.: op. cit., p.73. なお、セライエは長靴型製造職人で、第2区選出のコミューン議員をつとめ、労働・交換委員会に所属していた。コミューン後、インターナショナルでマルクス派として活動。ジャック・ルージュリ（上村・他訳）『1871年 民衆の中のパリ・コミューン』ユニテ、1987年、「人名検索」8頁。
41 Loeffel, L.: op. cit., p.14.
42 *Les Murailles Politiques.*, op. cit., p.402.
43 Loeffel, L.: op. cit., p.14.
44 Dubois, P. et Bruter, A.: op. cit., p.47.
45 ジャック・ルージュリ、前掲書、「人名索引」14頁。

第3章　ウィーン万博派遣とその報告書

課題設定

　本章では、パリ・コミューンの鎮圧、第三共和政成立直後におけるビュイッソンの事跡をあきらかにし、この時期の代表的な言説の分析を行なう。具体的には、①当時の公教育大臣ジュール・シモン(Simon, J.; 1814-1896)によるセーヌ県初等視学官任命とその取り消し[1]から、その直後のウィーン万博派遣に至る経緯について、主要な先行研究の検討とともにその近年の成果から事実経過をあきらかにすること、②彼が起草し、高い評価を得たとされるウィーン万博の初等教育関係報告書[2]について、その概略を紹介し、基本的な特徴をあきらかにする。そして、執筆者であるビュイッソンがこの万博をどのように評価し、またそこから何を学ぼうとしたかを検討する。

第1節　第三共和政の成立とビュイッソンの活動
——初等視学官任命からウィーン万博派遣の経緯

(1) 初等視学官任命とその批判の経緯

　パリ・コミューンの鎮圧から第三共和政成立期（1871年から1875年）のビュイッソンの事跡については、第三共和政における中央教育官僚の経歴を整理・紹介した事典には、以下のように簡略にまとめられている。

　　「戦後、公教育大臣のジュール・シモンは、彼をパリの初等視学官に任命するが、この任命はデュパンルー猊下(Monseigneur Félix Dupanloup; 1802-1878)[3]の激しい詰問の対象となり、大臣はそれを取り消さざるを得

第3章　ウィーン万博派遣とその報告書　63

なくなる。そのとき、彼は初等教育統計委員会の書記に任命され、公教育省の代表としてウィーン（1873年）、ついでフィラデルフィア（1876年）の万博に派遣される。この二回にわたる派遣は、たいへん注目された報告書起草の機会となったのである。」[4]

　こうした記述は大筋において正しいものであるが、近年の研究はこの時期の事実関係をよりいっそうあきらかにしている。まず、ビュイッソンの教育思想を直接とりあつかったルッフェルは、以下の三点を具体的に示している。第一に、デュパンルー猊下の「抗議」が「（ビュイッソンの─引用者）スイスでの著作を材料に」なされ、「聖書について『おぞましい』言葉で語っている」点がその対象となったこと、第二に、その政治的背景として「第三共和政の政府は未だ共和政ではなかったこと」および「共和派の勝利をもたらす1877年5月16日の国民議会選挙まで、フランスの政治的状況は不安定で、共和政への熱望と君主制への回帰の可能性とのあいだで揺れ動いている」こと、第三に、この批判・攻撃によって「フェルディナン・ビュイッソンはそのポストを失う」が、「その待遇は保持した」こと、である[5]。さらに細部にわたってあきらかにしているのが、ギサ・ペイルであり、それに依拠したエアである。エアによれば、ビュイッソンの経済的状況が「不安定なままであった」こと、「アシェット家の家庭教師を続けて」いたこと、ジュール・シモン公教育大臣は彼に「哲学教授のポスト」を考慮していたが、「友人たちの圧力」によって「セーヌ県の初等視学官に任命」したこと、この任命に対する批判が「正統派プロテスタントと保守的なカトリック」の共闘であり、「ビュイッソン（への批判─引用者）をとおして……（中略）……パリ・コミューンの二つのプログラム、すなわち政教分離と学校の世俗化を支持した危険な国際的扇動者として帝政下で危険視されたジュール・シモンを打倒することを狙っていたこと」を指摘している[6]。さらにエアのより近年の論考では、こうした事実経過がビュイッソンに与えた影響ないし効果について、「このあいまいな不遇こそがビュイッソンにとって、国際的な関係をとりむすび、教育学に関する確固たる知識を獲得し、注目を集めた二つの報告書を発表する機会」となっ

たと評価しているのである[7]。こうした論考・評価においてエアが全面的に依拠したギサ・ペイルの研究の成果によりながら、以下、この時期におけるビュイッソンの事跡を整理しよう。

フランス帰国後のビュイッソンは、スイス・ヌーシャテルでの教職（哲学・比較文学教授）を辞職したため「収入を失って」[8]、「アシェット家の家庭教師」によって[9]、自分の家族を養っていかなければならなかった。その彼が「初等教育におけるポスト」[10]をジュール・シモンに請い求めたことを、ギサ・ペイルはビュイッソン自身の書簡によってあきらかにしている[11]。ジュール・スティーグ（Steeg, J.; 1836-1898 ——共和派の代議士、1880年代教育改革ではビュイッソンと志を同じくする）に宛てたその書簡によれば、ビュイッソンはシモンに「たとえ地の果てでもあっても」学校長になるつもりであることを訴えたが、シモンはつぎのように述べて「それが不可能であること」を諭したという。「（ビュイッソンの主張した—引用者）政教分離についても、スイスだったら良いのだ。しかしここではそれはあなたに害を与えるだろう。師範学校では、あなたは司教たちとともにしなければならないことがたくさん出てくる。私はあなたに哲学級[12]のポストを用意しよう。だが、慎重であることが必要である」[13]。しかしながらジュール・シモンは「数人の友人たちの友情ある圧力に最後は譲歩し、1872年1月15日、フェルディナン・ビュイッソンをセーヌ県の初等視学官に任命する」のである[14]。この任命に対して同年の年末に議会で突如として批判がなされ、さらには保守系新聞・雑誌によって騒ぎ立てられた告発劇が、ギサ・ペイルの言う「ドルピとジョンストンの事件」であった[15]。

1872年12月12日、公教育費追加の口実で始まったドルピとジョンストン[16]による初等教育視学官任命に対する激しい非難は、直接的にはビュイッソンに向けられていった。

彼らはビュイッソンが「帝政への反論を大声で公言するだけにあきたらず」、「スイスに逃れて……（中略）……ヌーシャテルで教授となり、そこで周知のようにパリ・コミューンによって宣言・実施された政教分離のみならず、セー

ヌ県会の多数派が反対した純粋に世俗的な教育、さらに学校と教会の分離、そして教師に対してあらゆる宗教的感情を抑えるとともに、そのような事柄に関するすべての干渉を慎む絶対的な義務を要求した」ことを非難した[17]。ここでは、ルッフェルの指摘する「共和政への熱望と君主制へと回帰する可能性に揺れ動く」不安定な政治的状況[18]をみて取ることができる。また、この非難の根拠にスイス亡命期のビュイッソンの言説が利用されていることは、つぎの三点の理由から、注目される。第一に、このことがデュパンルー猊下の関与を促すとともに、デュパンルーによる非難においてもっとも効果的に利用されたこと、第二に、スイス亡命期のビュイッソンの言説を利用することは、この時点の第三共和政において効果的であったのであるが、その事実が、スイス時代のビュイッソンの諸活動・言説の特徴を抽出しているとも言えること、第三にそれはまた、この「事件」がカトリック側だけではなく正統派プロテスタントとの「共謀」であった可能性[19]を示唆するものであったからである。

　結局、この事件そのものは、「ジュール・シモンがこの共謀の前に屈した」のであり、「ビュイッソンに関する調査を実施してその処置をすることを約束することで、自らの身の危険をまぬがれ、ドルピとジョンストンは、その修正案を取り下げた」ことで決着するのであるが、「ビュイッソンはその職を失わなかった」[20]点が重要である。ギサ・ペイルはこの点についてのコメントはしていないが、エアは、この非難の最中においても「彼（ビュイッソンのこと―引用者）の業績そのものには異議は申し立てられなかった」と指摘し、これをもって、この「事件」がビュイッソンその人に対する攻撃ではなく、それをとおしてジュール・シモン公教育大臣の失脚を狙ったものであったと推測している[21]。しかしながら、すでにみてきたように、この時点――第三共和政成立直後におけるビュイッソンには、いまだ注目に値するほどの「業績」が蓄積されてはいなかったことから、この「指摘」と「推測」の根拠は曖昧といわざるを得ない。ビュイッソンが教育に関する業績をつみ始め、しかも注目を集める契機となったのが、つぎに述べるウィーン万博への派遣なのであった。

(2) ウィーン万博への派遣

　ギサ・ペイルの言う「ドルピとジョンストン事件」の結果、ビュイッソンは、「その職を解かれもせず、休職にもされないで」、「フランスの学校教育に関する展示を組織するためにウィーン万博の代表に選出される」[22]。ジュール・シモンのこうした処置について、ギサ・ペイルはやはりビュイッソンの書簡によりながら、細部の事情とビュイッソン自身の解釈を紹介している。その書簡の一部を引用しておく。

　　「ジュール・シモンは、わたしを解任したり休職させたり、待命を命じたりはしなかった。彼はわたしに純粋かつ単純に、パリの初等視学官という肩書きを保持させてくれ、そして、フランス学校教育の展示を組織するとともに様々な国々の教育事情についての報告書を作成するために、ウィーン万博に私を派遣してくれた。彼はわたしを更迭したのではなく、わたしが（万博の―引用者）任務についているあいだ、わたしの担当学区を監督するためにわたしの同僚のひとりを派遣してくれたのである」[23]。

　この、やはりジュール・スティーグ宛書簡からあきらかなように、ビュイッソンはあくまでも初等視学官の肩書きを保持したままで、特命的な任務、すなわちウィーン万博におけるフランス学校教育関係展示の組織ならびに万博参加各国教育事情に関する報告書の作成という任務が与えられたのであった。ギサ・ペイルは、このような「ビュイッソンに対するジュール・シモンの寛大さ」について、当時の右翼系新聞・雑誌にみられる「下品な噂」についても言及している。簡単に紹介すれば、つぎのようになる。いったんは「解任」を強要されたビュイッソンはジュール・シモンがビュイッソンのスイス亡命中に執筆した小冊子を絶賛して送った、そしてビュイッソンが「大事に保存していた」手紙を「ポケットから取り出し」、大臣に自分を守るよう脅迫した、というものである[24]。ギサ・ペイルはこうした「風説」を「根拠がな

いこと」としているが、この「事件」全体の総括的評価として、結果的にこれがビュイッソンに有益に作用したことを指摘している。すなわち、「ドルピとジョンストンの事件は、ビュイッソンに害を与えるどころか……（中略）……むしろ彼のキャリア・アップを促進したということができる。フェルディナン・ビュイッソンは、その新たな状況をおどろくほど活用することになったのである」と[25]。ここで言われる「新たな状況」が、ウィーン万博への派遣であり、その報告書が高く評価されたことが、ビュイッソンのキャリア・アップにつながるのである[26]。つぎには、おもにこの報告書について、その概要・内容構成を紹介し、さらにそこにみられる基本的な特徴をあきらかにしたい。

第2節　ウィーン万博報告書の概要と基本的特徴

(1) 報告書の目的と基本的特徴

　この時期のビュイッソンの事跡をあつかった先行研究は、そのほとんどがこのウィーン万博への派遣の事実およびその報告書が高い評価を獲得し、結果的にビュイッソンのキャリア・アップにつながったことを指摘する点で一致している。しかしながら、その報告書の具体的内容にまで言及しているものは、意外と少ない。管見のかぎり、わずかに触れているものは、二点のみである。そのひとつ、デュボワらの手になるものは、「1875年に刊行された、この万博に関する彼の報告はたいへん注目される。彼はとくにフランスにおける学校統計の欠如を指摘している」とだけ述べている[26]。また、彼の事跡をもっとも詳細にあきらかにし、前節においてもその成果に大幅に依拠したギサ・ペイルの研究も、この報告書については、「彼がその職務から生み出した報告書は、たいへん注目すべきものであった。彼はそこにおいて、教育学における『直観的方法 (la méthode intuitive)』と、行政面での初等教育の統計の整備に対し、好意的かつ強力な擁護をしたのである」と述べるにとどまっている[27]。また、ルッフェルも同様に、ビュイッソンが「直観的方法の正当性を確信したのは、1873年のウィーン万博であった」と指摘するが[28]、やはり報告書の具体的内容にまで踏み込んだ言及はしていない。本節において、

この報告書の内容構成・概要を紹介し、その基本的な特徴をあきらかにすることは、先行研究のこうした欠落・間隙を埋める意義をもつのみならず、ビュイッソンの教育思想形成に関する重要な手がかりを得るものである。

　この報告書の正式名称は、「F.ビュイッソンによる、1873年のウィーン万国博覧会における初等教育に関する報告書」で、「初等教育に関する分野の調査を委任された特別代表がウィーン万博について報告した文書の概要」であり[29]、1874年4月30日に公教育大臣に提出されたものである[30]。この報告書の序文によれば、その起草の任にあたった「特別代表」は、ウィーン万博における学校（教育）に関する展示についての全般的な報告の作成を委任された審査会（Jury）とは別個のもので、その「特別」な任務の性格は、第一に、調査の範囲がいわゆる「初等教育の範囲」を超えるものではなかったこと、第二に、万博における教育学関係の問題にかかわるすべての事柄に関する重要な調査のエッセンスを収集することに限定されたものであった[31]。したがって、この「特別代表」は万博における学校（教育）関係、さらには万博そのものに関する評価、および報告を任務とする審査会とはまったく別個に設けられたものであり、まさにビュイッソンのための「特別」な代表であったといえる。それゆえ、この報告書は、そのタイトルが示すように、ビュイッソン単独の起草によるものと考えてよいものである。実際、その筆致は同一のもので、しばしば筆者も一人称単数表記となっている。たとえば、報告書作成の意図についてつぎのように述べるとき、そのことはあきらかである。「この報告書の筆者は、初等教育に直接関係する（教育の―引用者）方法（méthode）、手順（procédé）とその成果について詳述することに専念することとなった。……（中略）……筆者はただ、詳細な報告において、収集することを委任された主要な情報を提供することだけを考えたのである」[32]。ここに、この報告書がビュイッソンの単著であること、およびその意図ないし主要な情報収集対象が広義および狭義の初等教育における教育方法にあったことが理解できるだろう。そして彼はその具体的目的を、つぎのように明確に述べているのである。「この仕事の目的は、わが国と他の国との比較をすること

ではない。わが国にあって、とくに民衆の教育に従事している人々に、われわれから遠く離れたところで初等教育というささやかな領域において、最近生み出されながらも未だ知られていない、いくらかの注目すべき事実を指摘することであった」と[33]。

(2) 内容の構成

報告書の内容構成は、以下のとおりになっている。報告書巻末の目次にしたがって、引用しておこう[34]。

序章―ウィーンにおける学校博覧会の組織
第1章―学校建築
  Ⅰ　博覧会会場における校舎
  Ⅱ　展示された資料と平面図
第2章―学校の備品
  第1類　可変式の学校用椅子
  第2類　不可変式の学校用椅子
第3章―託児所と幼稚園
第4章―直観的方法
第5章―教育組織について
  1. 初等教育の法的規定（定義）
  2. あらゆる初等教育の必修教科
  3. 初等教育の段階的な区分
  4. 授業時数と配分
  5. 学校のクラス編成
  6. クラスごとの児童数
  7. 訓育
第6章―道徳および宗教教育
第7章―読み、書き、および計算
  a) 通常の綴字法

b) 直接分綴法
　　　c) 読み、書きの統合的方法
　　　d) 分析―統合法 (読み、書き、言語および図画の組み合わせ)
第8章―歴史および地理
　　1. 歴史
　　2. 地理
第9章―算数、日常的な科学
第10章―農業教育
第11章―図画の教育
　　1. 各国の必修の図画教育
　　2. デッサンの専門学校
第12章―補習初等学校、成人講座、民衆図書館等
　　1. 補習初等学校
　　　第1類　上級学校
　　　第2類　職業学校
　　2. 徒弟および成人の利用する補習初等講座
　　3. 民衆図書館と民衆教育組織
　　4. 孤児院と慈善事業
第13章―師範学校
　　1. 公式資料
　　2. 生徒の宿題
第14章―全体の成果および初等教育の統計

　以上のように、全体で14の章から構成されている。本節では、報告書全体の導入となる「序章」をとりあげ、基本的な特徴を確認しておく。

(3)「ウィーンにおける学校博覧会の組織」の概略と特徴
　ここでは、報告書の緒言ともいえる序章「ウィーンにおける学校博覧会の組織」を原典 (史料) からの引用をまじえ、三つの部分に分けて要約・紹介し

つつ、そこにみられる基本的な特徴をあきらかにしよう。

A）万国博覧会における学校（教育）展示の歴史素描

　序章はまず、万博における学校（教育）関係分野の出展に関する歴史の素描からはじまる。その歴史は古くはなく、1855年のパリ万博を、「初等教育に関する事項の特別な展示コーナーを設けた最初のものである」とし、さらに教育に限定された個別の「分類」が最初に登場したものとして、1862年のロンドン万博をあげているが、これら二つの万博を、いまだ「不完全」なものとし、事実上、教育関係分野に関して本格的かつ大規模にとりあげた最初の事例として第二帝政下の1867年パリ万博をあげるのである[35]。報告書によれば、「（このパリ万博では―引用者）様々な国における教育状況について、これまでになされてきたどれよりもずっと組織立った情報のまとまりを提供した」とされ、「とりわけフランスに関しては、公教育省のスペースに設けられた特設の学校関係の展示は、われわれの初等学校における課業の方法、成果、典型的事例についてのいっそう深い検討を可能にするものであった」と絶賛されているのである[36]。万博の歴史のなかでもこのように位置づけられ、評価された1867年パリ万博[37]は、こののち、報告書においてくりかえしウィーン万博との比較の対象として登場することとなり、最終的にはウィーン万博の評価にかかわる重要な役割を果たすこととなるのである。

B）ウィーン万博における学校博覧会

　ついで、当然であるが、ウィーン万博における学校博覧会（展示）についての概要紹介が、序章の大半を占めることとなる。ウィーン万博では、すべては雄大でその学校（教育）博覧会（展示）は、全般的な構想の幅広さを感じさせるものであったとの印象からはじまり、まずはその展示全体について、以下のように紹介している。

　「（学校関係を展示した―引用者）第26類は、教育・学校・知育のタイトルがつけられ、プログラムによれば、三つのセクションに分けられていた。

A─教育─誕生直後から入学に至るまでの子どもの教育、心身の発達にかかわるあらゆるもの（子どもの食事、託児所、幼稚園、体育用具その他）が展示される。

B─学校教育─校舎の種類、モデル、図面と学校の備品、教材、教科書および公教育にかかわる定期刊行物、授業の方法の描写とイラスト、学校の歴史と統計、学校組織と学校規則が展示される。

　初等学校には、視覚障害者 (aveugles)、ろう者 (sourds-muets) および知的障害者 (idiots) の教育のための教材も含まれている。

　中等学校（リセ、工業・職業学校、その他）。

　美術と工芸の学校、商業学校、師範学校と高等工業学校、土木学校。

C─知育─狭義の知育：文芸作品、大衆的な定期刊行物による成人教育、私立および公立図書館による成人教育、民衆教育の補完を目的とする組織・団体による成人のための教育」[38]。

　こうした内容のウィーン万博の学校博覧会について報告書は、さきの67年パリ万博と比較することをとおして、その特徴を際立たせようとする。まずはパリ万博の企画・プログラムを忠実に引用したのち、両者を比較し、その結果としてつぎのように述べている。

　「パリ万博の企画は、教育についても他の領域と同じく、感覚によってとらえられ、それによって特定・分類・比較が容易になるものだけを選択した。教育そのものではなく、それに用いられる教具、器具、あらゆる教材の展示が求められたのである。ウィーンでは逆に、現代文明の完全な一覧表、人間精神の進歩の全般的な紹介をする博覧会が企画された。そうなるともはや、自分で見たり触れたり動かしたりする展示物では、不十分であった。プログラムのなかに占められたものは、実際の成果、しかも非物質的な成果ということとなった。抽象的な存在を具体的な手段によって説明することができると期待された。こうして、ひとつの分類全体が、『教育の成果 (l'influence)』と呼ばれる、とらえどころの

ないものの展示にあてられることとなったのである」[39]。

それゆえ、「(参加各国は—引用者)あらゆる社会状況、発展の段階(にある人々—引用者)のための教育および教授のための施設、学校制度の全体像、知識の普及・公共心の涵養、そして初歩的・単純な学問から科学・技術ならびに文学の高度な成果に至る知識の進歩のための集団的および個人的な、公的・私的な努力の全体像を展示するよう、要請される」こととなった[40]。その結果、「ウィーン万博では、1867年にパリでわれわれが開催したものより、ずっと豊かな学校教育関係の事柄のコレクションがみられ」たと指摘し、そのうえで1867年パリ万博との比較による全体的な評価として、「ウィーンでは(展示物が—引用者)純粋に教育学的観点にしたがって分類されていた」こと、「われわれのときにはばらばらに散らばっていた様々なものが、そこではひとつの分類のなかに規則的かつ組織的に、そして同じ分類の原理にしたがって展示された」ことから、「この点において、ウィーン学校博覧会の優秀性は否定され得ないものである」とするのである[41]。

ついで、報告書にみられる学校博覧会の具体的な展示の実態についてみてみよう。この展示には、14カ国が参加していた。報告書は、その模様をつぎのように伝えている。

> 「(学校教育関係の—引用者)第26類には、何らかの仕方で、14カ国が参加した。これら14カ国のうち、10カ国は、少なくともその組織に関する観点からは、比較的完璧であったと思われる。それらの国々は、オーストリア帝国、フランス、ドイツ、スウェーデン、スイス、イタリア、ベルギー、スペイン、ポルトガル、アメリカ合衆国である。オランダは、一巻の公式資料を展示しただけであった。ロシアは、地図と若干の資料、エジプトはほんの少しの出展物、英国は学校用ベンチとインドの学校用品の興味深いコレクションの展示、であった」[42]。

さきにみたように、この博覧会が「もっとも非物質的な成果」や「『教育の

成果』と呼ばれる、とらえられないものの展示」をもとめたにもかかわらず、実際の展示は、基本的には学校備品、教具、教材、各種資料などにとどまっていたことがうかがわれる。そのなかでも報告書が高く評価しているのが、開催国オーストリア、そしてドイツの展示であった。オーストリアについては、開催国として「当然ながら」としつつも、「もっとも幅広く展示」したこと、体育館と校庭を含む立派な学校建築の展示をしたことなどをとりあげ、それに高い評価を与えている[43]。しかし、報告書がもっとも注目しているのが、隣国ドイツ諸邦の展示であった。少々長くなるが、その評価について、引用しておこう。

「ドイツは壮麗で広いパビリオンに、プロイセン、ザクセン、バイエルン、バーデンおよびヒュルテンブルクに分かれた展示を集めていた。プロイセンを除き、それぞれに目録あるいはリブレットがあり、またそれぞれ独自の展示様式になっていた。全般的に、とくに注目の集まりそうなものが考慮されていたようである。バイエルンとハンブルク市以外では、どこでも図画以外の生徒の課業、学習計画、学校統計に関する十分な資料の展示がなされていた。

（パビリオン内部は─引用者）芸術的・産業技術的また幾何学的な図画が、壁面全体を飾っていた。地理に関する絵画がのこりの部分を覆い、さらに中央にはピラミッド状の飾り棚を備えた広いスペースがとられていた。様々な種類の学校用品、地理と自然科学に関するコレクション、女子の職業的な作品、そしてザクセンとバイエルンでは膨大な数の教科書が一定の秩序でならべられ、プロイセンでは無秩序に棚に積み重ねられており、初等および実業教育の展示を補完していた。高等教育に関しては、ほとんど展示がなかった。総じて、これは堂々たる展示であり、その幾つかのパートについてはこの報告書でもとりあげるし、もっとも真摯で豊かな教育が関心をよんだと思われるが、全体としては、完全に調和的で系統だった発展についての展示というには、ほど遠いものであった」[44]。

ドイツについては、このように部分的には高く評価しながらも、全体としてはあまり好意的とはいえない評価にとどめている。これに対して、自国フランスについては、「オーストリアとともにわが国も、プログラムの課題すべてに応えようとした国のひとつであった。われわれの展示は、数の上ではオーストリア、ドイツ、その他いくつかの国々にくらべてひどく劣り、完璧ではなかったにせよ、（学校教育の―引用者）段階的な全体像を示していた。……（中略）……われわれの学校制度をひとめでみわたすことのできるものであった」と自讃しているのである[45]。ここにおいて、すでに報告書の基本的な特徴がうかがわれるのであるが、つぎに、ウィーン万博全体についての報告書の評価をみてみよう。

C) ウィーン万博の評価と批判

　報告書の基本的な視角の特徴は、ウィーン万博での学校教育に関する展示方法への批判において、まずは見て取ることができる。具体的には、「本館とその横に附属施設のついた展示場の内部が、西から東へ、合衆国から日本へと様々な国々が占める長い帯状に区分され、それぞれの国はその割り当てられたスペースに20種類の展示品をそれぞれ陳列していた」[46]点への批判である。こうした展示方法を採用した結果、ウィーン万博では、「異なる国々から出展された同じ種類の展示物を比べるためには、まずそれぞれの国でそれらが無作為に置かれている場所をさがし、ついで、そこに行くために数分はかかるということになった」と批判しているのである[47]。こうした批判の根拠ないしは基準として報告書が引き合いにだすのが、1867年パリ万博であった。すなわち、パリ万博では「国別ならびに展示品の種類別という分類のできる展示の構成形態を採用」することができたため、「同じ国の様々な展示品の分散と、様々な国の同じ種類の展示物の分散をともに回避することができ……（中略）……観客は様々な分類のなかでひとつの国全体を選んで見聞し、また様々な国において、同じ分類の展示品を見聞」することができた、というのである[48]。この観点から、報告書は、「これゆえ、観客が直接的な

比較の機会をまったくもてない広大なスペースのウィーン万博よりも、パリ万博のほうが大衆のためにはいっそう教育的であった」とさえ、断言している[49]。しかし、このような批判ないし評価を下す根本的な原因、そしてウィーン万博の決定的な欠陥として報告書が指摘しているのは、参加各国の事前の打ち合わせとコンセンサスの欠如という点であった。この点につき、報告書はつぎのように述べている。

「公教育の特別展覧会の組織を委ねられた様々な国の代表者たちのあいだで、数時間の話しあい、数頁の正確な文書（の取り交わし―引用者）があれば、この展覧会の関心と公益を倍増するのに十分であっただろう。無益な統一性を決めようというのではなく、これがないとすべてが不可能になってしまうような、すべての出展に対する共通の了解だけは、少なくとも決定されるべきであった。

こうした事前の了解が絶対的に欠如していたのであり、そして各国は、それぞれが割り当てられたスペースに自由に配置し展示したのである。その結果が、とてつもない不調和と不均衡になってしまった」[50]。

このように報告書は、「博覧会のおもな欠陥は、確かにそこにあった」とさえ、指摘するのである[51]。ただしこの点については、報告書もパリ万博を引き合いにだすことはなく、むしろパリの場合と同じくウィーン万博においても、実際の実行において遭遇した困難についての文脈のなかで述べていることには留意しておく必要があるだろう。

全体として、報告書はウィーン万博の最終的評価としては、「その多くの良い点にもかかわらず、ウィーンの学校博覧会はその目的の一部しか達成できなかったと結論せざるを得ない。それは、興味あふれる事柄も提供したが、全体的には不完全であった」と、手厳しい結論を下している[52]。そして、この評価からさらに一般化して、学校博覧会の今後の課題を以下のようにまとめているのである。

「どのようなものについてもそうであるが、その成果が価値あるものとなるのは、その方法によるのである。学校に関する事柄の最高のコレクションは、確定された原則と十分に決定された共通の目的にしたがって構成されてこそ、価値があるのである。世の人々に、考察に値する展示物を明確に提供するためには、教育の国際的な博覧会は、その領域に入り込む利害関係とうぬぼれの争いではなく、世界のあらゆる地域において民衆の教育によって達成され、あるいは追及されている進歩の正確な一覧表を提示することが必要なのである」[53]。

　ここには、学校博覧会を「考察に値する」情報提供の場としてとらえ、そのために十分なコンセンサスの形成の上に開催されるべきことへの期待が述べられている。しかも、民衆教育＝初等教育による社会の進歩の具体的な成果の展示を期待していることがわかる。ウィーン万博ではじめて国際的な学校博覧会にかかわったビュイッソンにとって、その評価の基準ないし比較対象は、第二帝政下での自国のパリ万博しかなかった。両者を比較しながら、上述のような期待あるいは課題意識——万博から「考察に値する」情報を持ち帰ること——が明確になっていったことをうかがわれる。このことは、具体的にはどのように報告されていたのであろうか。さきにみた本報告書の基本的な目的すなわち初等教育における教育方法に関する情報収集との関連において、この点確認するため、具体的な教科（科目）に関する報告を以下に補足しておこう。

(4)「第8章　歴史と地理」から：その基本的特徴

　ここで概観するのは、報告書第8章「歴史と地理」の叙述である。この章は万博参加（出展）各国の初等教育における「歴史」および「地理」に関する展示を中心に紹介するものであるが、その冒頭から、ビュイッソンの問題関心が明確に述べられている。すなわち、「歴史と地理の教育は、今日では大部分の文明国で民衆学校の必修科目となっているが、そのとりあつかい方（la manière）は、それぞれの国によって異なっている。われわれはまず、歴史に

ついて、ついで地理について、その方法 (la méthode) を概観しよう」と言うのである[54]。以下、「歴史」についての報告を、引用を交えながら紹介してみよう。

はじめに、「歴史」の内容・構成であるが、大部分の国では初等学校の「歴史」は「聖史」と「狭い意味での国史」によって構成されているとしたうえで、そのための教材 (テキスト) の有り様について、二つに分類する。ひとつはドイツ諸国の方式である。これについて報告書はつぎのように述べている。「ドイツ語圏の国々のほとんどでは、ごく近年の例外的な試みを除いて今日まで、歴史教育は特別なテキストを使用せずに行なわれてきた。他の教育と同じく、必要と判断された歴史の基本的知識を提供するのは読本 (le livre de lecture) なのである」[55]。もうひとつの方式は、歴史専用のテキストを使用するものとされる。報告書によれば、「わが国では、ベルギー、イタリア、フランス語圏スイス、アメリカの一部と同様に……(中略)……読本に集められた、散らばった断片には満足せず、歴史専用のテキストが使用されている」のである[56]。このようにまずは教材 (テキスト) をめぐる二つの方式の存在を確認したうえで、そのどちらにも共通してみられる動向として報告書はつぎのように指摘するのである。

「今日では、教授をできるかぎり直観的にすることのできる、あらゆる技法によって (二つの方式どちらも―引用者) それぞれ活性化させる努力がなされている。万博の審査会が注目したのも、こうした類いの試みである。審査会はそれらにしか賞を与えなかったほどである。当然のことであるが、無味乾燥なもの、専門用語、系図、不必要な細部を避け、子どもたちに全体的な印象、はっきりとしたイメージ (vue) を与え、歴史を学ぶ楽しさ、そして将来さらに学ぶための意欲を与えるような入門的な良き成果をもたらそうと取り組んできているのである。……(中略)……現在、読んだり聞いたりした物語の本質そのものから生じる直観に、さらに目でみる直観が加えられてきている。すなわち、地味だが特徴的な挿画がテキストを補足したり、口頭の説明を明確にするようになった

のであり、至る所で多かれ少なかれ、そのための努力がなされているのである」[57]。

　ここからは、報告者の関心が「歴史」教育の方法に関する改革（改善）動向におかれていることがよく理解されよう。万博に出展された展示物に関してもこの観点から選択的に報告されているのである。たとえば、「オーストリアの展示は古代史のみだが、たいへんすばらしいものを提供している」として、「古代エジプトのピラミッドあるいは地下墓の姿、ローマあるいはギリシアの軍艦、軍隊、服装の正確な複製は、教師の話を生き生きとさせ、支えることとなる。これは、はるか古代の過去に応用された実物教授 (leçon de choses) なのである」と、絶賛しているのである[58]。このように、教材の形態——それが直観的なものとなるよう工夫されていること、教育の方法——子どもの感覚、とくに視覚に訴える方法への注目は、「地理」に関する報告にあっても、同様であった。

　「地理」については、これほど展示場所も広く内容も多岐にわたったものはないとして、そのなかでも「初等教育 (l'enseignement élémentaire) に関するもののみ」を報告している[59]。オーストリア、ハンガリー、スウェーデン、ドイツ、オランダ、スイス、アメリカ、そしてフランスの「地理教育に関する最近の膨大な規則と教育課程の資料」を観察した結果、「それらの資料それぞれを比較してみると、それらはまるで同じ筆者によって書かれたように、少なくとも同じ発想で書かれたように思わせるものであった」として、その「精神」を以下のように報告しているのである。

　　「つまり、教授は記憶力のみならず知性へと向けられ、言葉ではなく事物を対象とするのであり、常に、自然のなかにおいても絵画によってでも、感覚がとらえ得るものすべてを子どもにみせることにあるのだ。こうすることによってのみ、地図や図 (carte) は子どもにとって完全に明瞭な言語（言葉）となるのであり、はじめはよく知っている場所から徐々に広く世の中へと誘導していく地理（の教育——引用者）は、子どもの

想像力を引きつけ、好奇心を目覚ませ、判断力を訓練し続けることとなるのである」[60]。

 以上の報告例をみても、本報告書においては、各教科（科目）に関してもとくにその教育ないし教授（enseignement）の方法と教材の工夫に着目し、子どもの感覚に訴えるような教材と方法の開発の動向を紹介しようとしていたことが理解できるのである。このように、ビュイッソンははじめて派遣された万博（学校博覧会）から持ち帰るべき「考察に値する」情報として、教育の方法、とりわけ子どもの感覚に訴えるような教材と教授法の開発という点に着目していたのである。そして、はじめての体験から形成されたこの課題意識は、引き続き派遣されるアメリカ合衆国での万博において、いっそう積極的なかたちをとり、より具体的な成果をもたらすこととなるのである。

小 括

 本章では、パリ・コミューンの鎮圧、第三共和政成立という動乱期のビュイッソンの事跡、すなわち、初等視学官任命からそれへの批判、ウィーン万博への特別代表としての派遣に至る経緯について、主要な先行研究の検討とその成果から整理するとともに、派遣されたウィーン万博における学校博覧会に関する彼自身が起草した報告書の概要と基本的な特質について検討した。彼の初等視学官任命は必ずしも当時の公教育大臣ジュール・シモンの積極的意向によるものではなかったこと、その任命に対する批判・攻撃は、彼の青年時代とくにスイス亡命期の独自の宗教観にもとづく活動・言説が素材となり、それをとおして公教育大臣シモンの失脚を狙うカトリックおよび正統派（保守派）プロテスタントの連合によるものであったこと、その結果として彼はその職を解任されたのではなく、在職のままウィーン万博視察に派遣されたこと、があきらかになった。また、その派遣の成果として彼が起草した報告書は、万博参加各国の初等教育に関する実態、とくに具体的な教育方法を広く紹介することが目的とされ、全体の基調としては1867年パリ万博

との比較をとおして評価を試み、結果としてパリ万博の優秀性を強調する基本的な視角をもつ点に特徴があったことをあきらかにした。そしてこの最初の万博（学校博覧会）への派遣の体験から、学校博覧会が「考察に値する」情報を獲得すべき場として開催されるべきものであり、また、実際に有益な情報を入手すべきであるという課題意識を明確にもつに至ったことを示した。そして「歴史と地理」教育に関する報告を具体的事例としてとりあげ、とくに教育の方法とりわけ子どもの感覚に訴えるような教材と教育方法の開発動向に注目していたことを指摘することができた。

　では、そのような観点にたって実際の万博（学校博覧会）から、具体的にビュイッソンは何を有益な情報として獲得していたのか。その内実についてあきらかにし、さらにそれをビュイッソンがどのように把握し展開させていくのかを検討していくことが課題となる。この課題にこたえることをめざし、迂回的ではあるが、つぎには、ウィーン万博派遣に続くビュイッソンの事跡、とくにアメリカ合衆国で開催されたフィラデルフィア万博への派遣の経緯ならびにその成果としての報告書をとりあげ、分析することとしたい。

註
1　のちに詳述するように、概説的な研究にみられるこうした「取り消し」または「解任」という表現は適切ではない。
2　Buisson, F.: *Rapport sur L'Instruction Primaire à L'Exposition Universelle de Vienne en 1873 par F. Bisson*, Paris, 1875.（筑波大学附属図書館所蔵）
3　デュパンルーはカトリックの聖職者で、オルレアンの司教であったが、1871年に国会議員となり、政界でも活躍する。L'Abbé F. Lagrang, *Vie de Mgr Dupanloup*, 3 tomes, Paris, 1883-1884.
4　Caplat, G.: *Les Inspecteurs.*, op. cit., p.205.
5　Loeffel, L.: op. cit., p.15. なお、前章で、その研究成果に多く依拠したデュボワの論考は、この時期の事跡に関してはルッフェルより簡略で、第三点のみ同様の指摘をしている。Dubois, P. et Bruter, A.: op. cit., p.47.
6　Hayat, P.: *La Passion.*, pp.19-20.
7　Hayat, P. (éd.): *Ferdinand Buisson.*, op. cit., p.69.
8　Gueissaz-Peyre, M.: op. cit., p.211.
9　Hayat, P.: *La Passion.*, op. cit., p.19. なお、この「アシェット家の家庭教師」に関

する詳細は、ギサ・ペイルによりながら、後述する。
10　エアは、「小学校長のポスト」と特定しているが、その典拠は示していない。Hayat, P.: *La Passion.*, op. cit., p.19.
11　Gueissaz-Peyre, M.: op. cit., p.211.
12　これは、当時のリセの最上級のことと思われる。エアは、ビュイッソンが1868年にアグレガシオン試験に合格していること、および当時「彼のために哲学教授のポストが考慮されていた」としているが、この書簡を根拠としていると思われる。Hayat, P.: *La Passion.*, op. cit., p.19.
13　Gueissaz-Peyre, M.: op. cit., pp.211-212.
14　Hayat, P.: *La Pssion.*, op. cit., p.19. なお、デュボワは、同年1月6日としている。Dubois, P. et Bruter, A.: op. cit., p.47.
15　Gueissaz-Peyre, M.: op. cit., p.212. 以下、この「事件」については、とくにことわらないかぎり、ギサ・ペイルによっている。
16　ドルピは歴史家ティエリ（Thierry, A.; 1795-1856）の秘書をつとめ、教権派（教会・君主派）のスポークスマンであった。ジョンストンは、プロテスタント教会で正統派に属していた。
17　Gueissaz-Peyre, M.: op. cit., p.212.
18　Loeffel, L.: op. cit., p.15.
19　Gueissaz-Peyre, M.: op. cit., p.215.
20　Ibid., p.216.
21　Hayat, P.: *La Passion.*, op. cit., pp.20-21.
22　Ibid., p.20.
23　Gueissaz-Peyre, M.: op. cit., p.217. これは、1873年1月24日付けの、ジュール・スティーグ宛の書簡である。
24　Ibid., pp.217-218.
25　Ibid., p.218.
26　Dubois, P. et Bruter, A.: op. cit., p.47.
27　Gueissaz-Peyre, M.: op. cit., p.219.
28　Loeffel, L.: op. cit., p.29.
29　Buisson, F.: op. cit., p. v.
30　Ibid., p. vi.
31　Ibid., p. v.
32　Ibid., p. vi.
33　Loc. cit.
34　Ibid., pp.351-352.
35　Ibid. pp.1-2. 万博における学校博覧会の歴史および教育史的意義については、

ジオリットが以下のように述べている。「万国博覧会のなかで組織される学校博覧会は、教育革新の思想と実践の普及にとって、無視できない手段であった。1862年のロンドンでのそれは、この道を開拓するにとどまった。1867年のパリのそれは、真の『教育の祭典』となることを夢見たものであった。……（中略）……ウィーン（1873年）とフィラデルフィア（1876年）の博覧会は、それがF. ビュイッソンに着想を与えて生み出されたすばらしい報告書によって特筆されるものであった」。Giolitto, P.: *Histoire de l'enseignement primaire au XIXe siècle: l'organization pédagogique*, Paris, 1983, p.257.

36 Buisson, F.: op. cit. p.2.
37 この1867年パリ万博の教育関係分野の展示コーナーについて、鹿島茂は、つぎのように消極的な評価をしている。「主催者が同じような意気込みで取り組んだ民衆教育のコーナーのほうは、まったく閑古鳥が鳴くありさまだった。……（中略）……児童教育と成人教育の二つの分野に分けて展示が行なわれていたが、ここまで足を運んで、主催者の意図を汲み取ろうとするものはほとんどいなかった。といっても、民衆が教育に無関心だったというのではない。不人気の原因は展示の仕方にあった。というのも、結局のところ展示しえたのは『教育を助ける道具や設備』だけで、教育そのものではなかったからである。つまり、生徒と教員のいない教室だけを展示しているようなものであるから、主催者が、教育関係者や企業関係者に見学を呼びかけても、ほとんどだれも関心を示さなかったのである」。鹿島茂『絶景、パリ万博』河出書房新社、1992年、235-236頁。1867年パリ万博の実態および、ビュイッソンの報告書にみられるその評価との食い違いなどについては、稿を改めて考察したい。
38 Buisson, F.: op. cit., pp.2-3.
39 Ibid., p.4.
40 Ibid., pp.4-5.
41 Ibid., p.5.
42 Ibid., P.7.
43 Loc. cit. そのほかの国々の展示については、およそつぎのようにまとめられている。スウェーデンの展示は、学校の校舎のなかに集められ、初等教育に限定されていた。ポルトガルは、ほんのわずかな学用品の展示にとどまっていた。スペインはすべての学校段階にわたって膨大な書籍、資料、学用品を展示していた。ベルギーは狭いスペースに学校関係の出版物の展示にとどまり、中等・高等教育についての展示はなかった。スイスは全22州（カントン）中14が参加し、それぞれの州当局の資料や学校関係の統計などの展示があった。ibid., p.9.
44 Ibid., pp.8-9.
45 Ibid., p.8.

46 Ibid., pp.11–12.
47 Ibid., p.12.
48 Loc. cit.
49 Ibid., p.7.
50 Loc. cit.
51 Loc. cit.
52 Ibid., p.12.
53 Loc. cit.
54 Ibid., p.179.
55 Loc. cit.
56 Ibid., p.180.
57 Ibid., pp.180–181.
58 Ibid., p.181.
59 Ibid., p.185.
60 Ibid., pp.188–189.

> 〈参考〉　ウィーン万博の教育関係資料（抜粋）

「まえがき」

　以下に掲げる資料は、第3章で分析の対象とした「ウィーン万博報告書 (*Rapport sur L'Instruction Primaire à L'Expsition Universelle de Vienne en 1873 par F. Buisson*; 1875)」からの翻訳である。本論であきらかにしたように、ビュイッソンはこの万博（学校博覧会）から、教育の方法とりわけ子どもの感覚に訴える教材と方法の開発動向に注目し、紹介しようとしていた。ここに訳出する部分は、この点についての実証的な裏づけとして重要な意味をもつものである。訳出は、報告書の第4章「直観的方法(méthode intuitive)」の全訳であり、ビュイッソン自身が執筆したものである。

第4章　「直観的方法」

　ここでわれわれがとりあげる主題は、フレーベルの教育的手順(procédés)に直接関連すると同時に、初等の学習全体の自然な導入となるものである。
　「直観」という用語について、時として教師が混同する二つの概念を区別しなければならない。「方法(méthode)」と「手順(procédés)」である。手順は一般に方法よりもよく知られ、認められているが、それは後者によってのみ、価値あるものとなるのである。ドイツの教育課程で「直観科」と呼ばれているもの、アメリカ人が「実物教授」と呼ぶもの、フランスで少し前から「視覚教材による教授」「視覚教授」の名のもとでわれわれが始めたもの、これらはみなひとつの応用——確かに学習の順序における第一のものだが、同時にもっとも重要ではない——であり、一般的な意味での直観的方法の、ひとつの応用にすぎない。こうした初歩的な様々な手順は、教育の最初の段階においては、実際に役立っている。それゆえそれらはたいへん普及しており、ウィーンにおいても「直観」の数多くの教具とあらゆる種類の絵画のコレク

ションが、それが熱心に受け入れられている状況を物語っていた。しかしながらわれわれは、そこに特別な問題を関連づけなくてよければ、それらの詳細についてとくにこだわらないだろう。

初等教育においては、ともすれば「方法」という言葉が乱用されている。たとえば、読み方の方法、書き方の方法、計算の方法、あるいは図工の方法など、と。学習の分野あるいは教科書と同じだけの方法が存在するように思われるほどだ。用語のこうした混同は、それが「方法」そのものの思想の誤解あるいは無視を招いている点において、好ましくない。厳密に言えば、教育学における方法というものは、ひとつしか存在しない。それは、普遍的で、教育のすべてを抱合し、精神の発達に決定的な影響力をもつものなのである。

だから、収集しても無益でないような新しい教育をウィーン万博が提供しているのは、正確には、教育全体を理解し導く、このような一般的な仕方に関して、なのである。学校博覧会全体からは、審査会 (Jury) の審査結果と同じように、ひとつの大きな教訓が引き出される。それは、今日、至るところで教育学的精神に新しい変化がおきていること、それが同じ方向での進歩を捜し求めていること、あらゆる領域において「直観的方法」というこの比較的新しい言葉が明確に示す教育の思想と実践を導入しようという傾向がある、ということである。ウィーンで展示を行なったすべての国で、今日この方法の影響を受けていないところはない。直ちに認められたところもあり、徐々に部分的に認められつつあるところもある。しかし、すべてはそれを迎え入れているのである。

これは、わが国ではいまだ完全には知られていない主題である。われわれが認めざるを得ないこの潮流をはっきりさせるため、その歴史を大急ぎで素描してみよう。

ドイツの教育史家たちが率直に認める事実で、彼らの国民的自尊心をあまり満足させないことではあるが、直観的方法は、ルソーの『エミール』とともにドイツに流入したのである[註1]。

　註1（抄訳）　ここで興味深いことは、現代ドイツ教育学では、ルソーのなかに、バ

ゼドウ、ザルツマン、カンペ、トラップ、ロホウ、グーツムーツが初等教育に導入した「実学的」方法の思想を主導したものを認めていることである。

　この作品は、わが国では公教育に対してほとんど影響力をもたなかったが、逆にドイツでは、ゲーテが指摘するように、新しい教育の一種の福音書として迎え入れられ、教育思想のたいへん注目すべき運動の契機となったのである。フランスでは、『エミール』を『社会契約論』から切り離すこと、その実践的部分を評価すること、しかも、この教育小説が空想的な応用的方法で政治、社会、宗教的なユートピアについて提供した全体像から取り出して評価することは、たいへん困難であった。ドイツ人たちは、われわれよりも『エミール』のもつ様々な個々の要素から出発できる状況にあった。つまり、それが引き起こす激烈な論争に熱中することも少なく、よりいっそう教育問題に注意を払い、この「幻想家の夢」のなかに散在する正しい見解を収集することができたのである。

　彼らがそこから引き出した教育計画は、その本質的性格として、言葉の学習を事物の観察に、記憶を判断（力）に、文字を精神に、知的な受動性を自発性へと置き換えることであった。実践において、そこからもたらされた革新は、つぎのような諸点であった。何よりもまず、子どもの「感覚」をいっそう強化し、柔軟に繊細にするために訓練すること、ついで、出来合いの考えを押しつけないように導き、学ばせることを少なくし、多くのことを発見させることによって、子どもの「判断力」を訓練すること、自己形成、場合によっては繰り返し自己を形成し直す機会を与えることによって、注意 (attention) あるいは性格の力 (force de caractère) として、子どもの「意志」を訓練すること、そして最後に、子ども自身の経験から義務の観念、さらには宗教的な思想さえも引き出させることによって、その「道徳的感覚」を訓練すること、である。

　『エミール』がパリとジュネーヴで焼かれてから9年後、デッサウで「汎愛派」の名のもと、文字通りルソーの理論を実践に移すための教育施設が開設された。この風変わりな施設の創設者バゼドウは、思索家というよりも激し

い精神の持ち主で、熱狂から始まり、大風呂敷的な性格によって支えられていた。だから、彼の事業の主要な重要性は、彼自身が果たした成果ではなく、この汎愛派の事例がドイツの改革思想に与えた非常に生々しい衝撃にあると言える。つまり、ドイツにおいて直観の手順、何よりも教育用の版画絵の利用が広く迎え入れられたのは、バゼドウの有名な基礎教科書（1774年）から始まるのであり、これは「国際的」募金の成果であって、一世紀以上も忘れられていたアモス・コメニウスによって1657年に出版された『世界図会』の試みを上手くふたたびとりあげたものであった。これ以降、運動は拡大し続け、コメニウスが最初に着想を得て、バゼドウとカンペが流行させたコレクションは、今日、ドイツ諸国で数百を数えるくらいになったのである。

　しかし、教育学的革新の偉業を開始し、家庭における子どもの教育のために発想された理想を民衆の子どもたちのために実現しようと企てたのは、ペスタロッチである。「直観はわれわれのあらゆる知識の源泉である」という、あの原則から出発し、直観にもとづいて新しい教育の大系を確立したのが、彼である。その業績は彼にとってはルソーと同じく天啓であったけれども、ルソーの心理学的理論を拡大し訂正した。ペスタロッチは、教育の秘訣は、われわれの様々な能力を飼いならしたり人為的に調教したりするのではなく、それらの自発的で正常かつ自然な発達を促進するためにもっとも適切な訓練を発見することにあると信じたのである。

　「知ること、それは観察できることである」と彼は述べた。あらゆる事物は、観察すべき三つの特質を提示している。すなわち、「数」「形」「名称」である。「いくつあるか？」「どのように存在しているか？」「それらは何と呼ばれるか？」という三つの質問は、あらゆる領域において、われわれが子どもに学ばせ得ることを要約している。子どもは、常に注意深く自分自身で身の回りのことを調べ、それらを数え、区別し、名づけ、正しく分類する習慣を形成した時、実生活についても、後のあらゆる学習に対しても、十分に準備ができたこととなるであろう。

　このようなことが、新しい教育方法の出発点であった。不幸にして、偉大な思想家にして貧弱な実践家ペスタロッチは、自らが抱いたすばらしい計画

を自分で実践しようと企てるたびに、生涯を通じて失敗したように、自分自身の思想体系の応用においては、道をふみはずした。そして正しい思想を誇張してしまい、『母の本』のなかでは、自分の身体についての知識に子どもの観察を集中させることを描いた。このようにして、これらの体系的な一連の訓練は、うんざりするような単調さに陥り、善良な教師たちのなかでさえ、新たな言語主義へと退化せざるを得なかったのである。

　ペスタロッチの最初の弟子たちは、まずは実物教授（leçon de choses）をより広く多様な対象、すなわち家、家庭、祖国へと適用し、ついで三つの基礎的な問いかけを非常に多くの領域、つまり形態、構造、色彩、動き、面積（広さ）、そのほかの感覚的知覚へと細分化し、最後には直観の訓練を「直観、表現および思考の訓練」へと変えることによって、これら「実物教授」の範囲を広げようと試みた。

　敗戦後、教育の再編成に大胆に専念していたドイツは、情熱的な熱意をもってペスタロッチの改革を迎え入れた。フィヒテは、時代精神に多大な影響を与えたその「講演」において、同国人たちにペスタロッチを救世主として示した。「直観」は、あらゆる教育課程に導入された。しかし、こうした改革が即座に実行されたわけではなく、新しい精神が知性と具体的な組織を形成しない限り、何も変化はしない。つまり、新しい名の下で居座り続けるのは、古い型にはまった様式なのである。こうして、感覚、判断力、理性を発達させるために創造された直観と思考の訓練は、その師の死後どころか晩年にあってさえ、ドイツとスイスでは、抽象的な決まり文句の、たわいない機械的な反復になってしまったのであった。

　こうしたことは、あきらかにペスタロッチが夢見たことではなかった。むしろ、その逆であった。そのため、1815年から1840年のあいだには、こうした訓練に何らかの生命を吹き込もうとするために、様々な手段が試みられる。或る者は、そこに多くの順序をおこうとし、規則的な進み方にしたがわせようと試みた。しかし、彼らはこのような実物教授をいっそう無味乾燥にし、ますます直観的ではなくしてしまった。また或る者は、物質的な対象の単純な知識に、ある種の美、善の感情、神の愛を覚醒させるような道徳的で

宗教的な直観を付け加えることで、再生させようと試みた。デンツェルは、こうした努力のなかにペスタロッチおよびその『ゲルトルート』にふさわしい特徴を見いだした。他の或る者たちは、初等教育の課程における各教科と同じだけの直観を分割した。そして二段階、すなわち自発的で具体的なものを第一に、そして抽象的で反省的なものを第二段と。

　こうした努力にもかかわらず、あれほど期待をもたせたこの方法は、単に学校教育のひとつの科目、それもいっそう不毛なものにすぎなくなっていった。つまり、読み方、算数の授業と同じく、直観の授業が存在することとなったのだ。本来なら学校の魂となり、学校の全体を活気づけるはずのものが、記憶のためのより多くの知識と型にはまった行為の増加になってしまった。つまり、もはや直観そのものが存在しない、直観の訓練が機械的になされていったのである。ディンテルが直観の高度な段階に役立てるために問答方式あるいはソクラテス的な方法を発明したけれどもむなしいものとなったし、敬虔なオヴェルベルクもまた、授業を、道徳的直観がその核心となるようなたいへん優れたうちとけた会話にしたが、むなしいものとなってしまった。ドイツにおいてペスタロッチの伝統を継承するためにもっとも努め、教育学の「自由主義」の偉大な闘志であったディースターヴェークが、直観が現実（リアリティ）を知らせ、精神の良き方向性を与え、言語を教えるのにも同時に役立つような単純な訓練へと回帰すべきことの必要性を指摘したが、やはりむなしかった。このような様々な努力は、いわゆる直観と思考の訓練を再生させはしなかった。しかし、こうした良心的な精神をもった人々は、「方法的に退屈な言語主義」の廃止を望むことでは一致していたのであった。

　偉大な原則と全般的な方向においてルソーが占めるような位置を、実践的応用という領域において、少なくともわれわれの隣人たちにとってそのような位置を占めるひとりのフランスの教育家の思想が導入された時、ドイツでは上述したような状況にあった。ジョゼフ・ジャコトの「普遍的教育」の体系が、われわれに及ぼしたすばらしい影響以上に、また、「相互的方法」の導入がフランスで果たした成果以上に、ベルギー、スイス、とりわけドイツにおいて、ジョゼフ・ジャコトが知らぬ間に、重要な学校改革の推進者となっ

たことは、フランスではあまり知られていない。

　ドイツ人たちは実際、ジャコトの有名かつ多義的な格言、「すべては、すべてのなかにある」のなかに、たいへん正しく、かつ豊かな応用可能な思想を見いだした。すなわち、以下のようなことであった。子どもに、厳密に論理的で抽象的、演繹的な教授をする代わりに、方法的な順序に厳格にしたがわせることなく、ある時には具体例から原則へ、ある時は規則から応用へと、ひとつの観念から他の観念へと自分自身でたどりつくように訓練することにより、母親がしているようなやり方で子どもを教育すべきである。そうしたやり方によって、自然の方法が真似られるのであり、主導的役割を子どもの精神に委ね、授業に、多様なテンポと自由な速度、そして学習を促進する常に実際的で具体的な性格を与えることができるのである。読み方あるいは書き方、算数あるいは地理の授業の場合、文法の授業あるいは実物教授の場合でも、同様な精神に依拠しなさい、つまり、生徒に推論の過程すべてをたどらせるためには、論理的に出発点となるべきはずの観念から始めようとは思い込まないことだ。そこにある、最初の事例で良いのだ。子どもには、その個々の場合に実際になすべきことを、ついで他の場合のときのこと、そしてつぎの場合のことを話しなさい。あとは、自然がやってくれるだろう。子どもには、文字、ついで音節、ついで単語というようには教えないことだ。まずは子どもに読ませ、また読ませ、どこでもよいから一頁暗記させる、すると子どものほうから単語、音節そして文字へと、それを分解していくだろう。同様にして他の頁を見分け区別していくだろう。子どもに文字の縦線、横線を書かせ、ついで文字を書かせたりはしないで、まずはひとつの文章全体を示しなさい。子どもはそれを模写し、自分自身で書くということを学ぶだろう。すべての教授が、同じことなのである、ということを見いだしたのであった。

　絶対的なかたちでもって表明されたこうした原理には、あきらかな誇張、行き過ぎがあったこと、これはフランス同様にドイツでも十分感じ取られた。しかし、ずっと以前から直観の思想に慣れ親しんできた教育学者たちは、かつてペスタロッチがなし得たような息吹をそれ（直観的方法―訳者）に与えることができなくて残念に感じていたため、正しくもジャコトの原理のなか

に直観の新しい理解の仕方とそこから最良の利点を引き出す方法を見いだしたのであった。子どもは、見て、推察して比較し自分自身で探索するというのであるから、或る意味で子どもが自発的に学ぶというこの教育は、何であろうか？　感覚の領域から推察の領域に移行しても、それはまだ直観なのではないか？　とりわけ、教育におけるその能力（直観）に与えるにふさわしい真の役割、単なる手順ではなく方法の役割を示しているのではないか？

　直観と結びついた読み書きの教育のために、自分で巧みに修正したジャコトの思想をドイツに導入したのは、ライプチッヒの市民学校の校長フォーゲルであった。

　今日、「分析―統合的方法」とよばれる、ジャコトとフォーゲルの読み方のこの教育方法については、別の章で述べるが、この領域における実践は、その他の多くのところで行なわれていた。すでにフランス語圏の国々では、ジラール神父のすばらしい「母語教育講座」が、一部は類似の教育原理の応用ではあったが、存在した。こうして、つぎつぎと初等教育のその他のすべての教科が同じ方向へと転換していった。子どもの注意を言葉ではなく、事物に向けさせることにより、これらの教科を実際的、具体的そして自然なやり方で教えることが可能になったのである。

　こうして、第二の教育学的改革が行なわれたのである。第一の改革はペスタロッチの業績で、言語（言葉）の機械的な反復を事物（実物）の実際の観察に置き換えたのであった。第二の改革は、おもにジャコトに負うもので、名だけ残して形骸化していた手順を、直観の方法に置き換えたのであった。方法 (la méthode) がよりよく理解されていくにつれ、フェルターの言葉にしたがえば、そのなかで機械化された訓練は減少し、消滅していったのである。授業（教授）の全体が絶え間ない、そして多様な実物教授になっていくにつれて、単調な「実物教授」そのものは、益々無益になっていった。こうして1854年のプロイセンの学校規則は、正当な理由をもって述べるように、十分に理解された教育は直観の永遠の訓練でなければならないのであるから、いわゆる「直観科」を廃止するに至ったのであった。

　以上のように要約した理論に、学校の実践が常にそしてどこでも当ては

まっているかというと、それはわれわれには他のあらゆる国々以上に、ドイツあるいはスイスに関しては信用できない。ライン川上流地方のもっとも見識ある教育学者たちも、この点ではわれわれに何の幻想も抱かせない。直観の方法は、それがよりよく理解されるにつれ、実践が困難になってくる。初等教育のすべての課程の魂であり、主要な原動力であるにもかかわらず、それは課程のひとつのまとまりとはなり得ないように、それは実際に示したり、あるいは行政的規則によって課すということは、ほとんど不可能である。確証をもって確認できる唯一の事実、それは、ドイツ諸国のみならず、スウェーデンからイタリア、ハンガリーからアメリカといったほとんどすべての国々で、共通の、そして益々顕著になっている傾向が、民衆教育におけるあらゆる教科（領域）とあらゆる段階（レベル）において、観察と直観の精神を浸透させようとしていることである。たとえ事実においてではなく、理論においてでも、至るところで民衆学校をその新たな水準にまで引き上げるために期待されているのが、直観的方法なのである。

　われわれに関して言えば──これらの重要な問題について自らを振り返ることをあまりしてこなかったから──われわれは、隣国のそれと同じくらい確固たる、そして賢明な教育学理論をもつには至っていない。しかし、このために、われわれの学校教育が、「直観」という言葉が不完全ながらも特徴づけている新しい傾向にいまだ閉ざされていると思うなら、それはわが国に対しても、真実に対しても誤りを犯すこととなろう。そのもっとも優れた証拠は、ウィーンに展示されたコレクションのなかの、セーヌ県公教育局長グレアール氏の発表した『パリにおける初等教育の状況に関する報告』にみることができる。これらの資料のひとつは、これを引用できることに感謝するが、行政によって奨励されている方法の精神を、すばらしい一頁にまとめていた。これこそ、直観的方法の定義そのものであることがひと目でわかるだろう。「教訓は控え、訓練は増やす。子どもにとって最良の本、それは教師の言葉であることを決して忘れない。子どもの柔軟で確実な記憶力は、梃子としてしか用いず、授業を子どもの知性──それだけが豊かな影響力を保持

することができる——まで浸透させること。上手く関連づけられた質問によって、見せたいと望むものを『発見する』ように導くこと。推論することに慣れさせること。見つけて観察させること。一言で言えば、子どもの理性を絶え間なく働かせ、知性を目覚めさせておくこと、である。そのためには、説明を要するようなわかりにくいものをそのままにしておかないこと、可能な限り毎回、実物の提示を事物のすみずみまで進めること、すべての事物について、的確で有益で道徳的な利用にまで行きつくこと——たとえば、読み方では、読んだ断片から適切な教育的説明を引き出す——文法にあっては、文法上の形式主義を引き剥がした文法の規則に達するために、事例から出発する。言語のむずかしさをさらに複雑にしている用例集からではなく、自然の事物、学級の出来事、その日の授業から練習の主題を引き出すこと。生徒の目の前に、生徒の注意をひくものをつくりだすこと。とりわけそれらを生徒自身につくらせ、常に黒板に書かせること。——計算のやり方すべてを、生活に使うものから取り出した、実際的な練習にすること——子どもたちの視野を小道から街へ、街から小郡、市町村、県、フランス、世界へと徐々に拡大させていくことによって、地図だけで地理を教えること——歴史においては、国民の発展、社会思想の進歩、キリスト教文明の真の発展である精神の発展の大きな流れを明確に示すために、純粋な専門領域の詳細をためらいなく犠牲にしてしまうこと。子どもたちに想像力を増し、徳を高めるような絵画によって人間と事物を提示すること。こうしたことが、学校の授業の精神でなければならないのである」。

　フランスにおいても、学校において決定的に優位に立っている原理は、ペスタロッチがすばらしくも垣間見たものであることが、わかるであろう。

　こうした原理は教育学にも十分取り入れられたので、それが教育方法の主要な価値基準を提供しているのだ。授業が直観的になればなるほど、その価値は増大するのだ。最良の学校はもはやもっとも多くを学ばせるところではなく、もっとも良く理解させるところである。それはすべてが感覚的、知的あるいは道徳的な直観の材料となるところである。学校における真の進歩の特徴的印は、純粋な記憶と不毛な抽象化の訓練を徐々に減少させ、逆に、感

覚、判断、外的および内的な観察の訓練を増加させることなのである。

　以上に述べた観点は、ウィーン万博の審査会が、様々な国々の民衆教育の展示を評価するために注目した観点であると思われる。実際、褒章の一覧をながめれば、初等教育においては、審査会がもっとも多く、もっとも高い栄誉を与えたものは、直観の精神によって突き動かされた成果であったことは認めざるを得ない。万博の栄誉となった方法は何か？　それは明確である。読み方と書き方に関しては、その教授をよりいっそう機械的でないようにし、目に見せる方法を増やす方法、記憶だけにたより、記号（徴）にもとづいて言葉を教え、言葉にもとづいて事物を教えるのではなく、精神に興味をもたせるように工夫を凝らした方法である。言語に関しては、文法をできる限り具体的で、規則は簡潔で、事例は豊かな学習とするような方法。計算に関しては、まずは感覚に訴えることにより、目で見て触れることのできる量についてのみ扱う、そして抽象的な数の関係については、生徒にその学習に必要な能力が形成された後にのみ、進んでいく方法。歴史については、専門的で年代的な講義を、親しみやすい話、大まかな時代の年表に代える方法。地理については、地図のない授業や立体感と実際の位置についての直観のない地図は認めない方法。装飾、工業あるいは幾何学的な図工については、形態の感覚、洞察力、そして型にはまった典型例ではなく、生徒自身がそれを見て評価し、くらべることのできるような自然と現実とを再生産する習慣とを必要とする方法。最後に、科学、農業、職業の教育に関しては、術語と公式を受動的に記憶させる代わりに、いわば子どもに観察させ、報告させ、実験、比較と推論をさせるような方法である。一言で言えば、もしそれらのリストをつくり、個々の事例を関連づけるとしたならば、賞を受けた方法は、ディースターヴェークが「知性を刺激する方法」と名づけたものである点で共通しているのである。

　こうしたことが、審査会の評価を支えた精神であったこと、「賞与に関する公式リスト」からあきらかに引き出される教育の哲学であることは、教育の主要領域（教科）のいくつかを簡単に概観する各章において、難なく納得

されることであろう。われわれは、ここでは、審査会が賞を与えた初等教育に適用された直観の準備的な手順を示すことにとどめよう。つまりそれは、日常的な読み方のできる年齢以前の、すなわち保育所およびまったく初歩的な学級における幼児用の、視覚教授である。

われわれは、万博に少し遅れて到着したために審査会の注目を引かなかったひとつの試みを第一にとりあげよう。それは、ウィーンのデルヘッツ氏の小冊子『感覚体操』である。

「わたしたちのなかで形成される最初の能力は感覚であると、ルソーは述べている。それゆえ、それこそが練磨されなければならない最初のものである。わたしたちはいわば感じ取ることを学ばなければならない。なぜなら、わたしたちは自分たちが学んだようにしか、触れたり、見たり、聞いたりできないからである」。デルヘッツ氏が、ペスタロッチの最初の弟子たち、ハルニッシュ、トゥルク、グラスマンのように、言語の手段によってではなく、まずは様々な知覚を「識別」し、ついで同類の知覚を「徐々に発達させる」ことへと、子どもを習慣づけることを、一連の身体的訓練によって行なおうと試みたのが、この感覚の教育である。それゆえ、視覚のために彼は七色およびそれらの濃淡のあらゆる種類を構成するように彩られた、あるいは色のついたウールで覆われた木の小さな板を準備する。幼い子どもには、初めははっきりとした色を、ついで十分に際立った濃淡色だけを見せる。その後で、明るいものからもっとも濃いものへと進めて、二色、三色、七色と順を追って見せていく。聴覚については、子どもには見せないで、床に落として響かせる異なった金属の円盤を使った訓練。二つあるいはそれ以上の音、もっとも高い音あるいはもっとも低い音、真鍮、鉄、銅の音を区別させていく。液体と普通の香水を満たした一揃いのフラスコで、子どもに、味、におい、形態、状態、物質の比重等々を識別させる。体操のダンベルのかたちをした、外見はまったく同じで黒く塗られた、空洞のある木製のもの、多少とも重いもの、鉛を仕込んだもの等、様々な重さのものをもたせる。他の訓練は、子どもに物質の光沢やざらつきを区別させたり、離れたところから長さ、形、面積を

計算して判断させたり、感覚の日常的な錯誤を修正させたりするものである。非常に多くのやり方がさらに多様化し得るものの詳細については、これ以上は良いだろう。原理を示せば、それで良いのだから。

デルヘッツ氏のコレクションがいまだ不完全であり、また学校にとってはいささか高価であるとしても、それでもそれは、実践されるだけの価値のある事例であり、おそらく幼稚園においてはいろいろなかたちで使われることとなるだろう。これを使うことで、フレーベルの訓練を自然に補完することとなるのだから。

これと同じように、われわれの保育所に導入されることが望まれるような別の小コレクションは、ドイツとオーストリアのいくつかの展示場でみられた。それらは、実物教授に使うための、日常品の一連の種類の標本である。

そのなかでも、ハンブルク（ルードヴィッヒ・ヘッサーマン公）の校舎は、たいへん変化に富んだ、とても的確に構成されたものを展示していた。たとえば、反故から高級紙、色紙からボール紙まで、様々な加工段階のあらゆる種類の紙の見本がみられた。他には、様々なかたちのガラスの見本、絹、ウール、コットン、皮の加工品が通過するあらゆる工程を示すコレクション、原材料の様々な種類、最小限の空間でそのエッセンスの明確な特性を十分に示すように切られた、あらゆる種類の木の切片、小さな植物標本、昆虫、金属、石、苔、果物、種等の小さなコレクション。しかし、これら多様なコレクションは、それらが教師自身によって自分たち自身の使用のために作成された時、よりいっそう大きな興味・関心をもつことだろう。たとえば、ウィーン郊外、バーデンの初等教員、J.グリンメ氏は、通常使用される書物のもっとも本質的な部分に挿絵として役立てるために、そして、とりわけ人間の作業が原料に作用を及ぼす一連の変化を追いかけるために役立つような、小物のコレクションを展示していた。つまり、「亜麻」と題された部分の読本にそえるため、彼はクラスの子どもたちの目の前に、まず亜麻の種で満たされた広口ビンを、ついで茎および頭部の若芽、つぎにミニチュアだが使うことの出来る麻打ち機の模型とともに加工されていない状態の紡いでいない繊維の束、ついで、様々な梳き刷毛、ついで亜麻を紡ぐのに使う紡ぎ車、紡ぎ機、ついで、小さ

な作業だけれども織る作業、そして布の漂白に使われる道具に至るまで、子どものたちの前に置くのである。——別の機会には、彼は同様に子どもの目と手に、綿の一連の加工、すなわち、実のついた綿の枝から、染められ加工された布地までを、あるいはまた、虫、さなぎ、繭から加工された織物までの絹の加工過程を示すのである。

　グリンメ氏は、同様のやり方で、羊の皮、角、脂肪、毛から作られる製品から十分に選択された見本を示しながら、「羊」という小読本に挿絵を描いていた。——同様に、読み方の本すべてに書かれるべき主要な事柄を説明するために、彼は、森の木と種と実、栽培された木、穀物から選んだもの、農具、指物師の工具類、大工の道具等から選んだものなど、たいへん初歩的ではあるが、すべて教授に役立つ様々なコレクションを作成していた。

　グリンメ氏に正当に授与された褒章は、われわれの教師たちが同じようなコレクションをウィーンで展示しなかっただけに、われわれにはたいへん残念に思わせるものであった。当時、ブザンソンのアカデミー視学官であったルスロー氏がウィーンに送った興味深い報告は、ドーブ県だけで100以上の小学校に実物教授、とくに農業に関する基礎的知識のための小さな博物館が備えられていることを実証していた。われわれの教師たちをこうした方向に導くためには、この県では学務当局の奨励で十分であったし、他のどこでもそうであろう。教師たちに押しつけることは、あまり望ましいことではない。

　いくつかの学校、とくに女子校は、同様の精神で作成された様々なコレクションを展示していた。そのすべては引用できないが、アルゴヴィー郡のひとつの地区の裁縫教育主任Th.カルト女史の、褒章メダルを授与されるだけの価値ある膨大な写真集に言及する必要があるだろう。そこでは、通常は加工された状態で流通している織物のほとんどすべての原料の見本がたいへん入念に仕分けられており、ついで、それらの原料に工場が行なう全工程が提示され、最後に専門用語の解説とともに、職業課程の生徒たちが知らなければならない、あらゆる種類の機織り、仕上げ加工、染付け、押し染めが展示されているのである。

　ウィーンで展示されたこの種のその他のコレクションが目的とするのは、

ただ直観の訓練だけでなく、職業教育でもあった。それゆえわれわれは、準備級だけでなく、正規の組織だった教育のための図表や絵入り本と同じく、これらについては、科学および農業教育についての章にまわすこととする。

　低学年用の、壁に描かれた絵画のコレクションに限っても、そのすべてを数え上げることは無理であった。この点については、ドイツがわれわれよりも、たとえ優れてはいなくとも、数が多いことが知られている。幼児の家がそのことを証明していた。
　われわれの様々な出版社が刊行した視覚教授のための壁画のコレクション、そしてここであげることを控える聖史の図表、博物の図表、実物教授のための図表、様々な職業の図表等、それらはすべて、フライブルク・イム・ブライスガウのヘルダー、エスリンゲンのシュライバー、ウィーンのヘルツェル等、専門の編者のそれらとの比較には耐えられないであろう。しかし、それでも、他の大多数よりは優れていたのである。
　われわれは、直観の訓練のために明確に作成されたコレクションを、とくに示そう。それは、実物教授のために精選され段階づけられた素材だけを提供するものである。ベルリンのヴィンケルマンの多色図版集がそれで、そのひとつひとつは個別の対象があるのではなく、ごく自然に人と事物との図版を集めたもので、たとえば秋の仕事、貿易港、農園、冬のつらさと楽しみ、などである。不幸にして絵画はそれぞれの絵ごとに積み重ねざるを得ないものなのである。師範学校教授シュトルービング氏のリブレットは、ドイツ人が理解したような初等教育のより興味深い展示のひとつである。ペスタロッチの最初の弟子たちのように理解された実物教授の精神と詳細さに、フランスの書物をこれ以上導くものはないだろう。たとえば、四季を表す四つの絵からも十分に理解でき、きちんと分析すれば、すべてがわかるものだ。そこに実物教授、文法、暗誦すべき詩の学習――それらにはすばらしいものがあるが――無数の書き取り、聞き取りの練習とが結びつけられている。それは教師がさらに改良することができれば、くみ尽せないテーマであり、ますますむずかしくなっていくテーマでもある**註1**。

註1（抄訳）　幼児のためのパビリオンで当然ながら多くの場を占めるその他の展示物について長々と引用しても無意味であろう。『世界図会』の各種のミニチュアだけに注目した。そのなかでも、ウィーンのアメルリンクのものは、精選された内容と巧みな仕上げによって高い評価を得たのである。

ヴィンケルマンのものとともに、ドイツではその他いくつかの直観の百科全書とも呼ぶべきものが使われている。ベルリンのライマー、ヴィルケ（ライプチッヒ）、ジギスムンツやヴォルケニングのそれらである。スウェーデンにもいくつかあり、そのひとつは審査会によって表彰を受けた。ハンガリーは50枚のそれを作ったばかりであるが、主題およびその使用法からみて、国民的なものである。スイスは、ドイツの編集者のものよりあきらかに優れたいくつかの出版物の最初の数頁を出展した。主題はよく精選され、学校での使用に適したもので、仕上げも細やかなデッサンと色合いである。この国民的業績のためにベルン政府その他の援助を獲得したのは、スイス教育協会中央委員会である。公教育局に任命された委員会が、ベルンでアンテーネン図書館が編集した10枚の図表の詳細な内容を公表した（家族、学校、料理、家屋、庭、森、さらに四季）。展示されたものから判断すると、それはまだ学校の絵画、実物教授の素材である。しかし、たいへん手をかけた作品であり、この種の教育の習慣のあるところでは、たいへん大きな役割を果たすに違いない。

　フランスにおいては、われわれは視覚教授を、このようには理解していない。幾週にもわたり、ある風景や壁画を批評するのは、生徒同様、教師にとっても苦痛であろう。こうしたことからもわかるように、実物教授は、保育所を除いて、われわれの学校のなかにはまだほとんど導入されていない。おそらくわれわれは、隣国においてもたらされた、多くの遅滞を伴う直観的手順という中間的局面を経ることなく、古い方法から直観的方法へとまっすぐに向かうだろう。いずれにせよ、新しい教育課程がその証拠であり、われわれの学校図書館もそうであり、直観はわれわれにおいても他と同様、教育改革の偉大な原理として、広く理解されるべきものとなっているのだ。すでに小学校の中級、高級段階のためのわれわれの教科書と方法においてそれが如何に現れているかについては、章をあらため、後ほどみることであろう[註1]。

註1 初級段階のためのものとしては、万博以前に出版された、ペリシエ氏のすばらしい小冊子(『知性の体操』)が挙げられる。これは直観的方法から直接刺激を受けたものであり、知性の訓練のための一連のシリーズとなっている。

　ここでとりあげている準備級においては、新しい方法は、パプ・カルパンティエの作品、とくに『視覚教授』の題目で刊行された、保育所のための絵と物語のコレクションによって、ウィーンで見事に展示された。外国の人々に、違ったかたちで出発しながらもわれわれが彼らと同じく教育にもとづいて教授を、そして直観にもとづいて教育を築こうとしていることを、これ以上によく示すものはないだろう。審査会が、とくにひとつの作品や保育所のために工夫された器具のためではなく、その「直観による教育の実践方法」の全体に対して、パプ・カルパンティエ女史に功績証書を授与したことが、そのことをよくあらわしているのである。

第4章　フィラデルフィア万博派遣とその報告書

課題設定

　本章では、さきのウィーン万博から3年後、アメリカ独立100周年を記念して当時の合衆国が総力をあげてフィラデルフィアで開催した万博における学校博覧会にビュイッソンが派遣された経緯、そしてその報告書をとりあげ、検討する。具体的には、①フィラデルフィア万博 (l'Exposition Universelle de Philadeliphie) への派遣の経緯を確認し、ついで、②ビュイッソンが責任者として編集した、その報告書の概要と基本的な特徴をあきらかにし、これらをふまえて、③この報告書にみられるビュイッソンの課題意識——さきのウィーン万博で形成された——の展開の検討を行なうこと、の三点を本章の課題とする。

　これまでとりあげてきたビュイッソンに関する近年の先行研究は、記述の仕方やとりあつかい方の相違はあっても、そのほとんどがビュイッソンのフィラデルフィア万博派遣に触れている。ルッフェル[1]、エア[2]、デュボワ[3]らである。なかでももっとも詳細にとりあつかっているのは、やはりギサ・ペイルである。この点について、彼女はつぎのようにまとめている。「1876年、新たにフィラデルフィア万博派遣団の代表となると、彼（ビュイッソンのこと—引用者）はそれを、アメリカ人たちとの実り多い交渉をもつために利用した。フィラデルフィア万博についての彼の報告書は、量も多く、正確で、詳細にわたってアングロ・サクソンの教育の真の全体像を描くもので、その筆致は、その後も消えることのない彼に独特のものとなった。この分野でのびのびと振る舞い、そのもっとも理論的な側面から具体的で平凡なところに至るまで報告しているのである」[4]。これらの先行研究は、この派遣ならびに報

告書の意義ないし評価として、ビュイッソンが海外の専門家たちと関係をとりむすぶとともに教育学的見識を高め、さらに詳細な報告書が注目されることでキャリア・アップにつながったことを指摘する点で、一致している。ギサ・ペイルに多くを負っているエアのつぎの評価が、その典型である。すなわち、「ビュイッソンは実際、委任された国際的な任務をつとめることで、教育学に関する自らの知識を深め、多くの関係をとりむすぶ機会を得ることができた。彼は諸外国の教育制度について学び、すぐれた報告書を提出し……(中略)……1878年には総視学官に昇進」したことを指摘しているのである[5]。しかしながら、さきのウィーン万博報告書と同様、これらの先行研究では、もっとも詳細な事跡研究でもあるギサ・ペイルの研究においてさえ、フィラデルフィア万博の報告書そのものの具体的内容、さらにその基本的な特質についての紹介も検討も、ほとんどなされていないのである。本章は、こうした先行研究の間隙をうめることも意図するものである。

第1節　フィラデルフィア万博とフランス視察団派遣の経緯

(1) フィラデルフィア万博とその学校博覧会

　先述のように、フィラデルフィア万博は当時のアメリカ合衆国が独立100周年を記念して、その総力をあげて全世界に合衆国の文明・国力を顕示しようとしたものであった。そこでは、1862年ロンドン万博以来の学校博覧会も組織され、フランス政府はこれに視察団(Commission)を送り込んだのである。このフィラデルフィア万博とは、どのようなものであったのか。はじめにこの万博全体の概要について、教育史家モンローの記述から、ごく簡単にまとめれば、およそつぎのようになる[6]。

　独立宣言発表の地で開催されたフィラデルフィア万博は、会期が1876年5月10日から半年間におよび、郊外にあるフェアマウント・パークの285エーカーの敷地が会場にあてられた。米州政府のほか、形態は区々であるが30を超える国や地域が参加し、約三万点の展示物が寄せられた。出品人員およ

そ30,000人、入場者総数は10,000,000人を記録している。それまでアメリカで数回開かれた国際博がいずれも地方レベルのイベントにとどまっていたのに対し、フィラデルフィア博は名実ともに万国博覧会をめざしたものであった。実際の展示方式は、1867年パリ万博以来の国別・部門別展覧会の応用であった。展示全体が7部門に大別され、鉱業・冶金、製造、教育・科学の3部門を擁する本館、芸術部門を扱い、永久建築に予定された記念館、それに機械館、農業館、園芸館が独立して設定されていて、それにもとづいて区分された各国の出展は、世界の文明化の度合いを点検し、実感できるようそれら五つの展示館に配置された。注目されるのは、ウィーン万博においてはじめて独立した教育関係部門（学校博覧会）が、産業発展とその誇示を意図した合衆国開催の企画にあって、鉱業・冶金および製造の部門について、企画全体のなかで第三位に位置づけられる教育・科学部門として設けられ、メインの本館に割り当てられたことである。産業の発展とともに学校教育の発展・先進性をも誇示しようという開催意図の現われと言える。こうした教育関係展示重視の特徴をもつ博覧会に、フランス政府は、ビュイッソンをチーフとする視察団を派遣することとなるのである。

(2) フランス視察団派遣の経緯

　フィラデルフィア万博に対するフランス政府の対応は、あまりすばやいものとはいえなかった。後にビュイッソンがまとめる報告書によれば、その視察団派遣の経緯はおよそつぎのようである[7]。

　フランス議会でこの問題がとりあげられたのは、すでにフィラデルフィアで万博が開催されていた1876年5月20日の議会下院においてであった。そこで、予算案の審議に挿入されるかたちでフィラデルフィア万博への初等教育視察団派遣のための予算25,000フランが計上、可決され、続いて6月10日に同案が上院においても可決、これを受けて同年6月10日の法律が発効、さらにこの法律にもとづいて公布された翌日付けの政令によって、公教育大臣が「フィラデルフィアにおける学校博覧会研究のための視察団」を任命したのである。同政令は、視察団の構成メンバーを下記のように決定するとと

もに、そのチーフとして、ウィーン万博派遣およびその報告書起草の経験をもつビュイッソンを任命したのである。その構成メンバーと、当時の肩書きは、つぎのとおりである。

- ビュイッソン：ユニヴェルシテ・アグレガシオン（大学・中等教員資格保持者）、元セーヌ県初等視学官、元公教育省ウィーン万博派遣員
- ベルジェ　　：セーヌ県初等視学官
- ラポルト　　：ロシュショールの初等視学官
- オラニェ　　：ブーローニュ・シュル・メールの公立学校教員、特命
- ヴァラン　　：パリの公立学校補助教員
- ロベール　　：パリの私立学校教員、セーヌ県教員協会による推薦

　彼らは、1876年7月18日にフィラデルフィアに到着、6週間を万博の視察に費やし、同じく6週間にわたって合衆国各地の学校を訪問している。彼らが訪れたのは、ワシントン、ボストン、ニューヨーク等の都市をはじめ、南部諸州の市町村にもわたり、さらにカナダ諸都市までわたっている。したがってかれらの視察は、フィラデルフィア万博に限定されたものではなく、合衆国の初等教育の現状全般にわたるものとなった。そしてこの視察の成果を、チーフであったビュイッソンが責任者となって、合衆国における初等教育に焦点をあててとりまとめたのが、つぎに紹介・検討する「フィラデルフィア万博における初等教育に関する報告書」であった。

第2節　フィラデルフィア万博報告書の概要と基本的特徴

(1) 報告書の目的・主題

　この報告書の正式な名称は、「視察団団長F.ビュイッソンによる、フィラデルフィア派遣視察団の名において公教育大臣に提出された1876年のフィラデルフィア万国博覧会における初等教育に関する報告」である。その名称

が示すように、視察・調査・検討(考察)の対象は、初等教育に限定されている。しかしながら、ウィーン万博の報告書が、その万博における学校博覧会に参加・出展した諸外国（フランスも含んでいた）の初等教育に関する情報を対象としていたのに対して、この報告書は、ほとんどアメリカ合衆国における初等教育の歴史と現状に対象を限定している点が、第一の特徴である。第二に、ウィーン万博報告書がビュイッソンの単著であったのに対し、前節でも指摘したように、この報告書は視察団メンバー各自の分担執筆の形態をとっており、それゆえ量的にも膨大なものとなっている点も、特徴的である。第一の点、すなわちフィラデルフィア万博に関する報告書というタイトルにもかかわらず、その対象がアメリカ合衆国の初等教育のみに限定されている点につき、ビュイッソン自身、つぎのように述べている。

　「この視察・検討をとおしてわれわれが果たそうと試みたこと、それは学校のなかに息づくアメリカ精神を深く理解すること、つまり、無償制学校制度の仕組みを理解すること、その歴史を追求すること、その成果を確認することであった」[8]。

　すなわち、視察の目的そのものが、万博参加各国の教育事情調査ではなく、アメリカ合衆国の初等教育（より正確には、公立小学校教育の組織・制度）の視察にあったことをあきらかにしているのである。さらに、つぎのように述べていることから、この報告書の目的とその公表の対象が、いっそうあきらかとなる。

　「われわれはこの調査を、初等教育関係者のために、まったく特別に委任されたのである。われわれが可能なかぎり多くの体験、観察、事実等々を収集したのは、その人々のためなのである」[9]。

　これらの言説から、この視察団が合衆国の初等教育の組織と制度の基本的な特質についての調査のために特別に派遣されたこと、その情報提供の対象

は、フランス本国の初等教育関係者であったことが理解される。これをまとめれば、この報告書の目的と主題は、合衆国の初等教育制度の基本的特質についての紹介と検討（考察）にあったこと、それはフランスの初等教育関係者のためにとくに準備された課題であったということになろう。そして、その視察団のチーフをつとめるとともに、報告書の中核ともいえる部分を執筆したのが、ビュイッソンなのであった。

(2) 報告書の内容構成

先述のように、この報告書は視察団メンバーの分担執筆の形態をとっている。その内容構成を概観するとともに、ビュイッソン自身が担当執筆した部分を明確に示し、如何に重要な部分を担当していたかを確認するために、報告書巻末の目次にしたがい、以下のように内容構成と執筆者を引用しておく[10]。なお、（ ）内は、原典のままである。

第 1 章	無償制学校制度（合衆国の国民教育）	ビュイッソン
第 2 章	行政組織（学務当局、教職員、機関の種類）	ラポルト
第 3 章	財政組織（公教育予算）	ラポルト
第 4 章	教育組織（都市の学校）	ラポルト
第 5 章	教育組織（地方の学校）	ラポルト
第 6 章	男女共学	ビュイッソン
第 7 章	南部諸州の初等教育	ビュイッソン
第 8 章	学校建築と設備	ベルジェ
第 9 章	幼児教育（インファント・スクール、幼稚園、初等学校）	ベルジェ
第10章	読み方	ヴァラン
第11章	書き方	ヴァラン
第12章	母国語教育	ベルジェ
第13章	地理	ビュイッソン
第14章	歴史と公民教育	ビュイッソン
第15章	算数	オラニィエ

第16章	図書管理、代数、幾何と幾何的図画	オラニィエ
第17章	物理と博物	ヴァラン
第18章	図画教育（方法の歴史）	ベルジェ
第19章	小学校における図画の展示	ロベール
第20章	唱歌と音楽	ヴァラン
第21章	体操	ロベール
第22章	宗教教育	ビュイッソン
第23章	道徳教育	ビュイッソン
第24章	上級初等教育（ハイ・スクール）	ビュイッソン
第25章	師範学校	ベルジェ
第26章	教育講座と資格試験	ベルジェ
第27章	補助的施設	ベルジェ
第28章	私教育（私立学校）	ロベール
第29章	学校統計	ビュイッソン・ラポルト
第30章	概要と結論	ビュイッソン

　以上のように、全30章からなる大部な報告書である。ビュイッソンが執筆担当している部分は、まさに視察団および報告書の目的・主題そのものといえる「合衆国の国民教育」と副題のつけられた第1章、また教育内容面では、当時新しい教科目として登場・注目された「地理」「歴史」、さらに第三共和政教育改革の焦点にもなる「宗教教育」と「道徳教育」であり、さらに全体の「概要と結論」である。このことからも、視察とともに報告書作成において、ビュイッソンがチーフとして実質的に中心となっていたことがわかる。本章では、このビュイッソンの執筆した部分をとりあげ、そこにみられる基本的な特徴を確認したい。

(3) 報告書の概要と基本的特徴

　ここでは、報告書の目的である、合衆国の初等教育制度の紹介をおもにとりあつかった部分、すなわちビュイッソンの執筆した「第1章　無償制学校制

度（合衆国の国民教育）」および「第30章　概要と結論」をとりあげ、その概略を紹介するとともに、そこにみられる基本的な特徴をあきらかにする。この作業は、第三共和政教育史研究においてはまったく未開拓のものであり、さきにふれたように、ビュイッソンに関する先行研究においても行なわれていないことを強調しておきたい。

A)「無償制学校制度（合衆国の国民教育）」の概略と基本的特徴

「教育のあらゆる力が必要とされるのは、共和政においてである」というモンテスキューの言葉を引きながら、祖国の自由、繁栄、制度の保護・保障を「公教育」にゆだねたのが「合衆国の人々」である、という文章からはじまるこの章では、「公教育」の中心である「学校」にこのような重要な「役割」が与えられてきた要因を大きく五つに分割しながら、合衆国における学校制度の発展の理由と原動力を追求することが、主題となっている[11]。はじめに、合衆国では、学校教育はいわば国家的な事業であるとして、その基本的特質を、つぎのように述べる。

> 「それはもはや、慈善家や宗教団体の仕事ではなく、国、市町村そして都市がその通常予算に、これまで世界のどこの国も教育に割くなど想像もしなかった金額をもりこんだ、公共の事業なのである。厳格に必要最小限度、つまり初歩的義務教育だけにとどまってしまうことなく、この勇断は、すべての男女に対して、上級初等教育、さらには中等教育機関における『無償』を宣言するまでに至っているのである。この管理・運営を命令するのに、法律と習慣とは一致し、世論も賛同し、そのための出費を要求さえしているのだ。アメリカ人民の未来とは、彼らの学校が形成するそのものである、ということが、これほどにまで、すべての人々に明確な事柄となっているのである」[12]。

それでは、合衆国では学校教育がなぜ、どのようにして、このように「公共の事業」としてとらえられ、発展していったのか、その理由ないし原動力

についての説明を、順次みていくことにしたい。

報告書が、合衆国において公立学校にこうした重要性が与えられた理由として第一にあげているのは、「政治的理由」である[13]。それは国づくり、具体的には共和政体の土台となる普通選挙体制の確立・安定のためである。報告書は、「統治形態が絶対的権威から世論（公論）へと移行するにつれて、世論（公論）がものごとをよくわきまえたうえで意思決定できるようになることが、ますます重要になってくる。教育は、ほかにも有益であるが、この場合においてもっとも必要なものとなる」というワシントンの言葉を引用し、新たな民主国家、普通選挙にもとづく共和政体の確立という政治的な必要性から、民衆の「啓蒙された意思」の形成を促すものとしての教育、とくに学校教育の重要性が広く認識されるに至ったと説明するのである[14]。このことについて執筆者のビュイッソンは、「この国のある要人」の言葉として、つぎのように端的に紹介している。「あるものは、このように述べている、『普通選挙は、普通教育（éducation universelle）か、さもなくば煽動を意味しているのだ』」[15]。

報告書はこうした「全般的な理由」に加え、第二の理由として、合衆国固有の問題である、移民・人種問題と国民統合の課題をとりあげている。合衆国では植民地時代以来、出身地・生育、教育歴の異なる様々な人種がそれぞれ出身地ごとに集落を形成し、結果的に統一性の欠如した状態になってきたこと、そのなかでアメリカ国民としての意識形成の重要性が常に強調されてきた。つぎのように、報告書は述べている。

> 「合衆国においてよく言われるように、可及的速やかにこうした人々を『アメリカ人化する』必要がある。一世代あるいは二世代のあいだに、アイルランド人、ドイツ人、フランス人、スカンジナビア人、スペイン人たちが、もはや国のなかに国をつくろうなどとは少しも思うことなく、自分たち自身がアメリカ国民となるようにしなければならない。この驚くべき変化をもたらす手段は、何か。ヨーロッパを忘れるための時間をもつことが困難であった多くの植民者たちに、アメリカの血を注ぎ込む手段とは、何か。国家の要人たちはみな、それは公立学校であると言う

だろう。多くのアメリカ人にとって、公立学校が国民に施すこの責務は、それにかかる出費を正当化するに十分なのである」[16]。

　このように、「人種の融合、言語の統一、社会的階級の平等、あらゆる党派の相互の寛容、とりわけ新しい祖国とその諸制度への熱い情熱」を創出することこそが、「公立学校」に課せられた任務なのであり、合衆国ではこうした問題関心が、学校制度の発展に大きく寄与しているとするのである[17]。
　合衆国における学校の発展の第三の理由として報告書がとりあげるのは、やはり新世界たる合衆国特有の「経済的状況」、換言すれば、雇用・就業・職業的な問題状況である。報告書は、「新世界における労働条件は、成功はいわば教育の程度にむすびついているということである」として、つぎのように述べる。「このような状況においては、教育は二重の価値をもつ。それは、それ固有の価値に加え、その実際的な有益性に由来する一種の付加価値、すなわち商業的な価値をもつに至る。……（中略）……もし、もっとも教育されたものがもっともよく働くもので、結果的にもっともよく稼ぐものであるとしたら、そしてもっとも節約家であるとしたら、どこでも好んで雇用されるのである」。「連邦教育局」が「民衆教育」を奨励するのもそれゆえであると、報告書のなかでビュイッソンは説明するのである[18]。
　合衆国における学校教育発展の第四の理由として、報告書は、「道徳的な理由」をあげている[19]。報告書が注目するのは、ヨーロッパにくらべ合衆国では家庭（家族）の道徳的な影響力が弱いという点である。すなわち、「様々な理由により、合衆国ではヨーロッパよりも家族の結びつきがあまり緊密ではなく、強くもない」とし、とくに南部・西部地域の農作地帯における家族・両親の農作形態に起因する家族の親交の弱さを指摘する。それとともに特筆されているのが、合衆国における伝統ともいうべき、子ども時代からの「自立・独立心（self-government）」尊重の習慣である。こうしたことが結果的に家庭・家族の道徳的な影響力を弱めることとなり、それゆえ、子どもの道徳的な教育が学校に期待されることとなってきた、というのである。報告書にはつぎのようにある。

「民衆の子どもたちが礼儀についての知識を獲得し、その粗暴な振る舞いをなくすようになるのは、学校においてのことである」。

「民衆の子どもたちが、一種の権威とともに紳士としての義務について説き聞かされ、実生活のために必要不可欠な道徳的な指導を受け、そして文明化された国における社会人となっていくのは、学校においてである」。

最後に、これは合衆国の学校制度・行政の特質としても指摘しているが、第五の理由は、教育における地方分権の原則である。さきにあげた第一の理由の説明において報告書が強く指摘しているように、合衆国の学校（制度）は「本質的に国民的な制度」であるが、それがすべて「州（l'Etat）」の手中にあるわけではないことを、強調するのである[20]。以下、この点についての報告文を引用しておこう。

「公教育は、厳密に地方自治体の(所轄の—引用者)事項である。各都市、各市町村は、その思惑のままに学校予算を議決・充当する。連邦政府が学校に口出しすることはなく、憲法さえも連邦政府にその権限を与えてはいない。(連邦—引用者)政府は、市町村に(学校に関する—引用者)管理および組織について完全な自由を等しく与え、『一般的な法制の整備』のみに専念するのである」。

こうした原則を根本から支えているのが、住民＝市民の学校への期待・理解であり、それが地方分権の源であることを、つぎのように強調している。

「それゆえ、合衆国の大部分、とくに北部と西部で学校が十分に成果を発揮しているのは、その有益性が統治者によってではなく、統治されるものたちによって現実に理解されているからである。つまり、様々な

自治体当局は、それぞれ相互に独立していて、中央集権の法律によってではなく、それよりもはるかに強い住民の意思、地域社会の関心という圧力によって、国民の要求にあった学校施設を設置・維持する義務を自らが自覚しているのである。合衆国の公立学校制度の確固たる強さを形成する根拠は、ここにあるのである」。

以上のように、ビュイッソンの手になる「無償制学校制度」の章においては、合衆国の学校制度全般を紹介しながらも、とりわけ、①その学校ないし学校制度が「国民教育」として理解されていること、換言すれば「国家、市町村、都市」の「公共事業」として認識されている点に注目していること、②その学校と制度が無償制によって広く開放され、とりわけ「すべての男女に対して」「中等教育」にまで開放されている点に注目、強調していること、③こうした学校ないしその制度の発展・繁栄が「中央権力の法律」ではなく、「住民の意思」によって支えられている点に注目していること、などが、基本的な特徴としてあげることができるであろう。

B)「概要と結論」の概略と基本的特徴

つぎにとりあげるのは、やはりビュイッソンの執筆した報告書の結論(まとめ)の章である。この冒頭では、さきにみたような、視察団の目的をふたたび明確に述べている。それは、フランスの初等教育関係者のために、アメリカの無償制学校制度の組織、精神、歴史および成果を紹介することであった。これに加え、ビュイッソンはつぎのように、視察団およびその報告書の目的を限定している。すなわち、「ここでわれわれは結論として、われわれの視察の要約を提出することにとどめる。それは、今回の視察から引き出される改革プランを提案するものではない。そのことは、ほかのものに属する任務なのである」と[21]。そして、視察の要約を「合衆国の初等学校の全般的な状況」として18の項目に分けて報告し、その後に、教育の方法 (méthode)、手順 (procédé) の基本的な特徴、さらに個々の具体的な教科 (科目) についての特徴を記している。以下、その「全般的状況」についての18の項目および

それぞれの概要を紹介し、ついで教育方法に関する報告の特徴にふれ、最後にこの「概要と結論」の章全体の基本的特徴をまとめることとしたい。この作業により、ビュイッソンがこの視察から何を学びとってきたか、そして母国の初等教育関係者に何を伝えようとしていたかがあきらかとなり、本報告書におけるビュイッソンの言説の特徴の抽出となるからである。

18の項目の題目は以下のとおりであり、具体的内容については簡単に要約していくが、ビュイッソンがあきらかに強い関心を抱き、それゆえ量的にも多くのスペースを割いたり繰り返して論述している部分については、忠実に引用しながら紹介しよう。

① 「合衆国では、小学校は本質的に『国民的な』学校である」。
　　この点については、さきにみたとおりである。とくに過大評価と思われるほど、つぎのようにまとめている。「学校は人々に親しまれ、みんなから大切にされ、一致団結した愛国的精神によって設置と維持がなされ、そして発展させられてきた。一世紀もまえから衰退することなく、公共の繁栄の源泉として、民主主義的な統治と共和主義的風習の守護的な制度として考えられてきたのである」。
② 「学校組織は、厳密に『公立（市町村立）』である」。
　　これも、さきにみたとおりである。追加的に「数年前から州だけが──連邦ではなく──、州立師範学校の維持・管理に限定された監督に関する権限のみを有しているにすぎない」としている。
③ 「初等教育に関する上級からの指示と視察は、選出された委員会にゆだねられている」。
④ 「あらゆるレベルの初等学校は、『完全に無償』である」。
　　これは、補足説明として、「学校への月謝の廃止」としており、「そのことが、あらゆる階級の子どもたちを公立学校に入学させ、ますます身近なものとしている」と述べている。したがって、本報告書で繰り返し登場してきた「無償(free, gratuité)」とは、厳密には「無月謝」の意味であったことがわかる。

⑤ 「初等学校は、完全に『非宗教的』である」。
　補足として、宗教教育は各家庭の配慮にゆだねられていること、および一部の学校では「注釈を加えず、聖書の数節を読ませる」ことがあり、「激しい非難の対象」となっていることが述べられている。
⑥ 「『義務教育(就学の義務)』は、いくつかの州で決議され、また多くの州で要求されており、これが初等教育の発展を促進している」。
　「南部の諸州では公布あるいは実施が不可能」な状態であることが、追加説明されている。
⑦ 「合衆国の初等教育は……(中略)……『初級、中級、そして上級という三つの段階』から構成されている」。
　補足して、「(それは—引用者)『中等教育と接続して』いて、それゆえ、労働者階級の子どもも、意欲と適性が許すかぎり、その教育を無償で継続する手段を得ることができる」としている。この点は、さきに紹介した、本報告書の第1章においても強調されていた点であり、ビュイッソンがかなりの関心をいだいていたことをうかがわせる。
⑧ 「教育組織(規則、学習計画、時間割、指導体制)は、教員の所管ではない」。
　これらの事項は、教育委員会と視学官(surintendants)の所管であり、教員はその指示にしたがうことになっている、と説明している。
⑨ 「教員養成は、ほとんどどこにおいても良き民衆教育の重要な条件として認識されており、『州立師範学校』の数は、急速に増加している」。
　教員養成については、興味深い点もふくまれるので、その全文を引用しておく。
　「師範学校生徒は、実験心理学の学習および批評してくれる指導者にしたがい、附属学校で実施される授業によって、教育の技術(la science de l'éducation)を習得しなければならない。重要な都市には、その公立学校の教員の養成と教育計画立案・実施のための特別な師範学校の設置・維持が課せられている」。
⑩ 「教員の大部分は、市町村との契約によってのみ、その職務を遂行している」。

これは教員の雇用形態についての説明である。この事項については消極的な評価をしており、このような状況の結果、小学校教員には「教員を志していない若者」が「仮の資格」で担当しているものが多い点を問題としている。
⑪　「女性教員の割合が多く、既婚のものはまれであり、男子クラスを担当しているものも多い」。
⑫　「アメリカの学校では、いくつかの大都市を除いて、以前から、そして現在はますます男女共学となってきている」。
　　　これは、章をあらためてビュイッソン自身が調査・報告にあたっているが、「この方式の成果は、道徳的かつ知的な観点からも、全面的にすぐれたものを示している」と、高く評価している点が注目される。
⑬　「アメリカの学校は、組織が多様で、形態、範囲、教育課程、教科書、教育方法がきわめて多岐にわたっている」。
⑭　「学校建築に『ゆとりの雰囲気』と『大きさと贅沢さ』がある」。
　　　このことがまた、「あらゆる階級の人々を公立学校に惹きつけるのである」と補足している。
⑮　「『（教育―引用者）委員会および視学官の報告書』が公表されている」。
⑯　「『私教育が、あらゆる監視および州の統制から自由である』こと」。
　　　いわゆる私立学校には、特定の宗教教育のための宗派的なものと、富裕層の子弟のための、とくに女子のためのものとが存在していることが指摘されている。
⑰　「幼児のためには、『幼年学級と幼稚園』があるが、まだ公立学校制度の一部とはなっていない」。
　　　この点については、フランスの保育所とは異なっていることが指摘されている。
⑱　「以上のような『教育・知育のためのあらゆる手段』をもってしても、合衆国にはいまだに『相当数の非識字者』が、とくに南部に存在し、また移民が成人の文盲の原因となっている」。

報告書は、こうした18項目にわたる合衆国の学校制度の特徴を列挙したのち、このような特徴を有する学校における教育方法、さらに個々の教科(科目)の指導法の特徴について詳述する。この点について、本章では、その「全体的な特徴」についての報告をとりあげておく。
　このことについて報告書は、フランスで一般的な教育方法との比較の観点から、合衆国の公立学校における教育方法の特徴を、以下のようにまとめている。

　　「アメリカ合衆国での教育方法は、互いに長所と短所をもつ、二つの特徴によって、全般的にわれわれの方法とは区別される。それは一方で、本質的に『直観的』で、総合的で、類推にもとづく(analogiques)もので、活動的であり、またそうであることをめざしている。その一方で、それはとりわけ『実際的』で、生活への応用、必要性、直接的な有益性の観点から考えられ、導かれている。……(中略)……これは原則的なことではあるが、しかし、狭く考えると、学習に経験的、実用的な性格をもたせ、基本的精神からはずれて、教育に狭隘さをもたらすことにもなりかねないのである」[22]。

　このように、「直観的」および「実際的」であることの二点において、合衆国公立(初等)学校の教育方法の特徴をとらえていることを確認しておきたい。この点を補足するため、ビュイッソンの執筆した第14章「歴史と公民教育」を具体的事例として、簡単にみてみよう。具体的な教科・科目に関する報告においても、その教育の方法に注目していること、さらに「直観的」であることに着目・固執していることを例示するためである。
　「歴史と公民教育」においては、合衆国では「歴史」と「公民教育」の二つの教科が密接に結びつき相互に補完されていることを、まず以下のように報告している。

　　「(これら二つの教科あわせて―引用者)市民の政治教育の序章として考え

られているのであり、国史および一般史も、（公民教育と結びつくことで—引用者）それが単独ではもち得ない実益を提供するのであり、意義をもつに至る。歴史教育が公民教育を強調し、公民教育のなかで登場し、そのなかで展開される。そしてまた、歴史と結びつき、事実・制度・経験というデータに依拠できるおかげで公民教育もまた、むなしい美辞麗句や単なる空論に陥ってしまう危険性から逃れることができるのである。

　過去についての学習は、現在についての学習を照らし、そのことによって両方とも引き立ち、活気づく。こうして国民精神が根本から活気づくこととなるのであり、だから歴史的教養からもたらされるあらゆることは、市民の教育に実益をもたらすということになるのである」[23]。

　このように歴史教育も「公民教育」と結びつくことにより「実益」「役立つ」ととらえられている点を強調したのち、具体的な教材と教育方法について報告していく。そこでは、「質問と答えによる教授」とそのための教材という「合衆国でいまだに強く根付いている教育の技法（procédé）」を克服しようとする試みを積極的に紹介している。それが、挿画入り教科書の作成とそれを使った実践例などである[24]。ここに、各教科・科目の紹介においてもとくにその教育の方法に着目していること、しかも子どもの感覚に訴える教材と方法の開発を積極的に紹介しようとしているビュイッソンの姿勢を具体的にみてとることができるであろう。

　このように、各教科・科目の紹介においてもあきらかなように、合衆国における公立初等学校の教育方法を「直観的」で「実際的（実益的）」ととらえていることは、さきにみた視察団および報告書の目的・意図——具体的な改革プランを提案するものではない——にもかかわらず、その後のフランス1880年代教育改革に関係してくる点であると考えられるのである。

小　括

　本章では、ビュイッソンの事跡をあきらかにする作業の一環として、フィ

ラデルフィア万博における学校博覧会への派遣の経緯、その目的、派遣・視察の成果としての報告書の概要、とくにビュイッソンの執筆した重要な部分の概要と基本的な特徴について検討した。

　フィラデルフィアへの派遣目的は、フランス初等教育関係者——この実際の範囲は、少なくとも報告書からは読み取れないが、公教育大臣をはじめ公教育省の改革立案主体、視学官らの教育官吏、そして教員が入ることは疑いの無いところである——に対して、合衆国における公立（初等）学校制度と組織——教育内容・方法もふくむ——に関する全般的な特徴についての具体的情報を収集・提供することにあったこと、したがってその成果としての報告書の主題・内容も、合衆国における公立（初等）学校の制度と組織を中心としたこと細かな実態と特徴の紹介・解説に重点がおかれていたことがあきらかになった。そこに述べられた詳細かつ多岐にわたる報告には、様々な特徴がみられたが、とりわけビュイッソンが重要視したと考えられる基本的な特徴、したがって、フランス初等教育関係者に積極的に提供しようとした事柄は、つぎの点に集約できるであろう。ひとつは、合衆国では、学校はもはや特定の慈善家や宗教団体の私的な事業ではなく、国家、州、市町村による「公共事業」であることが広く認識され、そのことが合衆国における公立学校の発展の基盤になっていること、二つには、そうした公立学校は「無償制」具体的には「無月謝制」となっており、それゆえに就学率が引き上げられていること、そしてその仕組みは「初級・中級・上級」の三段階で構成され、その小学校が、やはり無償（無月謝）の中等教育へと接続していること、第三点として、公立（小）学校における教育方法の全般的な特徴として「直観的」かつ「実際的」であることを指摘、強調していたこと、の三点である。こうした「全般的な」特徴を確認したうえで、次章以下では、このフィラデルフィア、また前章で検討したウィーンの万博への派遣から、ビュイッソンは何を摂取し、フランスにおける初等改革、とくに教育内容・方法レベルの改革においてどのように生かしていこうとしたのか、少なくとも、両万博の学校博覧会に関する二つの報告書から、それをどのように読み取ることができるのか、この点についての検討に移る。具体的には、まずは次章で、のちに第三共和

政1880年代教育改革において、教育内容・方法の観点からみてその改革の重要な位置を占めることとなる「道徳」および「宗教」の教育を具体的な対象としてとりあげ、ビュイッソンが両万博および実際の学校（教育）視察からこれらの教育のあり方について何を学びとっていたのか、そして、それはのちの改革と如何なる点において関連をもつものであったのかという点について検討する。続いてこの検討をふまえ、次々章においては、教育方法の観点から、「直観的方法」を具体的対象としてとりあげ、両万博報告書のみならず、改革直前の1878年パリ万博での講演記録も素材にして対象とする時代範囲も広げて、同様の視角から検討を進めることとしたい。

註

1 Loeffel, L.: op. cit., pp.15–16.
2 Hayat, P.: *La Passion*., op. cit., p.20.
3 Dubois, P. et Bruter, A.: op. cit., p.47.
4 Gueissaz-Peyre, M.: op. cit., p.218.
5 Hayat, P.: *La Passion*., op. cit., p.20.
6 Monroe, P. (ed.): *A Cyclopedia of Education*, vol. 3, New York, 1912, pp.477–478. なお、ここで組織された学校博覧会には、日本からも出展されている。*An Outline History of Japanese Education: prepared for The Philadelphia International Exhibition, 1876, by The Japanese Department of Education*, New York, 1876.
7 Buisson, F. (éd.): *Rapprot sur L'Instruction Primaire à L'Exposition Universelle de Philadelephie en 1876, présenté á M. le Ministre de L'Instruction Publique au nom de la Commission envoyée par le Ministère à Philadelephie, par F. Buisson, Président de la Commission*, Paris, 1878, Préface. 以下に述べる経緯については、すべてこれに拠っている。
8 Ibid., p.670.
9 Ibid., p.677.
10 Ibid., INDEX.
11 Ibid., p.1.
12 Ibid., pp.1-2.
13 Ibid., p.2.
14 Loc. cit.
15 Loc. cit.

16　Ibid., p.3.
17　Loc. cit.
18　Ibid., pp.9-11.
19　以下の「道徳的理由」に関する叙述・引用は、ibid., pp.11-12.
20　以下の叙述・引用は、ibid., p.12.
21　以下、この部分の引用は、ibid., pp.670-673.
22　Ibid., p.673.
23　Ibid., p.309.
24　Ibid., pp.310-311.

〈参考〉 フィラデルフィア万博の教育関係資料（抜粋）

「まえがき」

　以下に掲げる資料は、第4章で分析の対象とした「フィラデルフィア万博報告書 (*Rapport sur L'Instruction Primaire à L'Exposition Universelle de Philadelephie en 1876, présenté à M. le Ministre de L'Instruction Publique au nom de la Commission envoyée par le Ministère à Philadelephie, par F. Buisson, Président de la Commission*, 1878)」からの翻訳である。本論であきらかにしたように、この報告書をとおしてビュイッソンは、合衆国において学校が「公共事業」として広く認識されていること、そうした公立（小）学校における教育方法が「直観的」かつ「実際的」であることを指摘・強調していた。ここに訳出した資料は、この点に関する実証的な裏づけとして重要な意味をもつ。訳出は、報告書の第1章「無償制学校制度 (le Free School System)」については抄訳、第22章「宗教教育について (de l'éducation religieuse)」および第23章「道徳教育 (éducation morale)」については、いずれも全訳である。これらはいずれも、ビュイッソン自身が執筆した部分であり、未邦訳となっている。

第1章　「無償制学校制度」（抄訳）

　「教育のあらゆる力が必要とされるのは、共和政体においてである」。このモンテスキューの判断がもっともふさわしく当てはまるのが、これからわれわれが始める考察の対象である。この「教育の力」は国民の命運をその学校の発展と密接に結びつけたのであるが、これに期待し、公教育によって自分たちの自由の気高い保障、繁栄、様々な制度の保障を行なった国民があるとしたら、それは間違いなく、合衆国の国民である。
　社会生活のなかで学校に割り当てられたこうした役割は、いつの時代でも、アメリカの風習のなかで外国人が第一に気づいてきた特徴であった。合衆国

が巨大化するにつれて、青少年の教育への気遣いは消えうせるどころか、世論のなかに浸透し、いっそう決定的な行動となっていく。最初は一時的な熱狂であったが、時とともに合理的な確信、むしろたしかな確信の力を獲得するに至った。すなわち、それ(学校教育―訳者)はもはや、慈善家や宗教団体の仕事ではなく、国、市町村そして都市がその通常予算に、これまで世界のどこの国も教育に割くことなど想像もしなかった金額を盛り込んだ、公共の事業なのである。厳格に必要な最小限度、つまり初歩的義務教育だけにとどまってしまうことなく、この勇断は、すべての男女に対して、上級初等教育、さらには中等教育機関における「無償」を宣言するまでに至っているのである。この管理・運営を命令するのに、法律と習慣は一致し、世論も賛同し、そのための出費を要求さえしているのだ。アメリカ国民の未来とは、彼らの学校が形成するそのものである、ということが、これほどまでに、すべての人々にとって明確な事柄となっているのである。

I

　アメリカの学校に、このような独特の重要性を与えた要因は多いが、まず第一には、プロテスタント思想の影響がある。ニューイングランドの最初の植民地では、聖書を読むことがもっとも重要な義務で、貴重な特権と考えられた。だから、彼らの初期の憲章には、すべてのコミュニティが学校を設置し、すべての家庭が子どもを就学させるための義務を盛り込んだのである。1647年のマサチューセッツの法律は、「子どもと徒弟に、英語を読むことを教えないような家庭は認められない」と規定している。

　合衆国の民主主義的組織が形成されるにつれて、初めは宗教的な義務にすぎなかったものが、政治的な必要性となる。一世紀前に、すべてを民衆の意志に依存させることで確立された政体は、あらゆる困難を乗り越え、啓蒙された意志を前提としている。ワシントンはアメリカ国民に、つぎのように述べている。「統治形態が絶対的権威から世論(公論)へと移行するにつれて、世論(公論)がものごとをよくわきまえたうえで意思決定できるようになることが、ますます重要になってくる。教育は、ほかにも有益であるが、この

場合においてもっとも必要なものとなる」と。のちに、国家の要人は、適切に教育された人民は決して専制君主の奴隷でも、扇動者の道具でもないと述べ、さらに「普通選挙は、普通教育か、さもなくば煽動を意味している」と付け加えたのである。

　こうした全般的な理由に、合衆国発展の結果である特殊かつ強烈な考察が加わっている。

　それは、この国の人口増加をもたらした、移民によるものである。この移民は、何をもたらしたのか？　あらゆる人種、出自、階級、宗教の人々である。幾千もの人々が、たったひとつの考えと希望、すなわち自らの地位の向上・改善の望みという要素でしか共通していないのである。このような人々を、新しい政治・社会体制に向けるためには、昔からの教育は何もできなかった。ニューイングランドの最初の入植者たちと、移民の大半をなす雑多で動きやすく無知な集団と、どこに類似点があろうか？　新たなアメリカの地に到着した新参者は自然とその国籍によって集まり、一種の祖国を形成するようになる。その優勢な集団が、ドイツ系とアイルランド系である。自らマイノリティと感じた彼らは、たとえばカトリックという共通点で接近するようになる。こうした状況が、国籍や宗教にこだわることや何らかの強制を必要としない、ひとつの国民を形成することが必要となった原因である。合衆国でよく言われるように、可及的速やかにこうした人々を「アメリカ人化」する必要がある。一世代あるいは二世代のあいだに、アイルランド人、ドイツ人、フランス人、スカンジナビア人、スペイン人たちが、もはや国のなかに国をつくろうなどとは少しも思うことなく、自分たち自身がアメリカ国民となるようにしなければならない。

　この驚くべき変化をもたらす手段は何か？　ヨーロッパを忘れるための時間をもつことが困難であった多くの植民者たちに、アメリカの血を注ぎ込む手段とは何か？　国家の要人たちはみな、それは公立学校であるというだろう。多くのアメリカ人にとって、公立学校が国民に施すこの責務は、それにかかる出費を正当化するに十分なのである。

II

　合衆国の政治の未来が学校にかかっているとしたら、その経済的な未来もまた、学校に直接依存している。

　新世界における労働条件は、成功はいわば教育の程度にむすびついている、ということである。工業、商業あるいは農業でも、資本家、企業家あるいは労働者でも、それぞれの領域と程度において、その知性と知識に見合った成功をおさめるのである。そこでは、出来合いの就職は存在しない。われわれの古い世界でも、幾世代にもわたって息子が父親の職を継ぐということはまれになってきているが、そんなことは合衆国ではもはや極端に例外的なことである。主導的な精神、企てる野心、冒険心こそがこの新しい文明においては、必要な原動力なのであろう。「ゴー・アヘッド」がなければ、アメリカではだめなのだ。わずかな給料だけを目的とする仕事、その日その日に満足して勤勉な生活を送るつつましい生活態度、などはアメリカ人の理想ではない。高い利潤の仕事に就くことを、誰もが考えているのだ。ヨーロッパの人々がヤンキー（アメリカ人に対する俗称）を守銭奴とか投機屋と呼んで非難することは、彼らがその労働をこのように考え、その活動に高い価値を置いている結果なのである。わずかなもので満足する、というのは古い世界での標語であり、この新しい世界では通用しないのである。

　このような状況においては、教育は二重の価値をもつ。それは、その固有の価値に加え、その実際の有益性に由来する一種の付加価値、すなわち商業的な価値をもつに至る。合衆国の経済は、すべて教育を前提としているのである。

III

　少なからず重要な、最後の動機が、学校に対する合衆国の熱意を高めている。アメリカ国民が、公立学校で国民的精神の浸透した市民および知的で勇敢な労働者の育成を願っていても、彼らにはやはり、十分な道徳的教養がある若い世代の到来が必要である。この観点においても、学校は唯一の手段ではないが、その主要なものであり、ときにはもっとも確実な手段なのであ

る。

　様々な理由で、合衆国ではヨーロッパよりも家族の結びつきが緊密でなく、強くない。とくに西部の広大な平野での商売と農業経営に起因する両親の別居の多さ、父親が仕事に専念して日曜さえ家庭で過ごさないような仕事熱、若いアメリカ人が子ども時代から獲得する「自立・独立心」の精神と習慣、若い娘でさえ何処に出かけるにも両親の許可が必要でなく、報告の義務もないとする慣習、法律もまた慣習を追認し、できる限り子ども時代の長さと親の権威の幅を縮小していること、こうしたことが、家庭の道徳的影響力を弱くしている原因である。

　学校は、この道徳および家庭教育の欠如を完全に補完するのか？　それはむずかしいだろう。しかし、最後には学校が期待されるのだ。民衆の子どもたちが礼儀についての知識を獲得し、その粗暴な振る舞いをなくすようになるのは、家庭よりも学校においてのことである。民衆の子どもたちが、一種の権威とともに紳士としての義務について説き聞かされ、実生活のために必要不可欠な道徳的指導を受け、そして文明化された国における社会人となっていくのは、学校においてである。

第22章　「宗教教育について」
Ⅰ．公立学校

　アメリカ社会の宗教的な状況、そしてその社会の所産である学校における宗教的状況をよく理解し、とりわけ冷静に判断するためには、2世紀半以来の合衆国における宗教問題の根源にさかのぼり、その展開を追う必要がある。

　われわれは、たとえ要約といえども、ここでその歴史すべてを語るつもりはない。それはラブーレ氏の優れた著作『合衆国の歴史』第1巻をみればよい。われわれはただ、時として見落とされがちな一点を指摘したい。すなわち、アメリカにおいても、教会と国家の分離を導いた宗教的自由の制度は、一気に、そして合衆国全域で形成されたのではない、ということである。州による著しい相違は長く続いたのであり、そのことがまた、宗教問題に関する論者が歴史について語る際、まったく矛盾した主張をしてしまう原因と言える。

ある者は、合衆国にその起源からあらゆる自由の国、そして宗教的寛容の土壌を見いだすけれど、その一方、別の者はもっとも激しくもっとも狭隘な党派的精神こそアメリカの組織の精神であるとし、今なお存続していると主張している。こうした様々な意見には、一般化せずに、時代と場所を限定さえすれば、それぞれ真実がみられるのである。

　たとえば、アメリカ植民地の建設者たちは、英国においては迫害を被った者たちであったが、アメリカにおいては迫害する者となったということは正しいだろうか？　彼らの歴史の出発点となった主要な事実を顧みよう。そうすれば、現在を理解するには、過去にさかのぼることが如何に重要であるかわかるだろう。

　最初の入植者、つまりアメリカ国民が尊敬の念をもって呼ぶ「ピルグリム・ファーザーズ」は1620年にメイ・フラワー号で到着した人々で、マサチューセッツ沿岸にニュー・プリマスを建設したが、分離派（非国教会派）あるいはブラウン主義派に属していた。この人々は英国教会とは何のつながりもなく、オランダ亡命中に打ち立てた独立教会派と呼ばれる最初の宗派に誇りをもっていた。彼らは、自らの原理には厳しかったけれども、ほかの人々をその教義の故に迫害することはなかったのである。

　逆に、そこからほど近いマサチューセッツ湾セーレムに1629年に到着したピューリタンたちは、既存の教会で学んだ教えと権威を頑ななまでに守っていた。1634年の法典とそれを補完する規則は、市民法が宗教的戒律と分離されないような体制を確立した。たとえば、モーゼの十戒その他の掟が法律の基本となり、主の休息を守らなかったり、教会への出席を怠ったり、仕来りにしたがわなかったりすることは、厳しい処罰の対象となったのである。もっとも厳格な正統派教義が強制されていったのである。

　この行き過ぎた狂信主義が、アメリカ植民地初期の輝かしい歴史の一頁となるひとつの抵抗を生み出した。1631年以降、セーレムのひとりの牧師ロジャー・ウィリアムズが、前世紀にフランス・プロテスタントのセバスティアン・カスティヨンがカトリックに対してのみでなく、あえてカルヴァンに対しても抗弁した主張、すなわち国家（l'Etat）には教義に反するという根拠

だけで異端者を迫害する権利はないということを、初めて主張したのである。ロジャー・ウィリアムズは、信仰をもたない者に教会への出席を強制するべきではないこと、「良心は個人のものであり、国家のものではないこと」、そして行政官を選出するのに候補者が教会の熱心な構成員であるか否かを問うべきではなく、ましてや水先案内人や医師を選ぶのにその人の神学的知識などを問うべきではないことを主張した。ロジャー・ウィリアムズは、ナラガンセット・インディアンに対しても、英国国王の略奪的な定めに抵抗する権利を守った。二人の長老の保護のもと、1636年には今なお彼が命名した美しい名前で呼ばれるプロヴィデンスの街の礎を据えたのである。

同じ1636年、一人の女性がピューリタンの植民地に新たな教会分離（政教分離—訳者）を成し遂げた。ロジャー・ウィリアムズの援助により、アンナ・ハッチンソンがロードアイランドと命名した島を得たのである。この迫害された小さな二つの集団はすぐに連携した。その1638年の憲章は、「民主主義」という言葉が刻まれた最初の近代的文書である。アンナ・ハッチンソンは妖術にかかわったとされ、その島でも迫害され未開部落で死亡した。しかし、ロジャー・ウィリアムズは、渡英しチャールズ二世から記念すべき憲章を獲得したのである。この憲章は、新しい植民地の目的は「輝かしい経験によって、国家は宗教に関する自由があってこそ初めて繁栄すること」を証明することにある、と明確に述べていた。そして国王は、今後は「この植民地にあって、何人も宗教に関する意見の相違をもって暴行、処罰あるいは追及されることはないこと」、および「この点に関する良心と判断の自由は、他人のそれを犯さない限り保障され、その自由は剥奪されない」と定めたのである。

ロードアイランドという小さな国家（Etat＝州）の憲法の基盤は、以上のように、寛容を意図的に示すために作られたものであった。しかし、このことを自慢できる人は、現在ほとんどいないのである。

ロードアイランドとともに、その起源から良心の自由を有するという栄光を分かち合うのが、メリーランドである。ロジャー・ウィリアムズに先立って、ロードアイランドほどではないものの、イエス・キリストへの信仰を持つ人々に対し、分け隔てることない宗教の自由を保障する最初の政府を樹立

したのが、カトリックのバルティモア卿であった。

　「教皇絶対主義者」への恐怖に満ちあふれたピューリタンの植民地にあって、彼は、英国教会徒にも、マサチューセッツを追われたクウェーカーにも同じように、ヴァージニアを追われたピューリタンに住処を開いたのだ。英国が追放した一人のカトリック信者が、プロテスタントの非寛容に対抗してすべてのプロテスタントのために安息の地を提供したのである。

　ウィリアム・ペンが、よく知られた「聖なる体験」を企てるのは、これら二つの事例の後のことであった。彼がペンシルバニアにもたらした憲法――それは、例外なく宗教的自由を認め、迫害を追放し、そして、宗教の公的行事への参加を強制することなく、何人にも「自らの信仰を自由に行なうこと」を認めた――を読むとき、そしてこれらの諸法がナントの勅令の廃止の、まさにその時のものであることに気づくとき、合衆国において宗教問題に終止符が打たれ、解決されているのは、ヨーロッパの多くの国々がけっして体験しなかった、こうした二世紀にわたる政治的かつ社会的な教育の結果であると理解されるであろう。

　以上のような思想と事実の概観は、歴史の光としてわれわれの理解の手助けとなるだろう。なぜなら、とくにわれわれの同国人にとって何よりも理解が難しいのが、今も大多数の人々のなかで生き続ける宗教的な信仰に関する親密な協調、そして反信仰的な意見さえ包含するような、あらゆる意見の自由に対する良心的な尊重を正しく認識することであるからだ。そこにこそ、複雑で、ともに対立する力強い二つの潮流の一種のバランス、アメリカ人たちの底にある二つの本能のめったに乱れない調和、つまり宗教的でプロテスタント的な本能と政治的かつ共和主義的本能とを和解させている秘密があるのだ。アメリカにおける宗教問題に関するあらゆる事柄、とくに学校における宗教教育の問題に対する独特な解決方法を理解するには、この視点が必要なのである。

　公立学校は、意見、信仰、出自の区別なく、人民によって人民のために維持されている。それは公益の施設であり、国民生活に必要と公認された機関

である。それは市民を形成しなければならず、その結果として、あらゆる子どもたちに、いつか社会において自らの義務を遂行できるようになるために必要な、あらゆる事柄が教えられなければならないのである。それ以上でも、またそれ以下でもないのだ。

　学校の使命は、上述したところを超えるものではない。州（l'Etat）は家庭にとって代わったり、子どもたちに個々の宗教的信仰を押しつけることはできない。ましてや、子どもたちに何らかの職の選択を強制したり、特定の政党にしたがうことや特定の生き方を強制することなどできない。こうしたことはすべて、私的な領域に属するのである。つまり、成人であれば自分自身の、子どもの場合にはその家族の、譲ることのできない権利なのである。州に個人の自由と責任の領域を侵害させることは、専制主義あるいは同じことだが、共産主義を明言することとなろう。

　それでは、アメリカ人の視点において、州（国家）とは何か？　州、それは人民なのである。それゆえ、州が、人民が一致了解しない、あるいはその必要のない意見を法律に仕立て上げようとすることなど、あり得ようか？　法律の存在理由は、満場一致あるいは多数決によって認められた明確な集団の利益なのである。しかしながら、宗教に関しては、満場一致はありえない。たとえ賛成多数があったとしても、その見解を少数派に押しつけるために、または公立学校で他のものを追放して特定の神学の教育を強制するために、どのような根拠を引き出すことができるだろうか？　あらゆる教会、あらゆる宗派が、社会に対して良き市民、勤勉な労働者、善良な人間を生み出すことができないなどと言えるだろうか？　プロテスタントの信者がカトリックの信者に、君の宗教は公共の害悪だ、僕の信仰でなければ、道徳などまったくないのだ、などと言えようか？

　あきらかに、そんなことはあり得ない。問題はきわめて単純なのだ。正確に言えば、合衆国においては少なくとも原理的には、満場一致でこの問題は解決されているのである。われわれはこの問題に関して、あらゆる階級の人々ならびに様々な意見をもつ人々に問いかけた。その結果、つぎのような基本的な原理、すなわち、州（国家）には、学校はもちろんその他の公的施設に

おいて、宗教に関しては干渉する権利も義務もない、という原理に反対する人は一人もいなかったのである。アメリカ人たちには、その歴史全体をとおして、この観念が浸透しているということを忘れてはならない。彼らの宗派の多様性が、最初から彼らにひとつの「国家宗教」などという幻想に取りつかれることを許さなかったのである。そして彼らの憲法修正第1条が議会において、「ひとつの公的宗教を確立することも、如何なる信仰を妨げることも」明確に禁止したのである。

　アメリカ人たちは、われわれのように宗教的に大きな団結したまとまりから出発したのではないため、際限なき多様性のなかにあることや、宗教的意見に対して絶対的に自由であること——それは、カトリックの教えのもとに形成された人間にとっては驚くべき光景であるが——を、ごく自然なことにしか思っていない。われわれの国では「神なき国」と呼ばれるものが、彼らには、良心の自由、法の前のすべての平等、宗派・党派間の政府の中立性と呼ばれているのである。州あるいは市町村の学校に特定宗教の公式な承認を求める者は、また逆に、無神論あるいは反キリスト教の学校と名のることを求める人の声も聴かねばならないのだ。しかしながら、そのどちらも、すべての人にかかわっては、非常識とみえるのである。

　アメリカの学校が本質的に「非宗教的」であるとは、この意味においてであり、決して反宗教的ということではない。学校は、ひとつの、あるいは競合する宗派の独占物となることで宗派的となるのだが、アメリカ人の誰が、そのような提案を支持するであろうか？

　したがって、二つの領域はたいへん明確に区分されている。学校においては、すべては州にかかわること、家庭ならびに教会においては、すべては個人にかかわること、なのである。

　有名な説教師ビーチャー・ストウ氏（M.H. Beecher-Stowe）は、つぎのように述べている。

　　「われわれの公立学校は、世俗的かつ非宗教的な施設である。それは、州がそれらを維持しているという理由からだ。学校が世俗的であればこ

そ、州にはそれを維持する権利があるのだ。なぜなら、学校を維持することによって、州はそれ自体の衰退や社会の没落を防いでいるからだ。もし、学校が宗教的で、市民の一部にしかすぎない特定の信徒だけに役立つものであるなら、州にはそれを維持する権限はないこととなる。」

「特別な機能には、特別な機関が必要だ。社会には様々な職務がある。そのうちの或るものは教会の使命であり、或るものは学校の使命だ。その二つそれぞれに、固有の場が存在する。学校だけが、人間全体の形成を任されているのではない。学校は、人間に、社会生活、将来の市民としての役割のために必要なものを教える。そして学校は、その残りはそちらでやってくれ、と父親と聖職者に言うのである。」

「それだけのことで、公立学校は無神論の学校だと言われるのか？ そのとおり、と私は答えるが、それは正確には、洋服屋や帽子屋と同じことなのだ。たとえば、私が椅子の工場をつくるとしよう。お前は聖書を出版するのか、と問われれば、否、と答える。そうすると、お前は無神論の工場を所有している、と言われるだろう。学校も同じことだ。学校は宗教的な教養のために作られるのではない。しかし、だからといってそれだけで、無神論の学校ではないのである。」

しかしながら、この原理は理論的には承認されているが、実際にあっては、これに反することもいまだに多いようだ。政教分離、したがって学校と教会を分離する制度の優れた点を確信はしていても、真摯に宗教的なアメリカ人たちには、自らの存在を二つに分けること、すなわち、或る時には宗教を無視する州（国家）の立場に立ったり、また或る時は宗教によって生きる個人の立場に立ったりすることには何らかの苦痛を感じているのだ。プロテスタント教育によって、聖書から自らの道徳的存在そのもの、心と精神の日々の滋養を得ることに慣れ親しんだ彼らは、近年に至るまで、聖書を読むことが宗派的な行為だなどとは想像もしなかった。彼らにとって聖書は、特定宗教

の聖典というだけでなく、普遍的道徳の法典であり、文明人に欠かせない書物であったのだ。彼らは、聖書こそ習俗と文明の土台であるという格言に反対する良識ある人間など、想像もしなかったのである。

　だからこそ、アメリカの学校ではごく最近まで、毎日聖書の一節を注釈なしで読むという習慣が守られてきたのだ。注釈をすれば、そこから意見の多様性と対立、そして宗派的ないし党派的な教育が始まってしまうからだ。こうしてプロテスタントの書物から借りた主の祈りや賛美歌が、広く親しまれてきたのである。たとえばペンシルバニアのように、宗教的感情が強く残っている州では、幾つかの施設（学校）で、その行事に教師が唱える祈りが公けに加えられていたのである。街では、両親が望めば、その（宗教的―訳者）行事に出席しないこと、あるいは沈黙と敬う態度でもって出席することも、子どもの自由であった。しかし、こうした事例はまれであり、この権利を行使して子どもをこの行事から遠ざけてしまうような反体制的な家庭は、ごく少数であった。

　実際は、以上のような状況であった。この状況は、カトリック信者の数が増し、こうした宗教的行事に対して世間の注目が集まるに至った時まで、何の苦情もなく続いたのである。カトリックの側からの論議は、たいへん深刻なものであった。第一、この聖書の講読は、何の権利があって行なわれるのか？　おそらくそれは神の言葉であり、プロテスタント、カトリック双方ともに認めるところであろう。しかし、片方にあっては、絶えずそこに助けを求め、それを自分自身で自由に読み、自由に解釈しなければならないと信じられている。一方においては、信者、とりわけ子どもは聖職者の助言を得てはじめてとりかからねばならない。聖職者が聖書そのもの以上の権威ある、疑問の余地のない絶対的な決定でもって、読むべき箇所を選択し、その適切な解釈を与え、疑わしい解釈は断ち切り、不都合な好奇心や個人的な理解の差を防ぐのである。さらにまた注目すべきは、カトリックとプロテスタントの両教団おのおのが、とくに聖句において採用する聖書に大きな相違があることである。

　第一の点、すなわち聖職者の役割について、カトリック信者に譲歩を強制

することは、彼らの宗教的良心を侵害することになる。カトリックの子どもたちに、プロテスタントの解釈（版）で毎日聖書を読ませたり読み聞かせることを強制するのは、その読んだり聞いたりしている文章が良く選ばれ、良く解釈され、良く読まれていることを何ら保障するものではなく、それはカトリックが必要不可欠と判断する道徳的かつ知的な警戒を奪い取ることとなる。また、すでにしてプロテスタンティズムの道を歩ませることとなるのであり、自覚なきままに将来プロテスタントの信仰実践にしたがう準備をさせることとなってしまうのである。

ましてや、プロテスタント教会から借用された祈り、宗教歌、儀式はみな、少数派の子どもたちを多数派の教義と信仰へと導き寄せ、多数派のためになる手段に他ならないというのである。

それゆえ、カトリック側が抗議したのは、良心の自由の名のもと、州（国家）の前の信仰の平等および宗派的事項に関する公立学校の中立性の名のもとにおいてなのである。多くのプロテスタントたちが、即座にこの抗議を支持した。さきに引用した、同じ説教師は、その根拠をつぎのように述べていた。

「私のような、ユダヤ教徒の一市民、納税者たる市民、自由なアメリカ人が、自分で信仰していないような新約聖書を毎日子どもたちが読み聞かされるために学校税を支払わなければならないとしたら、それは正義でも公正でもない。われわれと同じく市民たるカトリックの人々が、その子どもたちを自らが信仰していない様式で聖書が読まれるような学校に就学させねばならないことも、正しいことではなく、さらにわれわれが学校においてカトリックの様式で聖書を読み聞かせられるというのは、それ以上に公正なことではないのである」。

しかしながら、問題は単純なものではない。それは今日なお解決されていないのであり、どちらにも満足のいく解決ははなはだ困難である。カトリックの側が勝利し、その疑念を尊重して、彼らの内面の感情を傷つけるような宗教的儀式の残滓を廃止すれば、彼らは公立学校に子どもたちを通わせるよ

うになるだろうか？　あきらかに、否である。今度は、神の名さえ語られない、あらゆる宗教教育の痕跡が消えうせ、子どもを異教徒にしてしまうような学校に子どもたちをゆだねることになると抗議するだろう。こうなれば選別が避けられない。カトリック側の言う、聖書が読まれる場所すなわち「宗派的学校」と、もはや聖書の読まれない「異教徒の学校」とに。

　これは決して無意味な仮説ではない。事実が、このことを証明した。合衆国の西部では、カトリック側の要求にしたがい、また別の点でドイツ系の人々がこれに賛同したため、多くの都市が、学校と教会とのこの最後のつながりを廃止したのである。セント・ルイス、シカゴ、ミルウォーキー、クリーヴランドなどの東部の諸州の都市で、聖書がもはや講読されなくなったのである。

　この問題について、1869年にシンシナティでたいへん重要な法廷議論があった。この街の教育委員会がカトリックの人々を公立学校に引き寄せるため、聖書を含めてあらゆる宗教的な読本を学校から排除することを決定した。するとただちにプロテスタントの家長たちが請願の署名を集め、それを高等裁判所に持ち込んだのである。彼らは、プロテスタントでない子どもには免除するが、聖書の講読を認めた1852年の規則の維持を要求したのであった。裁判所の判決は、たとえそれが利益をもたらすとしても、教育委員会には規則を変えて宗教教育の最後の名残りを廃止する権限はないとするものであった。しかし、この判決は最高裁で覆され、以来、聖書の講読はシンシナティの学校では廃止されたのである。

　この解決は、カトリック側を決して満足させないものである。おそらく、カトリックの教えを固く守り、同時に国民教育の重要性を理解する上流の家庭は、その子どもたちを公立学校に就学させるだろうが、その数は予想以上に少ないことが、われわれの訪問であきらかとなった。カトリックの人々の大部分、とくにアイルランド系の人々は、子どもを公立学校に通わせていないのである。それゆえ、学校税を支払いながらもその当然の利益を得ておらず、さらに新たに教区の自分たちの私立学校を維持するために支出している膨大な数の人々が存在していることになるのだ。これらの私立学校は、一般

的には修道士によって管理されるが、修道士がいない場合には、司祭により管理されている。

上述したシンシナティの決定の翌日、もっとも普及しているカトリック系の新聞は、その方途によってカトリックの人々を引き付けることができると信じたなら、教育委員会は誤っていた、そのやり方は最悪のものだと論じたのである。

同様の主張は、カトリック系の機関紙でも繰り返し論述された。一方で、カトリックの私立学校がその数を増していることは、学校の絶対的な世俗性（ライシテ）が、カトリックの家庭にまったく何の変化ももたらしていないことを示している。つまり、カトリックを満足させ得なかったこのやり方は、一方では、アメリカ国民の偉大な宗教的原則の変節であり、国民的な裏切りともなったのである。

こうした状況で、少数派に対する和解に向けての努力の不成功を、多数派のプロテスタントは苦渋の思いでみつめていると思われる。

実際、この危機的状況の解決が如何なるものとなるのか予想することは困難である。しかし、われわれはその解決策は示せないが、その重要性は指摘したこの問題について、西部の諸都市で採用されたもの、それも、少数派や他人の正義と権利を傷つける可能性をもつあらゆる宗派的儀式を禁止した多数派の、あのためらいのなかで採用された事例をとりあげざるを得ないのである。これらの都市の議会は、少数のカトリックの家長の宗教的信念を侵害するような非難に堪えられず、決してラディカルな方途ではないものの、いわば良心的な行為といえる決定でもって、それを断ち切ったのである。その解決策には、当然いくつもの留保がなされねばならないものの、われわれには、合衆国のほかの州で採られている姑息な方途——たとえば、ペンシルバニアでは、聖書をプロテスタントの流儀で読み、バプティスト派あるいはメソジスト派の日曜学校の賛美歌を歌い、共通する祈りを唱えさせることで、宗派的な儀式でないことを示そうとする——にくらべ、論理的にも倫理的にも尊敬すべきものと思われるのである。

その他の解決法もあるかもしれない。それは、一部ではあるが、カナダで採用されている方法である。すなわち、カトリック、プロテスタントを区別せずに学校税を徴収するが、カトリックの家長には、非宗派的な公立学校か、あるいは小教区のカトリック学校かを選択させる方法である。後者を選択した場合、支払った税はカトリックの保証機関に移され、そうして集められた基金はカトリックの学校の維持だけに使用されるのである。カトリック納税者の出費によってその人々のために都市によって管理されるこれらの学校は、通常の公立学校とほとんど同じ体制に置かれる。宗教的な儀式を除いて、教育課程はまったく同じである。修道女への教員免許の授与も認められるなど、行政的な細部に幾分の寛容があるのである。

　あきらかに公平にみえるこの解決策も、合衆国では適応できないだろう。公共の基金は何らかの宗派的な施設の補助に使われるべきではないということが、法制、行政、司法にわたる数え切れない議論の末に確立された政治的原理であるからだ。原理そのものが問題にされることはあり得ないが、実施においては、幾分の疑問が残る。「宗派的」ということは、どこからどこまでを指すのか？　近年、この点について様々な議論が、連邦レベルにおいても、各州の立法者においてもなされてきた。それらは常に、他のものを排除するひとつの信仰に属し、その利益となるような性質をもち得る施設に対する州のあらゆる負担の拒否という結論に達したのである。慈善的な施設にまでこの原理の適応を要求するほど極端なところまでは望まれないとしても、公教育のための国民的機関の基盤そのものであるこの点について、ほとんどのアメリカ人は一歩も譲らないことは確かである。ほとんどの都市で、連邦および州の憲法に盛り込まれた一般的規定を、その地方の規則によって確認し明確にしたのである。

　たとえば、ニューヨークでは、他の都市のモデルとなったその憲章が、つぎのように規定している。

　「都市の財産および市民の資産に関して税によって徴収された金銭は、宗教的な学校あるいは何らかの宗派的学校に対する補助として支出され

ることは認められない。都市の所有物は、合法的な競売による場合に限り、これらの学校に譲渡することができる。都市の不動産は、私人としての資格においてのみ、これらの学校に貸与することができる」。

1851年(7月3日)の「学校法」で、すでに明確に規定されていた。

「いかなる学校も、そこにおいてキリスト教あるいは他の特定の宗派の教義または信仰箇条を教え、教化し、または実施する限り、あるいは、キリスト教もしくはその他の特定の宗派の教義および信仰箇条に好意的あるいは敵対的な箇所のある書物を使用する限り、学校基金の一部を受け取ることはできない」。

こうした規定が、たとえばカトリックの学校に対して補助金の支給を拒否あるいは打ち切るためにしばしば適用されたのである。ここでもうひとつ重要なことは、家庭であるとともに学校でもあるような施設、たとえば孤児院やわれわれの教護院のような避難施設が、都市の学校補助金一覧から排除されるかどうか、である。なぜなら、これらの施設ではそれを管理する宗教家が授業外に厳密に宗派的な教育を授けているからである。たいへん真剣な討議の末、ほとんどの教育委員会はつぎのような根拠で、補助金の維持を決定している。すなわち、これらの施設に集められた子どもたちは、そこに学校とともに家庭をも見いだすというのである。「学校」である限り、この施設は公立学校の規則が適用されるので、都市はそれに補助金を負担しなければならない。その場合、家庭に代わる「施設」として一般家庭と同じように子どもたちに個別の宗教教育を施しているか否かを問うべきではない、というのである。

この事例を引用したのは、問題点に到達するためにどれだけ熱心な議論が戦わされたかを示すために他ならない。実際、議論は連邦政府の権威による介入がなければ、いつまでも果てしなく続き、終わることはないのである。現実に、教義に関する注釈なしの聖書の講読は、マサチューセッツ、インディ

アナそしてアイオワで法律上義務化されているし、ペンシルバニア、ニューヨーク、ニュージャージーおよびイリノイでも法律によって定められている。ロード・アイランドと西部のほとんどの州、オハイオ、カリフォルニア、ウィスコンシンでは、地方自治体ならびに教師の自由裁量に任されているのである。

　公式の統一的な法がなく、とくに反対する世論もなければ、実際には各都市にその問題の規定が任されている。公立学校において、いまだに存続する宗教的儀式のすべて、あるいは部分的な継続または廃止は、多くの場合、学校教師の意志にかかっている。実際のところ、どのような場合でも、教師の個人的な行為が決定的なのである。教師が宗教的であれば学校もそうなるし、教師が無関心であれば学校もそうなる。マサチューセッツの優秀な視学官は、つぎのように述べている。

　　「学校を、知的な影響力だけに限定しようと望むことはナンセンスである。その道徳的な活動は、良かれ悪しかれ、大きいものだ。学校生活の状況、その争い、その展開、その希望、その喜び、その悲しみ、そこで読まれる本、受容する事例、そこの雰囲気、訓育、これらは子どもの人格に働きかけ、良くも悪くもそれを形成していくのだ。毎日子どもたちを学校に5, 6時間囲い込んで、そこで子どもたちの道徳教育と宗教教育、精神的な発達に何もしないように守ることなど、どうして望めようか？　そのような方途を考えることは、まったく不適切である」。

　同視学官は、この言葉の裏づけを続けるのであるが、これは大多数のアメリカ人の考え方を知る上で適切と考えられるため、引用しよう。

　　「有名な英国の地質学者ハックスレイほど、考え方が過激で、宗教についても自由検討の支持者であった人はいないだろう。そのハックスレイ自身は、宗教教育の全面的廃止の考えには強く反発していたのだ。彼は、人間も社会も道徳的な理想への愛がなければその運命を全うするこ

とはないと考えている。そして、教義の教育を避けるために宗教教育を廃止するということは、虫を退治するために軍艦を焼いてしまうことと同じだと考えるのである。彼は、もしもわが子の一人のために宗教教育を施す学校とそうでない学校のどちらか一方を選ばなければならないとしたら、子どもが宗教とともに教義の知識も身に付けてしまうに違いないとしても、宗教教育を施す学校をえらぶことだろうと述べているのである」。

第23章　「道徳教育」

　青少年の道徳教育における公立学校の役割は、どこでも同一ということはない。ヨーロッパとくにわが国とドイツでは、教育課程、学校の規則と精神そのものが、道徳教育を宗教教育と緊密に結びつけ、むしろ従属させているのである。

　スイス、イタリア、オーストリアの一部では、道徳教育と宗教教育とを完全に分離することなく、両者を区分し始めている。すなわち、それらの国々の新しい教育課程は、公民教育の基礎となるような、そしてそれ自体がひとつの初歩的な哲学的教養に支えられた道徳教育の、いまだ曖昧ではあるが徐々に明確となるような領域を構成している。しかし、様々な条件や状況の論理的な必然性によって、宗教から分離された正規の単独の道徳教育が要請されているのは合衆国においてであることは、あきらかである。なぜなら、合衆国では宗教は公立学校から排除されているからである。こうした要請は広く認識されているが、充足されているのだろうか？　われわれはそうは思わないが、ここではそれについての厳密な判断を下すことは控えよう。というのも、これほど重大で新しく、また困難な教育問題はないからだ。そしてもしも、しばしば言われるように、アメリカの人々が表面的な解決策や安易でみせかけの一時しのぎに満足していないということが判明したとしても、それはまさに、学校における道徳教育の、何度も繰り返され、いまだ解決されない問題が原因となって引き起こされている無力さの告白と不安の叫びに他ならないのである。

合衆国が、他のどの国よりも、道徳教育を緊急だが困難な問題としている原因について、繰り返すまでもないだろう。青少年に対する家庭と教会の影響力の弱体化、両親と教師の権威の衰退、早熟な成長、あらゆる階層や年齢、出自の子どもたちとの自由で絶え間ない交際、などを思い起こせば十分だ。これらのことは、就学期のことである。それに加え、子どもたちは学校を出るや否や、生活の通常の危険に加えて、合衆国独特の、とは言わないが、少なくとも合衆国で驚くほど蔓延している邪悪に遭遇することとなる。ここ最近はとくにあの黄金熱がアメリカ社会のとてつもない災害となっている。この状況が生み出す財界や政治の驚くべきスキャンダルが、かつては疑惑さえよぎらなかった地方にまで及んでいることに、人々はうんざりしている。この絶え間ない害悪の伝播が公共道徳に与える悪影響を数え切れるだろうか？　見逃される恥じるべき事柄が多すぎて無感覚になってしまい、良心がその公正さと繊細さから失うものを、誰が数え切れるというのか？

　社会の状況がこのようであるから、アメリカの学校もまた同様な状況に直面せざるを得ない。アメリカの学校では、このような現状のなかで、健全な精神と正しい心をもつ世代を育成しなければならないのである。公教育にかかわる優秀な人々には、幻想を抱くものなど一人もいない。それこそが邪悪に対する治療薬となるような男らしい率直さで、彼らはアメリカの人々に事実のすべてを公けに語るのである。ペンシルバニアの視学官ウィカーシャム氏は、その公式報告書で、つぎのように述べている。

　「われわれほど、何事にも耐えられるような誇りと誠実、高貴な性格をもつ人間を必要としている国民はいない。現在の邪悪は、公金の使い方の不正にあるようだ。巨大企業が不正な金によって堕落し、恥じるべき関係で成り立つ組織が広範囲で詐欺を働く。公式な契約にも巨大な不正が潜んでいる。盗人の大群が財布を満たすために、州、郡、都市、市町村の莫大な負債が積もりに積もっている。地位、票、権勢も、食品のごとく売買されるのだ。選挙の票も、陪審の票も金目当ての票で汚染されている。不正の日常的な話に、善良な市民は頭をたれ、正直者の心は

動かされる。ああ！　われわれが邪悪を根こそぎにできるのは、上手く運営された公立学校によってである。社会に良き市民を供給できるのは、公立学校なのだ。しかし、そのためにはそこで道徳教育がまったく新たに展開されなければならない。ペンシルバニアの子どもたち一人ひとりが、良き知的教育だけでなく、自分自身にも、同胞にも、祖国と神にも恥じぬように形成される道徳教育を受けなければならないのである」。

別の視学官、ニューベッドフォード（マサチューセッツ）のハリントン氏は、全米教育協会（la National Education Association）の総会で、つぎのように表明していた。

「私には、われわれの学校が実践している道徳的かつ保守的な影響力について、貧しい意見しかない、と言われる。ああ！　では、誰がもっと好意的な意見を持たせてくれると言うのか？　アメリカ国民の道徳的状況が、その文明の源泉を誇れるほど、純粋で賞賛される状態だと言うのか？　今のアメリカの教師たちの資質で、すべてはうまくいっている、すばらしい、と互いに賞賛して握手し合える状況なのか？——ああ！　われわれの国民的な徳の凋落、品格の低下、われわれの政治および市民生活に関する報告を汚す不名誉について雄弁に語ることなら、簡単だ。現代の論者の言葉を聞いてみよう。『われわれ国民も、何のスキャンダルもなく企業・企画を立ち上げることもできないようになってしまったのか。ウィーン万博も、パシフィック鉄道も、大統領のキャンペーンさえ、そうではないか』と。われわれは頭をたれて肯くしかない、ついにそこまで来てしまった、と。しかし、わが国に不名誉をもたらす輩は一部の階層であり、それがわれわれ国民を代表しているのではない。国民の心はいまだに清く健全であり、われわれは自分たちの学校の道徳的影響力を疑うべきではない、と言う人もいる。さらに、人々は優れた地位にあってその信用を裏切った人たちの犯罪に寛容でありすぎることを反省すべきだと言うだろう。残念ながら、こうした楽天主義は間違ってい

る。犯罪者は同じ出自でも、同じ階層に属しているのでもないのである。コシュートは言っている、『政治屋を追放せよ、やつらは50年前からわが国を傷つけてきたのだ』と。

　しかし、信用ある地位を占めるこうした輩のすべてが政治屋なのではない。やつらのかかわる犯罪すべてが、給料泥棒やツイードとリンク（相場師・投機家の組織のこと―訳者）の悪行に還元されるのではない。われわれの鉄道経営者は、公衆を欺くだけでなく、株主を騙すために収益を改竄しているのだ。銀行の頭取は自らの金庫から金をかすめ、大商人は政府を騙すために計算書を改竄する。そして、これらの人々が教会で然るべき地位を占め、あるいは日曜学校の顧問となっているのだ。こうしたアメリカ社会を目にして、染み渡るのは苦しい思いだけである。

　ウォール街の仲買人は合法的に株取引で不正を働く……（原文中断）……賭博場と刑務所においても。

　有能で優秀な弁護士たちが、公衆を犠牲にして、あきらかな盗人や殺人者の釈放に努めてその能力を安売りしている。彼らは金を貰わねば働かないし、また金さえあれば、望みどおりになるのである。彼らもまた、社会で優秀な階層を形成しているのである。

　このような高級な職務を果たす人々がならず者であることに、社会はどのように対応しているのか？　彼らの犯罪をどのように語るのか？　このように問われたら、われわれは沈黙し、もはや声を上げる力もなくなる。彼らの詐欺に怒るためには、何という魅惑的な婉曲的表現があることか！　つまり、彼らの横領は『財政上の変則』にすぎない。彼らには悪人となる意図はなかったし、他人の財布を満たすための過ちに加担したにすぎないというのだ。彼らには、その『不運』を惜しみなく嘆いてくれる仲間がたくさんいるのである。

　もし彼らに裕福な両親があれば、その汚職の金と横領は返済され、それ以上の追及はされない。彼らはしばらくは身を潜め、ついで復帰し、再開の準備を始めるのだ。不幸にして裁判にかけられ、刑を宣告されたとしても、彼らの恩赦を求める請願書が山積みされるのである。

このようにして、犯罪と妥協するのが、あたかも支払い不能業者と示談するがごとく、当たり前のこととなってしまっているのである。

代議士たちは、公的な質問に対しては、不正な収入は受けていないこととなっている。彼らは、民衆はその収入について真剣に問いかけたりしないものと思っている。手厳しい新聞が語るように、彼らは自らが原因となった倫理的な損害が5,000ドルに上るなどとは考えてもいないのである。

以上に述べたような輩が、国の名誉を危うくしてはいない、などと誰が言えようか？ 勇気を持って正しくも恐ろしい、この事実を指摘することで、『腐敗の根源』がこの国民の良心によってまったく批判されていないと言えないのだろうか？

私は、われわれはもはや、公衆道徳に関してわれわれの学校はまったく無力であると考えるべきところまできていると確信する。数え切れない多数の名誉ある市民を輩出し、汚物から国を守ってきた、あのわれわれの共和国の力強さと男らしい勇気の理想を、人々は失ったのだ。学校こそ、あの力強さと男らしい勇気を蘇らせ、永続させていく義務を有するものなのである」。

同じ協会の別の会合では、牧師のビチンジャー博士が、道徳に対して教育が期待される影響力に迫るような、「教育と犯罪との関係について」という報告を担当し、つぎのように力強く述べている。

「われわれは幻想を抱いてはならない。それ（教育―訳者）は、窃盗や酩酊、不品行や争いなどを消滅させてくれないだろう。それは、不正、偽造やその他の犯罪に直接的な影響力はないだろう。それは、ペテン師の活動範囲を狭めるだけだろう。騙される人が減れば、騙す人も減少するように……（原文中断）……しかし、犯罪もまた新しくなり、洗練され、一歩一歩知的な進歩を遂げるのだ。ロンドン、パリ、ウィーン、ベルリン、ニューヨークの株式市場の巨大な詐欺と古代ギリシアの詐欺とのあ

いだには、古代悲劇と現代劇との違いしか存在しない。ニューヘヴンのニューヨーク鉄道の〈シャッキーの不正〉、〈有価証券〉の制度、〈Eriéの経営〉、南部開発会社の不正行為、ニューヨーク、ペンシルバニアやピッツバーグのリンク、絹とウィスキーにかかわる不正、ニューヨーク運河事業のリンク、石油、石炭、金にかかわる事業の腐敗した金融組織などなどをみたまえ。これらはみな、雇用の時には無知であった人々がしでかした不正行為なのではない。

そうなのだ、これらの不正の計画は、あきらかに経営の詳細に熟練した知性の存在を示している。炭鉱の存在を信じさせ、その株を有利に売りさばくためには、優れた教育を受けた輩が必要であったのだ。もし、教育が犯罪の消滅へと向けられるべきだとしたら、教師に対して、われわれは何をするのが責務なのか？　われわれは、犯罪とどのように戦ったらよいのだろうか？

1. 知的な犯罪の存在を知らせ、教えなければならない。そう、悪事を働くために自分の知性を使う人間が存在するのだ。彼らは、無知な人を好きなように利用するために、その優れた知性を利用するのである。
2. とりわけ、その種の犯人は、十分謀られた犯罪の主犯と、人よりも財産を狙った犯罪者にみられることを教えなければならない。この種の犯罪者はまた、社会そのものも傷つける。なぜなら、彼らは通貨を偽造し、食品、飲料、衣類に混ぜ物をし、販売したものの重さや量をごまかし、そして法曹、司法、政治にかかわる人たちを堕落させるからである。
3. 教師は、法の及ばないような犯罪は、他の犯罪よりもずっと卑しいものであることを示し、生徒たちに道徳的感情を発達させるよう努めなければならない。」

教師たちのその他の集会、とくにヴァーモント州の集会においても、われわれは同様なことを聴いた。講演者のJ. H. ウォルスター氏は、義務教育促進運動を支援し、義務教育の第一のものが、道徳教育であることを示そうと、

つぎのように述べている。

「学校に行くために、法律が強制しなければならないような子どもは、他の子どもよりも、たぶんまったく欠如している道徳教育が何よりも必要と考えるべきではないか？
　教師の人格と道徳的行為をもっとも重要としないような学校委員会、学校において、影響力と道徳的指導をもっとも重要としないような教師は、そのもっとも重要な義務を欠いていると考えようではないか」。

このあたりで、引用は止めにしよう。
これらの詳細で公式な報告は、果てしなく引用することができるが、これらはみなわれわれに、真の愛国的なアメリカ人たちが邪悪に対して示し、その対策を求める洞察力と勢力の証拠を示してくれる。それは全米教育協会やその他の教育組織の年報にもみられたのだが、学校における力強い道徳教育の要求が真摯な精神をとらえて放さないのである。この点で、アメリカの人々の精神における確かな進歩がある。ジェファーソンの有名な言葉、「道徳的感覚は、手足と同じように人間についているものだ」という言葉を、もはや文字通りには受け取らなくなってきたのである。
しかし、その道徳教育を実施するためには、どのような手段があるのか？もっとも古くてもっとも一般的な、宗教から引き出す方法——これはすでにみたところだが——は、現在、あるいは近いうちにアメリカの公立学校すべてから消滅するだろう。もはや学校においては市民権を失った教義的教育の代わりに、道徳を自然宗教、あるいはキリスト教のすべての宗派およびあらゆる唯心論学派の共通した遺産で支えることが提案された。ニューイングランド最大の学校機関誌である『教育雑誌』は、学校における宗教教育の問題に当然の保留をしつつ、あらゆる論争点を避けていくと、みながすべて同意するものが果たして残るのだろうかと、つぎのように述べている。

「それらは正確には、これまでもよく実践されきたように、学校にお

いて無視できないものなのだ。

　たとえば、義務への愛着、勤労、活発さ、質素、几帳面、正直、絶対的な誠実さ、『自制心』、他人の権利の尊重、順法、身だしなみのよさ、善行、正確で丁寧な言葉遣い、忠誠、愛国心、一般的な意味での宗教的感情、宗派的な様式の抽象化されたもの、これらを子どもたちに教え込むという考えに、意義をとなえる者がいるだろうか」。

　西部諸州で、ドイツの影響が顕著なところでは、道徳についての体系的かつ学問的な教育を行なうことが熱望されている。アイオワ州の「ハイスクール」の生徒たちのたくさんの作文から、たとえば授業の展開が理解できた。人間性、人間の目的と義務についての認識を、生理学と心理学から同時に、如何にして引き出そうとしているかをみることは、興味深いものであった。この方式は、とりわけ西部の多数の学校で実施されている。多くの師範学校には「道徳および礼儀作法の授業」がある。その成果については、アメリカの教師たちの毎年の議論からわかるが、様々な評価があるようだ。

　しかし、多少とも宗教的な哲学にもとづいた理論的な道徳教育がどのような価値をもつとしても、アメリカ的教育の信奉者たちがもっとも期待しているのは、しばしばそのように呼ばれる倫理学の授業ではないことは、あきらかである。彼らは、個人的な活動、実際の生活、事例、学校の道徳的雰囲気の親密でしみ込むような影響力に、いっそうの価値を見いだしている。もっとも注目すべき努力がそそがれたのが、この方面においてである。学校の集会、教師の研修会、教育に関する様々な協会の総会において、大多数の参加者たちが語り、主張するのが、この方向性においてである。この点については、ウィッカーシャム氏の『学校経済学』における、感動的、温情に満ち同時に正確で厳格な勧告を読む必要がある。彼が教師に対して、その行動において、自分たちの生徒にとって、直接的また間接的に悪い教え、無神経さ、あるいは道徳的な弱さの事例となってしまうことすべてについて、どれほど深刻かつ厳格に問題としているか、耳を傾ける必要がある。

　彼が、教師たちにその責任について語っているところを示そう。

「日曜学校で教える教師は、不道徳なやり方で職務を遂行することもできる。使命に定められた核心を得るために見栄を張るのは、不道徳である。大騒ぎや名前をひけらかすことによって子どもの闊達さを刺激するのは、不道徳である。道徳の主題を扱いながらも、そこから引き出せる道徳性すべてを扱わないことは、不道徳である。これはすなわち、聖書そのものの学習が、道徳の低下の源泉となり得るということである。

通常の学校のことに移ろう。もしも教師がその言葉において正直でなく、その行動が範例とならず、正しくもなかったら、あるいは教師が生徒に注意するのに不公平な印象を与えたり、または泥縄式で試験準備をさせたり、そしてどんなことでも教師が自らの職務に間違いを犯したとしたら、その影響は不道徳なものとなる。日常の祈りや日々聖書を読むことなど、この不道徳の害毒を決して解毒するものではない。その学校は、悪徳の温床となるだろう。その屋根の下では、承知の上か、あるいはそうでないとしても、あらゆる悪の根源が芽を伸ばすに違いない。このような教師は、間接的に犯罪の幇助者となることだろう」。

以下に引用する文章は、表現は異なるが同じ主題を同様な印象で読ませるものである。それは、確信と精力に満ちている。

「世の中では、良き評判を生み出すのは、良き評判である。神のおかげで、これまで常にそうであったし、今後もそうなるだろう。救世主の言葉は、それ自体のうちに生き生きとした力を持っており、その輝かしく純潔な名声がもたらした効果をますます引き出すのである。神の言葉を告げる純粋で聖なる牧師の存在は、彼の語る聖句よりも効果のある福音となる。家庭のなかでは、両親のすばらしさが、声高くとなえる祈りよりも力強い。学校における精神的生活の源泉である教師のすばらしさということについても、まったく同じことである。生徒が受ける、その良いか悪いかの印象は、教師の語ることよりも、その『あり方』に由来

するのだ。それゆえ、教師の善への愛着は、計算された義務の遂行であってはならない。そうであったら、教師の勧告は求められたときに即座の福音とはならない。また、そんな教師の考える真、善、正義、徳、愛などは、その生徒が実践することが望ましいことの抽象的な名前にすぎなくなる。そうであってはならない。教室では、教師の賢明な瞑想の成果などみたくはないのだ。われわれがみたいのは、教師自身の主導性、精力、その目を輝かせ、以前に表明した思想を語らせ、動作を活気づけ、その活動すべてを動かすような道徳的活気なのだ。義務の遂行にあっては、教師は計算したり、予測したりする必要はない。なぜなら教師にあっては、命の源泉が十分に純粋で力強いから、その本能と意志とは同一となり、鳥が空を舞い、魚が水を得たように自然な動きで善へと自らを導くからだ。真、善、正義、徳、愛は、教師にとって、鉄鋼石や花崗岩以上に強固なものとなるだろう。その訓育は常にやさしく情愛に満ちてくる、なぜならその心情が教師を、生徒一人ひとりを永遠の後継者として、世話をし、愛し、悪から引き離し、人間を高貴で純粋な創造主体となす資質すべてを与えるべき存在として、みなすようにさせるからである」。

　アメリカ風の「ユーモア」と陽気さのあふれるなかに、精神の強固さと人間性についてのすばらしい知識とを潜ませた言説で、シカゴの視学官ピカール氏は、1875年、全米教育教会において男子の道徳教育の問題をとりあげた。彼は、アメリカの「少年」について、どこの国の少年にもあてはまるような肖像を精神的に描く。その教育が考慮に入れるべき対象たる少年の主要な特徴をまとめて、彼はつぎのように述べる。すなわち、子どものもつ軽快さ、活動、身体運動、作業への絶え間ない欲求、過去と未来に対する無頓着、現在のことのみにとらえられていること、無邪気な自信、とりわけ新しいものや普通でないものや大胆なものに対する飽くなき好奇心、自分のすることにおいて常に抜きんでようとし、もっとも強くあろうとする野心、善良さ、正義と正しさ、とりわけ自分の正しさへの執着、不正に対していきり立つ力、子どもに内在する大人としての証しである内面的で無意識な力——これは子

どもにぶっきらぼうで騒々しいが、それとともに、精力あふれる活力を与える——である。

　ピカール氏はさらに続ける。この扱いにくい存在に、どのように対処するか？　何よりもまず、万能の特効薬などあきらめよ、と。そういうように、子どもを育てなさい、しかし服従させてはならない。導くこと、ただし子どもの意志を決してつぶすな。正義と善にかなった手段で、子どもの良き意欲と良いところを引き出せ。それなりの正しさと誠実さを尊重せよ。その誤りをやさしくたしなめよ。子どもの自信を激励せよ。真の共感をもって子どもを見守れ。このようにすれば、子どももあなた方に応えてくれるだろう、と。

　これらのことを、ひとつの規則にまとめるなら、私はつぎの二言にしてしまうだろう、「なすべきことがあり、また愛するべき対象がある」と。

　ピカール氏は、道徳教育の学校におけるとりあつかい方を追加している。すなわち、教師はその生徒たちの犯す過ちでも、単なる良俗やしきたり、規則違反にすぎないものと、道徳的な過失という性質をもつものとを、常に注意深く区別しなければならないと。そしてさらに続ける。「教師が犯してしまいがちな、二種類の非難すべき行為の混同ほど、道徳的感覚の開花に致命的な過ちはない。あなたが、生徒が原因となる心配事と、悪い行為とを同じように罰するなら、その生徒はあなたが自分のために熟慮してくれたと考え、その言いつけを受け入れる。彼は、そのどちらの行為もあなたの目には同じ重さをもつものだと思い込む。そこから、口笛を吹くことも、ののしることも、クラスで騒ぐことも、嘘をつくことも、行儀悪い座り方も、他人のものを取ることも、遅刻することも、下品なことをしたり話すことも、すべて同じように悪いことだと思うようになる。こうした道徳的感覚における逸脱は、学校の訓育の陥る危険のひとつであり、このことを十分わきまえない教師は、たいへんな責任を負わされることとなるのである」。

　シカゴの視学官の最後の重要な勧告は、子どもの家庭状況とその影響に配慮することである。汚いぼろ着で、何も食べずに悲惨な栄養状態で学校に来る子どもは、教師の悩みの種である。そういう子は、騒いだり、おろかなことをしたり、すべてを無視したりすることが多い。ピカール氏は、それを変

えるには、鞭と罰のほうが良いと言う。他に、活気のない、怠惰で無気力な子どもも、教師を絶望させる。これは、体質の弱さであり、栄養と配慮が足りなかったことが多い。活気のある刺激的な環境が、その子を矯正する最良の方法である。他に、反対に、豊かさと体の強健さが子どもを傲慢にしている場合もある。それを嘆いてはいけない。悪い行為は、精力に与えられた間違った方向付けの結果であり、その源泉は善良で健全であり、正しい道筋が欠如しているのだということを思い出してほしい。その源泉を枯らしてしまわないで、流れを変えなさい。訓育は、枯渇させることではないのである。

最後にピカール氏は、押さえつけられ枯渇された意志は、私にとって学校におけるもっとも悲しい光景である、と述べるのである。

われわれがこの講演の言説を強調したのは、それが正しい見解であるからだけでなく、アメリカの教育法の注目すべき特徴のひとつを明確に示しているからである。つまり、子どもの自由、自発性、活動性を重視していることが、道徳教育の第一の条件であり、教師の第一の義務とされていることを言いたいのである。

これは、理論だけではない。ピカール氏自身、その経営する学校で真っ先にこのことを実践したのである。彼の最近の公式報告では、すでに引用したような、そしていまや教育団体にも浸透しつつある諸原理が、ふたたびとりあげられている。彼は、真の訓育と誤った訓育、見せかけの秩序と真の秩序とを区別しようと、最近の報告でつぎのように述べていた。

「有徳、慈善、教養という崇高な理念を実現させるには、二つの方法がある。(ひとつは、教師自身が―訳者)絶えずそれに向けて行動し、次いで、生徒自身がそれらの理想へと全力で向かい追い求めるように、事例と教訓で導くことである。これが、真の訓育の原点である。しかし、悪い性向や悪行を、厳しい言葉や身体的苦痛の恐怖で押さえつけることは、単に動物的な力の勝利にすぎない。これら二つの方法のうち、第一のものが、子どもに救いとなる影響を与え、授業や休息、街中や家庭などの、

あらゆるところで、生徒自身の、誰にもみられていない行動において、生徒を取り巻き浸透し、守るのである。もうひとつの方は、脅すような視線が消え、教師の声が聞こえなくなるや、生徒を無秩序と放縦へと押しやるのである。前者が、子どものなかに人間の高貴な性格を形成するのに対し、後者は衰弱したものをつくりだすのである」。

ここから引き出すべき第一の実践的な成果は、ドイツとイギリスの教育で大きな役割を果たしている体罰の禁止ということである。ピカール氏は、5, 6年前から段階的に全面禁止を試みた。アメリカ精神にあっているのか、改革は「実験」のかたちで導入され、世間の良い評判を得た。鞭を擁護する人々の論議は、この古い方式を止めれば、訓育されていない膨大な数の生徒たちが学校に来なくなってしまうというものであった。しかし、鞭の禁止以降、逆に一時的な放校者数は減少したことが証明されている（1875年には、50,000人の生徒のうち127人の男子、8人の女子の「休校者」が報告されている。数年前の、鞭と叩き棒の体制では、その二倍近かった。）。

興味深いことに、宗教的色彩も社会的状況もまったく異なる他の州でも、このような奥深く高貴で高潔な主張がみられる。ピカール氏と同じく、ウィッカーシャム氏も道徳教育の観点から体罰に反対しているのである。彼もまた、子どものなかで道徳的感覚を発達させるもっとも確実な方法は、子どもに課す罰が効果的かつ明確に真の実践的な教訓となるよう、常に罰を過ちに釣り合わせるよう、綿密に考慮することだと、つぎのように述べる。

「われわれの学校では、罰は抽象的なのが通常だ。叩かれて、その意味がわかり、あるいは後で理解する子どもはほとんどいない。

脅し、ののしり、殴る、などの体罰は、同時に人間を傷つける。まるで馬を引くように、頭を叩く、平手打ち、これらはみな、過ちの原因にかかわらずすべての過ちを罰するために行なわれている。授業がわからない子どもは、耳を引っ張られる。本を破った子は、物指しで指を叩かれる。大声で騒いだ子は、片足立ちをさせられる。教師は気まぐれに、

鞭打ち、脅し、怒鳴る。気まぐれや気分以外の規則なく、罰の仕方を選んでいる。こんな罰で子どもが良くなるわけがない。子どもは、その罰が正しいとは感じないし、自分の過ちとの論理的かつ倫理的つながりがわからないからだ。

　罰が子どもを矯正する真の方法は、子どもがそれを自らの行為の自然な連続として理解することである。

　子どもが校舎を壊したら、自然な罰は、子どもが破損箇所を修繕することだ。遅刻したら、授業後あるいは休息時にその分居残ることだ。授業がわからなかったら、翌日にはわかるように努力することだ。他人の邪魔をしたら、他の生徒から離して置かれることだ。床を汚したら、清掃することである。休息時、喧嘩や争いしかしなかったら、しばらく他の子と遊ばせないことだ。嘘をついたら、もはや信用してもらえなくなることが罰だ。はしたない言葉を使ったら、仲間から離され、そのことが如何に有害か考えさせることだ。教師に対して乱暴や反抗したら、強制的にしたがわせるか追い出すことだ。これらはみな、罰の動機と意味をよく理解させるために必要な説明を伴ったもので、鞭、殴る、あるいは抽象的な罰よりも、生徒全員を道徳的にすることだろう」。

　このような実際的な勧告、また古い悪習への手厳しい批判に加え、このペンシルバニアの教育学者は、すでに引用した書物において、公立学校における道徳教育についてのひとつの完璧な議論を展開している。そこには、この主題に関する注目すべき叙述が、数頁みられる。

　われわれは、短縮することは許されても削除は非難されるような引用で、その基本的な主題を以下にまとめよう。

　「学校における無秩序を予防することは、学校当局にとって当然のことであるが、邪悪に対して自分自身で身を守るように生徒を訓練することは、いっそう望ましい。矯正が必要なものをすべて矯正することは良いが、生徒に自らを質し、良心の内なる法則によって自分自身を制御す

るように習慣づけることは、さらに良い。生徒たちに、自分たちの義務を遂行させるだけでは不十分だ。生徒たちには、その義務を、義務によって果たすようにさせることが重要である。十分ではないけれども、常に追求すべきは、こうした目的である。

この目的に達するためには、子どもの注意を以下のような三つの事柄に向けさせることが必要だ。つまり、子どもは下記の条件を満たした時にのみ、善をなすようになるだろう。

1. 何が良いか、『知っている』こと。
2. 良いことを『感じている』こと。
3. 良いことを『望んでいる』こと。

換言すれば、教師の任務は、子どものなかに、以下のようなものを同時に発達させることである。

1. 義務の観念と、自分たちのあらゆる義務について知ること：（校則が、例えば、登校時刻、入口、下校時刻など、それ自体は無意味なことを禁じたり守らせたりするなら、それらに受動的かつ盲目的にしたがわせる代わりに、その規則の理由を説明するべきである。全般的な規則：常にその良心に訴えることを習慣づけること）。
2. 道徳的感情（具体的な事例だけが、子どもたちの心に働きかける：祖国に命を捧げた愛国者、負傷者の手当てをするサマリア人、死刑執行人のために祈る救世主、これらはもっとも純粋な衝動を呼び起こす適切な題材である。われわれの学校になじみのあるジョージ・ワシントンと手斧の話は、最高の格言を何度も聞かせるよりもずっと、子どもたちを真摯な態度にさせるだろう。心を込めて行なわれる道徳の授業が、子どもの心にまっすぐ入り込み、その想像力のなかに刻み込まれる時があるが、その瞬間を予測するのが、教師の技術である。宗教的儀式、賛美歌、祈りは、道徳的教養が果たせないものを達成する）。
3. 善をなす意志（生徒たちに、自分で始めたことを完遂するように習慣づけること。粘り強い精神を激励すること。性格形成のための子どもの努力に共感すること。道徳的に卑劣な行為の恐ろしさを具体的事例によって子

どもたちに教えること。何よりも、子どもたちを決して屈服させず、優しく善へと導き、説き聞かせ、人から望まれていることを自分で望むようにさせること)」。

　これらのしっかりした原理について、万博の陳列、報告書、展示された資料のなかに、その達成された成果がみつかるであろうか？　あきらかにその成果は、それ自体の性質により、明白には表れないだろう。

　しかし、展示された一連の宿題（作文か？　—訳者）からは、全般的な実態がみえる。それは道徳教育の問題を根本からあきらかにするものではないが、収集するだけの価値あるものである。すなわち、アメリカの教育が常に自由な意志に訴え、それを受動的な服従に屈することなく、それを理性の法則にそれ自身でしたがわせるように努めているということである。

　アメリカの青少年の道徳教育について語る、或る著名な女性が、その標語としてつぎのように述べている。「決められた義務を決められた仕方でいくつも遂行するよりも、たったひとつでも自発的かつ良心的に遂行することのほうが、ずっと進歩的である」と。だから、アメリカの展示にある生徒の宿題の膨大なコレクションを見て回ると、われわれは、様々なかたちで現れる自由、率直、陽気、熱意、大胆さに、何度も驚かされた。幼い子どもの文章をみても、まったく正確にペンをとっている。その子たちが書くものを読んでも、まさにその年齢らしい、その子たち自身の感情で書かれている。その子たちの教育は、楽しく自由な開花であり、あらゆるものが、幸福、明るさ、品位、良きユーモアをはっきりと示している。あらゆるかたちの偽善、隠し立てた心、気詰まり、強制と圧迫の感情から絶対的に守られていると言える体制、それがアメリカの学校の体制である。

　多くの事例から、またひとつ引用しよう。クリーヴランドの展示にあった四巻の報告書には、視学官による両親と子どもへの質問とその回答が載せられている。両親への質問は、その子どもたちには果たすべき義務が非常にたくさんあるか、たくさんか、あるいは少ないか、子どもたちには遊び、読書し、散策する時間があるか、子どもの健康はそれらに耐えられるか、そして

子どもと両親が教育課程の改定を望むかなどが問われていた。子どもたちには、その学習への質問の他、どれだけ、またどんな読書をしたか、どれがもっとも面白かったかなどの質問がある。これらすべての質問に、子どもたちは常に正確とは言えないが、少なくともたいへん明確に自分の言葉で答えており、一人ひとり、楽しかった本の名前を書き、あるいは長時間かけても読めなかったことを無邪気に告白していた。なすべき義務が多すぎると不平を述べた子もいた。それでも、また逆に、少なすぎると不満を述べる親もいたのである。

このように、子どもに意見を問いただすという発想は、アメリカ人にとっては当たり前で、少しも奇妙なことではない。子どもに問いかけるだけでなく、わが国ではそんなことをするのは滑稽か危険と思われるような年齢の子どもの言うことに耳を傾け、その意見を考慮するのである。子どもに率直に語らせることがあまりにもかけ離れているので、それはヨーロッパの原理や方法に衝撃を与えた。子どもはすべてを判断し、あらゆることを語り、あらゆることが許されている。子どもに与えられる書物、語りかける調子、語る事柄は、子どもをできるだけ早くから大人として扱おうとしていることを示している。子ども期のこうした早熟な開花にもっとも不満をもつ人々でも、またそれを刺激している。たとえば、禁酒協会の熱心な支持者たちが、子ども向けのお話のなかで、二人の子どもがその祖父のラム酒への執着を発見し、ある日祖父をその誘惑から避けるために瓶を盗み川に捨てに行くことを話すこと以上に良いものをみつけられなかったことなど、その例である。わが国の道徳では強く非難されるようにみえるこうしたとりあつかいは、アメリカの道徳からは、いくらでも引用できるのである。

展示されたノートからも、生徒たちに許されたこうした過度の自由と生徒たちの振る舞いが見て取れる。ヨーロッパなら「尊敬が消え去ってしまった」と言うところだが、合衆国では何と言われるだろう？ たとえば、生徒たちが楽しんだ旅行を教師に語るような話であり、また、教師や両親へのいたずらっぽいあてこすり、などである。

また、自分たちの義務を機知に富んだ、しかしかなり大胆かつあぶない絵

画で描いた生徒たちのノート集もある。これらは、少なくとも授業中の生徒の態度としては、模範となるものではないだろう。

　しかしながら、今日ではこうした「無礼」の不都合が広く知れわたっているにもかかわらず、より権威的な教育体制を再建しようと望むアメリカ人は、ほとんどいない。彼らは、この自由さ、率直さ、並外れた活発さ、自発的な主体性と大胆さのなかに、不都合よりも利点を見いだしているのである。そして、このような教育が子どもたちに与える、荒々しさ、大胆さ、危険な無謀さを甘受しているのだ。そうした教育は実際、手のつけられないような「少年」を生み出すけれども、そうした「少年たち」もまた、この教育によって大人になるのであり、全体としては、教育の理想はそこにあるのである。

第5章 万博における「道徳・宗教教育」に関する視察報告

課題設定

　本章においては、すでに前々章および前章において、その全体的な概要と特徴をあきらかにしたウィーン万博報告書とフィラデルフィア万博報告書において、万博（学校博覧会）出展各国の初等教育における道徳・宗教教育がどのようにとりあげられ、叙述され、そこに如何なる特徴がみられるかという点について検討する。この作業は、第三共和政1880年代教育改革においておもに教育内容（課程）の観点からみてその改革の重要な位置をしめることとなる「道徳」および「宗教」の教育を具体的な対象としてとりあげ、ビュイッソンが両万博および実際の学校（教育）現場の視察からこれらの教育について何を学び取っていたのかという点についての検討であり、のちの改革構想（改革論）と如何なる点において関連するものであったかを検討するものである。具体的には、①これら二つの報告書における道徳・宗教教育に関する視察報告の内容構成と概要を紹介し、②それぞれの叙述における基本的な特徴をあきらかにし、これらをふまえて、③報告書執筆時点におけるこの教育領域に関するビュイッソンの課題意識について検討・解明すること、の三点を課題とする。

　すでに検討したように、ビュイッソンに関する先行研究は、そのほとんどがウィーン、フィラデルフィア両万博の報告書についてふれてはいるが、それらの具体的内容の検討にまでは踏み込んでいない[1]。彼の事跡をもっとも詳細に踏査したギサ・ペイルも、ウィーン万博報告書は「教育方法における『直観的方法』および初等教育の行政的統計の確立」を強調し、フィラデルフィア万博報告書は、「アングロ・サクソンの教育の真の全体像」を示し「もっと

も理論的な側面から具体的で平凡なところまで報告している」とするのみであったこと[2]も、すでに論及したとおりである。ただ、エアの近年の論考(解説)のみがフィラデルフィア万博報告書について、「アメリカの教育制度を研究することによりビュイッソンは、一般(普通)教育と、とくに道徳教育が近代民主主義にとって如何に重要であるかを強調している」と指摘する点が注目される[3]。しかしながら、これもその具体的な内容についての検討もなく、概要の紹介さえしていない。また近年の上垣の論文は、第三共和政初期の道徳教育改革へのビュイッソンの関与をとりあげているにもかかわらず、ビュイッソンの主要な教育関係著作を使用しておらず、その論考のほとんどがギサ・ペイルの著書(博士論文)に依拠しており、万博派遣についても、その報告書についてもまったく検討していない[4]。本章での検討は、先行研究のこのような間隙をうめ、事跡研究および思想形成過程研究、さらには第三共和政教育改革史研究にさらなる蓄積を試みるものでもある。

第1節　ウィーン万博報告書における道徳・宗教教育の報告

(1) 報告の構成と概要

　ウィーン万博報告書では、その第6章が「道徳および宗教教育」にあてられている。原文には小見出し等による区分はなされていないが、内容は大雑把に整理すれば、万博出展(展示)物全般についての基本的特質の指摘、ついで全体にわたる、①教育主体の違いによる二つの教育方式の分類と紹介、②教育方法の二つの分類と紹介、そして実際に展示されたテキスト類の具体的な紹介とコメント、という三つの部分から構成されている。以下、その概要をまとめ、紹介しておく。

　まず、この「道徳および宗教教育」という領域の特徴として報告書は、「その本質そのものから」、感覚でとらえられるような展示物にはなりにくいことを認め、それゆえ実際の展示は、「教育計画と特別な規則、かなりの数のテキスト——これには教師用と授業で用いるものとがある——などによって展示されていた」ことを指摘する。そのうえで、「宗教教育の現在の仕組み

はどうなっているのか、そして現代の教育学(教授法)が導入しようとしている精神は何か」という点について「概観」しようと、その対象の特質と報告の主題をのべている[5]。その際、報告書がまず注目するのが、教育の主体による相違である。具体的に引用すれば、「(出展した国々は—引用者)どこでも、道徳および宗教教育は教育課程の筆頭に置かれている。その重要性についてはどこでも一致して認められているのだが、その方式については、そうではない。現在のところ、二つの方式が存在する。ひとつは、宗教教育を教員に委ねるもの、他方はそれを聖職者に任せる方式である」[6]。前者、すなわち宗教教育を教員に委ねるのは、フランス、ベルギー、ポルトガル、イタリアの「カトリックの国々」であり、またプロテスタントの国々では、スウェーデン、ザクセン、プロイセン、そしてスイスの一部であるという[7]。後者、すなわち宗教教育を聖職者に任せる方式は、ヨーロッパではオランダで始められたもので、「場所は自由で時間は決められているが、いわゆる授業時間外とされており、この宗教教育の授業に子どもを出席させることは各家庭に任されている」方式である[8]。報告書は、こちらの方式について、おもにスイス(チューリッヒ、ヌーシャテル、ジュネーヴ)の教育法規(規程)とアメリカ合衆国の「シカゴの公立学校学習計画」を具体的に引用・紹介し、「宗派的な宗教教育」が公立学校の授業時間外に行なわれていることを詳細に紹介している。以下、合衆国についての紹介部分から、引用しておこう。

「合衆国でも長いあいだ、様々な宗派に属する子どもたちが公立学校に在籍していることから、同様の体制になっている。つまり、短いお祈り、注釈なしに聖書を数行読むことが、共通に行なわれる唯一の宗教的儀式であって、宗派的な教育は、様々な教会によって、学校の授業時間外に行なわれるのが大勢となっているのである」[9]。

これに続けて報告書は、「道徳および宗教教育を必修の学習領域としている国々で」教育課程を詳しく編成しているところでは、「二つの教育学的傾向」がみられることを指摘する。すなわち、ひとつは「古い方式で、本質的

に記憶術的で機械的な傾向」、そしてもうひとつが「新しい方式でまったく直観的で実践的かつ教育的な傾向」であり、大多数の国々は後者の傾向、すなわち報告書の言葉を引用すれば、「宗教もまた、心、良心の一種の直観によって、如何に学ばれ、理解され、感じ取られるかを説明しようとするもの」[10]であった。その具体例として、プロイセンの学校規則、バイエルンの小学校教員の著書『バイエルンのカトリック学校のための教本（*l'Abécédaire pour écoles cathoriques de Bavière*）』がとりあげられ、後者についてはかなりの部分を引用して紹介している。そのほかにも同様な傾向として、スイス、スウェーデンの学校の事例があげられている。これら全体をとおして報告書が強調するのは、「教員に遂行が求められているのは、道徳および宗教における一種の牧師である」こと、「教員には、子どもの『神についての感覚』を覚醒させることが、知性の実践的な力の覚醒とともに求められている」ということであった[11]。

最後に報告書は、「展示された宗教教育のためのテキスト類」について概観している。具体的には、聖書の内容をやさしく簡潔にまとめたものが「評判の高いもの」とされ、プロイセン、フランスのものが紹介されている。とくにフランス・アシェット社の「聖史」のテキスト──残念ながらその書名は明記されていない──は、「古典芸術の複製画を子どもたちに眺めさせながら、聖書のあらゆる場面を示そうという意図」にもとづくものとして、高く評価されているのである[12]。

(2) 報告の基本的特徴

以上、簡単にこの領域に関する報告書の構成と内容を紹介したが、ここでその基本的な特徴を大きく四点にまとめて、具体的に指摘しておく。

第一に、「道徳および宗教教育」という標題にもかかわらず、ここで実際にとりあげ紹介・解説している対象が、ほとんど宗教教育に限定されていることである。これは、万博出展各国の現状、すなわち「道徳教育」が何らかの特定の「宗教」の教育に依拠していた、あるいはそのものであった、当時の実態を反映するところであると思われるが、ビュイッソン自身、とりわけ

明確な分別をせずにほとんど一括して「宗教教育」としてとりあつかい、表現していた点にも注意しておきたい。

第二に、スイスとアメリカ合衆国の事例の紹介・引用が、きわめて多いことである。どちらも宗教教育を聖職者に任せ、学校の授業時間外に位置づけている事例としてとりあげられているのであるが、それが「学校の『世俗性（ライシテ）』原理」を示すものとして解説されている点が重要である。これについてビュイッソンの報告書は、つぎのように述べている。

　「われわれがここで紹介してきた様々な法規が、キリスト教に対する無関心や敵意の精神から触発されたものと考えるなら、それは間違いである。学校の世俗化がもっとも徹底的に実施された国々でさえ、教育に関する正式な指示によって、そうした誤った解釈を予防しようとしてきたのだ。すなわち、それらの国々は、本質的にはキリスト教的な教育によって生徒たちの道徳的感覚と宗教的感覚の発達に専念しつつも、教義的な教育は排除できることを教員たちに対して強調しているのである」[13]。

第三には、宗教あるいは道徳教育を教員に委ねている国々、とりわけプロテスタント諸国の現状紹介で、その教育において教員の果たすべき役割の重要性について、多くまた強調的に紹介していることである。その「もっともラディカルな」教育法規の事例として報告書は、スイス・ヌーシャテルの教育法規を紹介している。それはすなわち、「教員は生徒たちに、学問の無味乾燥な知識を与えることにとどまってはならず、生徒たちの心を、美しく、善く、道徳的なあらゆる事柄へと向けるように努めなければならない」[14]と規程する。また、アメリカについてもさきにあげた「シカゴの公立学校学習計画」の紹介において、「学校当局が教員に示している勧告は、以下のとおりである」として、つぎのように引用・紹介しているのである。「教員にとっては、多くの用心と努力が求められている。この教育においては、教員は何よりもまず、自分自身が生きた模範となるよう心がけなければならない。すなわち、善、優しさ、思いやり等々に関するあらゆる読本、あらゆる授業、

これらが、荒っぽい一言やちょっとした激怒、あるいは自分勝手な行動によって相殺されてしまわないように」[15]。

最後に第四として、この領域においても「直観的方法」を高く評価している点である。これはさきにあげたプロイセンの学校規則、バイエルンの学校教員の著書、さらに展示されたテキスト類の紹介においても、あきらかな特徴である。ここでは、この「方法」を教員の役割ないし「力量」に依拠するものとして、報告書がとらえていることに注目する。具体的には、バイエルンの教員の著書の紹介のあとで、以下のように述べている点である。「教員の職務は際限がなく、その権限も初歩的な教育の技術的な知識の教授に限定されるものではない。つまり、子どものなかで何らかの精神的な力、感情、想像力、判断力、反省、良心、意志などを発達させ得るものすべてが、父親の真の代理人としての教員の力量によるのである」[16]。

このように、ウィーン万博報告書においては、道徳および宗教教育という表題をつけながらも、実際には宗教教育中心に紹介・評価がなされていること、とくにスイスとアメリカ合衆国における事例、すなわち教育の世俗化原理が貫徹されるなかでのこの領域の教育についての紹介に多くが割かれていること、そしてこの領域の教育における教員（個人）の役割の重要性が強調されていたこと、などの特徴があきらかになった。つぎに、その3年後のフィラデルフィア万博における同じ領域の教育について、どのように報告がなされ、また如何なる特徴がみられるか、検討する。

第2節　フィラデルフィア万博報告書における道徳・宗教教育の報告

(1)「第22章　宗教教育について」の構成と概要

フィラデルフィア万博報告書では、道徳教育と宗教教育の報告が分割され、それぞれがひとつの章となっており、執筆者はいずれもビュイッソンである。まず、宗教教育に関する報告からみていこう。

本章は、その半分以上が歴史的素描である。その対象は大雑把に、「教会

と国家の分離を促進する宗教的自由の体制」の形成過程、および、実際の初等学校における宗教教育の展開過程、具体的にはプロテスタントとカトリックの相克の過程、に分けられよう。そして報告の最後に、当時の現状について、ごく簡単にふれている。したがって、大きくは三つの部分から構成されている[17]。以下、それぞれについてその概要を紹介する。

はじめに、本章が「（合衆国の―引用者）起源にまでさかのぼり、2世紀半にわたる宗教的問題のあらゆる展開を探る」歴史的素描からはじめるのは、アメリカ社会の宗教的状況、とくに学校におけるその問題を「冷静に」判断するためであると、この叙述方式の理由が述べられている[18]。有名なメイフラワー号の「ピルグリム・ファーザーズ」からはじめる歴史的素描は、ロジャー・ウィリアムズからウィリアム・ペンの思想と活動の紹介を介して、信仰の自由の原則の確立により、「ヨーロッパの多くの国が決して体験しなかった状況のなかで、宗教問題に終止符が打たれ、解決された」ことを描いている[19]。ここで注目されるのは、その「解決」の具体的内容、および報告書がそれを、フランス人にはとりわけ理解が困難なものであるとしていることの、二点である。このことを同時に示す部分を以下に引用しておこう。「とくにわれわれにとってもっとも困難なことは、現在も多くの人々のあいだで生き続けている、宗教的な信仰に関する根本的な協調、しかも反宗教的な意見さえ含むあらゆる意見に対する良心的な尊重にかかわる根本的な協調の態度を正しく理解することである」[20]。ここに言う「協調の態度」が、すなわち「宗教的自由」ないし「信仰の自由」の原理であり、合衆国ではその歴史のなかでこの原理が確立され、現在では学校における宗教教育の問題もこの「視点」から「独自の解決」がなされているとして[21]、以下、実際の学校教育の問題へと叙述を展開させていくのである。

ここで報告書が強調するのが、アメリカにおける「公立学校」に対する国民の基本的な認識であり、これ以降、報告書が扱う学校教育における宗教教育に関する問題はすべて「公立学校」に限定されている点に注意したい。この公立学校に対する国民の認識を報告書は、「それは公益のための施設であり、国民生活になくてはならないものと認められた機関」であって、「市民

を形成」するものであり、「学校の使命は、これをこえるものではない」と認識されており、それゆえに「州は家庭にとってかわったり、子どもたちにあれこれの宗教的信仰を押しつけることはできない」ものである、と説明する[22]。これをふまえて、報告書はアメリカ合衆国における学校と宗教の関係ないしあり方の基本について、つぎのようにまとめている。「われわれはこの問題について、あらゆる階層の人々、あらゆる意見の人々に聴いてまわった。この基本的な原理、すなわち、州には、学校をはじめ公的な施設において宗教に関して干渉する権利も義務もない、という原理に反対するものはひとりもいなかったのである」[23]。このように報告書は、合衆国では公立学校を「世俗的かつ非宗教的な施設」とすること、そしてこれが、学校における宗教教育問題に対する合衆国独自の解決であったことを強調しているのである[24]。しかしながら、このことはあくまで「理論的な」解決であって、現実または実際にはこの問題はいまだに未解決であることを、報告書は続けて述べている。それは、さしあたりプロテスタントとカトリックの相克の問題である。この点について、報告書の内容を簡潔にまとめれば、およそ以下のようになるだろう[25]。

　伝統的に国民の大多数を占めてきたプロテスタントにとって「聖書」は特定宗教の聖なる書物なのではなく、普遍的な道徳の規則（集）であり、すべての文明人に必要不可欠な書物であった。それゆえ、合衆国の学校では実際には聖書の一部を「注釈を加えずに」毎日読ませるという「習慣」が成立・存続していた。これに対し、おくれて渡米してきた新たな移民とともに数を増したカトリック信者の側から非難の声があがる。このような「習慣」はカトリック信者の子どもたちにプロテスタントの教えと実践を「知らぬ間に」押しつけ、したがわせることになるというのである。ここで、カトリックの人々が抗議したのが、「良心の自由」「信仰の平等」そして「公立学校の（宗教的―引用者）中立性」の名の下においてであった。これには、プロテスタント側も即座に賛同せざるを得なかったのだが、現実には両者の言い分を満足させる解決はたいへん困難で、今日にいたるまで未解決のままである、というのである。それゆえ、現在でも公立学校においていまだにわずかながらも宗

教的な活動が存続していることを認めながら、報告書はつぎのように、曖昧な締めくくり方をしている。「実際のところ、真実は、教員の個人的な行為が決定的であるということだ。学校は教員そのものなのであり、教員が宗教的であれば学校もそうなるし、教員が無関心なら学校もそのようになるのである」と[26]。これは、学校における宗教教育の現状に関する言及であり、この点に関しては、報告書もこのようにあいまいな報告をするにとどまっているのである。

以上を要約すれば、合衆国においては、公立学校は世俗的かつ非宗教的な施設と一般に広く認識され、「本質的には『非宗教的』である」[27]ということになるが、その説明において、それは「他の信仰を排除して、ただひとつの信仰のみに属し貢献する性質をもつ施設への公のあらゆる出費の拒絶という意味」[28]であるとされる基本原則によるものであると、繰り返し強く確認されていたことに、注目しておきたい。

(2)「第23章 道徳教育」の構成と概要

本章では、道徳教育のみをとりあつかっている。やはり小見出し等による区分はないが、内容は大雑把に整理すれば、政教分離の原則の確認および道徳教育との関連からはじまり、合衆国において道徳教育が困難かつ緊急の課題とされる状況と、その原因の紹介と分析、その解決策としての新しい道徳教育の模索の状況・改革動向の紹介と分析、そして最後に、その改革動向にみられる基本原則を実際の万博における展示物で確認した成果の報告、に分けられる。それぞれ膨大な資料——著書、会議録、講演録、雑誌論文・記事、視察・見聞の記録、展示物の報告等々——からの引用が豊富になされている。以下、およそこの順序にしたがい、それぞれの概要を紹介しよう。

まず、合衆国における政教分離の原則が(公立)学校における道徳教育の実際におよぼす影響についてである。このことを報告書は、「ヨーロッパ、とりわけフランスとドイツでは、教育課程、諸規則および施設の精神そのものが道徳教育を宗教教育に緊密に結びつけ、むしろ従属させている」のに対して、合衆国では、「状況や情勢の論理的必然性が、宗教から分離した道徳

教育を組織することを必要としている」とし、その「必然性」いわば原因は、「宗教（教育―引用者）が公立学校において禁止されているからである」と説明する[29]。では、そのような道徳教育の組織化の必然性が十分に満たされているかといえば、「われわれには、そうは思われない」と、報告書は判定している[30]。こうした判定を下す理由の論述が、合衆国において道徳教育を困難にしている状況ないし原因の分析へと続くのである。

　この原因について、報告書の論述はややあいまいではあるが、およそつぎの四点を指摘している。①青少年に対する家庭と教会の影響力の弱さ、やや重複するが、②父親と母親、そして教員の権威の無さ、③青少年の早熟な成長、これは、子どもたちが早くからあらゆる階層・年齢・性・出自の仲間たちと自由に絶え間なく接触する社会環境も指している。そして、④「合衆国特有とはいわないまでも、驚くべき広がりをみせている」ものとして、子どもたちが「学校を終えるやいなや」遭遇する社会的な害悪（邪悪）の存在、の四点である[31]。道徳教育の実践を困難にしているこれらの状況の存在を指摘しつつ、これらの存在がまた、新たな道徳教育を求める動機にもなっていることを、報告書は様々な資料を紹介・引用しながら述べている。たとえば、ペンシルバニアの視学官の公式報告書から、つぎのように引用している。「われわれが邪悪を追放できるのは、それが良く管理されていれば、われわれの学校によってである。……（中略）……そのためには、学校における道徳教育が、まったく新たに展開されなければならないのだ」[32]。報告書は、こうした様々な資料から、「アメリカの真の愛国者たちが邪悪の存在を指摘し、その解決策を求める洞察力と情熱」をみいだし、「学校における強い道徳教育への要求が、こうした真摯な精神をとらえて離さないのである」とまとめている[33]。報告書の叙述は、こうして「新たに展開され」る、あるいは「強い」道徳教育への模索、すなわち合衆国における道徳教育改革の動向そのものへと論を進めるのである。

　この点について報告書は、およそ三つの方法ないし方向性を指摘する。その第一の方途については、つぎのように端的に述べている。「すでにみたように、もっとも古くもっとも一般的な方法、つまり宗教から引き出す方法

は、アメリカの公立学校においてはすでに消滅するか、やがて消え去るであろう。教義的教育はもはや学校における市民権を失っているために無くなっているのであり、それゆえにまず、道徳を自然宗教あるいはキリスト教のあらゆる宗派、さらには唯心論哲学の共通の遺産である非常に一般的な信条に依拠させることが提起されたのである」[34]。つまり、特定の宗教あるいは宗派の教義にもとづくのではなく、キリスト教諸派および唯心論哲学に共通して承認される教えをもって、道徳教育を構築しようとする試みである。この方法に対して、報告書は直接的な評価は下していない。「ニューイングランドのもっとも有力な教育機関紙『教育雑誌 (le Journal d'éducation)』」の記事を、つぎのように引用しているだけである。「義務についての愛、勤労・活発さ・質素・時間の節約・正直・絶対的な誠実さ・『自制心』・他人の権利の尊重・順法の精神・清潔さ・善行・言葉の正しい使い方と丁寧さ・忠誠・慈善・愛国心・一般的な意味での宗教心、こうしたことの観念を子どもたちに教え込もうという考えに、異議を唱えるものはいるだろうか？」[35]。間接的ながら、この方法では道徳教育の内容が一般的で異議の出ない、それゆえ無味乾燥な徳目の列挙になってしまうことを消極的あるいは否定的にとらえていると考えられるのである。

　報告書のあげる第二の方法は、道徳についての体系的で科学的な教育、換言すれば道徳科学ないしは倫理学による道徳教育の模索である。これは、合衆国でも西部諸州にみられる傾向であるとして、報告書はつぎのように述べ、一定の評価をしている。「ドイツの影響の顕著なところでは、道徳についての体系的かつ学問的な教育をつくりあげることが熱望されている。アイオワ州の『ハイスクール』の生徒の数多くの作文が、そうした授業の展開について把握させてくれた。人間の本質、目的、義務についての知識を生理学と心理学から同時に、如何にして引き出そうとしているかをみることは、興味深いものであった」[36]。この方法については、執筆者のビュイッソン自身は、比較的好意的な評価をしているように思われる。しかし、続けてつぎのように述べるとき、合衆国における道徳教育革新に向けての努力の中心的な方向性、少なくともビュイッソンがそのように把握するものがこの方法ではなく、

第5章　万博における「道徳・宗教教育」に関する視察報告　169

第三のものであったことがあきらかとなる。それを示す報告文を、以下に引用しよう。

　「アメリカ教育の信奉者たちがもっとも期待しているのは、よく言われるような、倫理学の授業ではないことはあきらかである。この人たちは、個人の努力、実際の生活、具体的事例、学校の道徳的雰囲気のもつ親密で深く染み込むような影響力に、いっそうの価値を与えている。もっとも注目すべき努力がそそがれたのは、この方面である。教育集会(meetings scolaires)、教員研修会(Teachers' Institutes)、教育に関する様々な協会の会議において、そのもっとも多くの会員たちが語り、主張するのが、この方向についてなのである」[37]。

この「努力」を示すため、またその「方向」性の内実をあきらかにするため、報告書はおもに視学官の著書と講演記録、実践記録を引用・紹介している。その引用の冒頭で、つぎのように読者に注意をうながしている点が、その「方向」の内実を報告書すなわちビュイッソンがどのようにとらえ、また強調しようとしていたかを理解するうえで、注目される。「(この書の著者が—引用者)教員に対して、教員自身の行動において、直接あるいは間接的に生徒にとって悪い教訓、無神経さや道徳的な弱さの事例になってしまうものすべてを、どれほど深刻に、厳格に問題としているか、耳を傾けなければならない」[38]。ここには、道徳教育革新あるいは新たな道徳教育の確立において、その根本を教員の個人的な努力や指導力に求め、依拠しようとする「方向」性の内実、少なくとも報告書はそのようにとらえようとしていたことが述べられているのである。このことは、報告書が紹介する他の視学官の「公式報告」の引用箇所からも確認できる。それは、たとえばつぎのようである。「有徳、慈善、修養という高貴な理想が実現されるには、二つのやりかたがある。(まずは教員—引用者)自身が絶えずそれに向かって行動すること、ついで生徒たちをその理想に向かって全力で追求させるように、低次元の発想から解き放つように、事例と教訓で導くことなのである」[39]。さらに注目すべきことは、道

徳教育における教員のこうした個人的な姿勢・取り組み・努力を強調して紹介・引用する一方で、報告書はまた、具体的指導法のうえでは、子どもの自発性がたいへん尊重されていることも、合衆国の道徳教育革新の特徴のひとつとしている点である。この点は、同じ視学官の別の講演記録を引用・紹介していることからも、あきらかであろう。すなわち、「子どもを育てなさい、しかし服従させてはならない。指導しなさい、しかし、子どもの意志を決して打ち砕いてはならない。正義と誠実とを両立させるあらゆるやり方で、子どもの良い意欲とその性格の良さを引き出しなさい。子どもの権利を誠実に尊重しなさい。その過ちをやさしくただしてあげなさい。子ども自身のなかの自信を励ましてあげなさい。子どもを、真の共感をもって見守りなさい。そうすれば、子どもの共感があなたがたへと確実に応えてくるだろう」と[40]。このように、子どもの自立性・自発性を尊重しつつ教員個人が模範となるような姿勢・努力の重要性を主張する言説を引用したあと、報告書はつぎのように述べるのである。「われわれがこの講演を強調したのは、それの正しい見解のゆえだけではなく、それがアメリカの教育方法の注目すべき特徴のひとつを明確に示しているからである。われわれは、子どもの自由、自発性、活動性へのこうした尊重が、道徳教育の第一の条件であり、教員の第一の義務と考えられていることを述べたいのである」[41]。このように、報告書は合衆国の新たな道徳教育革新の「方向」の内実として、教員自身が道徳的事例の模範となり、かつ子どもの自発性・活動性を抑制することなく導いていこうとするところに見いだしている。そしてその総括として、さきのペンシルバニアの視学官の報告をふたたびとりあげ、それを「(合衆国の―引用者)公立学校における道徳教育の完璧な素描」として、「要約することは許されても削除することは当然非難されるような引用の仕方によってまとめよう」[42]とするのである。それは、およそつぎのようである。「教員の任務は、子どものなかに以下のことがらを並行して発達させること」であり、それは、①「義務の観念と自分たちのあらゆる義務についての認識」、②「道徳的感覚」、そして、③「善をなす『意志』」、という三つの力である。その指導にあたって教員が注意すべき原則としては、「常に子どもの良心に訴える」こと、「具体

的な事例だけが子どもの心に働きかける唯一のものであること」、「子どもを屈服・服従させるようなことは決してせず、やさしく善へと導き、説き聞かせ」ること、である[43]。

　以上の「まとめ」のあと、このような「原則」が実際の万博の展示物にどのようにみられるか、最後に報告書はこの点を概観している。報告書がとりあげる展示物は、具体的な生徒の課題ないし宿題(devoirs)であるが、その観察結果は、基本的には上述した「原則」の確認であった。実際の展示物（課題ないし宿題とは、具体的には生徒の作文であったと思われる）の性質上、子どもの自発性・活動性の尊重の側面を高く評価していることが、特徴的である。報告書は、つぎのように述べている。「展示された一連の課題（宿題）をとおしてみえてくる全般的な事実、それは道徳教育の問題を根本からあきらかにはしないけれども、情報を収集するものにとっては無関心ではいられない事実である。それは、アメリカの教育が常に自由な意志へと向かい、それを受動的な服従におしまげることなく、理性の法則にそれ自身でしたがうようにさせているという事実である」[44]。さらにまた、「アメリカの展示に含まれる生徒の課題（宿題）の膨大なコレクションをみてまわると、様々な形であらわれる自由、率直さ、陽気さ、熱意、大胆さに、われわれは幾度となく驚かされた。……（中略）……子どもに問いかけるだけでなく、わが国ではそうすることが滑稽もしくは危険に思われるような年齢の子どもの言うことに耳を傾け、その意見を取り入れる。子どもへの率直な話しかけ、および子どもに率直に話させようとすることがあまりにも強烈なため、それはヨーロッパの原理や方法に激しい衝撃を与えるのである」とも説明するのである[45]。

　以上のようにフィラデルフィア万博報告書におけるこの道徳教育の章では、政教分離の原則の下、特定宗教・宗派によらない道徳教育の確立をめざす合衆国の取り組みを紹介することが主題となっており、そこでとくに注目されたのは、新たな道徳教育確立の原則、具体的には、教員個人が道徳的模範となるよう行為する努力、子どもを規律等に抑圧的・受動的に服従させるのではなく、具体的事例の提示をとおしてその理性に働きかけ納得させていこうとする教育方法の基本的方針ということであったといえるであろう。

小　括

　本章では、ビュイッソンの執筆したウィーン万博およびフィラデルフィア万博報告書において、万博出展各国の初等教育段階での宗教・道徳教育がどのようにとりあげられ、叙述され、そこに如何なる特徴がみられるかという点について検討した。

　ウィーン万博報告書においては、表題は道徳および宗教教育としながらも、実際には宗教教育を中心に紹介と評価を行なっていたこと、とりわけスイスとアメリカ合衆国の事例、すなわち教育の世俗化が貫徹されている国でのこの領域の教育についての紹介に多くが割かれていたこと、そしてこの領域の教育においては、教員の個人的役割が重要な意味をもつことが強調されていたこと、の三点を特徴としてあきらかにした。また、それから3年後のフィラデルフィア万博に関する報告書においては、この領域の教育は、宗教教育と道徳教育に分割されて個別に報告されていること、それぞれの対象となる学校は「公立学校」に限定されていたことが、大きな特徴であった。そして、宗教教育に関する報告においては、合衆国における公立学校は「本質的に『非宗教的』」であるという学校教育の世俗化原則があらためて確認されていること、それを受けて道徳教育に関する報告においては、特定宗教に拠らない新たな道徳教育確立の模索が紹介されていた。そして、教員個人が道徳的模範となるよう行為する努力、子どもを抑圧的に服従させることなく、具体的事例の提示をとおしてその理性に働きかける教育方法をその基本原則として強調していたことを、あきらかにした。

　このことをふまえ、つぎには、教育方法の観点から、ビュイッソンがウィーン、フィラデルフィア両万博においてひとつの大きな潮流として注目し、おそらくは学ぶことによって形成していった、自らの教育学に関する見識を「直観的方法」についてとりあげ、それが如何なる構造と特質をもつものとして展開されていったのか、このことをあきらかにしたい。

註

1 たとえば、Hayat, P.: *La Passion.*, op. cit., p.20., Loeffel, L.: op. cit., pp.15-16, Dubois, P. et Bruter, A.: op. cit., p.47.
2 Gueissaz-Peyre, M.: op. cit., pp.217-218.
3 Hayat, P. (éd.): *Ferdinand Buisson.*, op. cit., p.69.
4 上垣豊、前掲論文。
5 Buisson, F.: *L'Instruction Primaire à L'Exposition Universelle de Vienne.*, op. cit., p.143.
6 Loc. cit.
7 Loc. cit.
8 Ibid., pp.143-144.
9 Ibid., pp.144-145.
10 Ibid., p.146.
11 Ibid., p.148.
12 Ibid., p.150.
13 Ibid., p.145.
14 Loc. cit.
15 Ibid., pp.145-146.
16 Ibid., p.148.
17 Buisson, F. (éd.): *Rapport sur L'Instruction Primaire à L'Exposition Universelle de Philadelphie.*, op. cit., chapitre xxii, なお、本章の後半は第二部として「日曜学校」についての詳細な紹介となっているが、ここでは考察の対象としない。
18 Ibid., pp.451-454.
19 Ibid., p.454.
20 Loc. cit.
21 Loc. cit.
22 Loc. cit.
23 Ibid., p.455.
24 Ibid., p.456.
25 Ibid., pp.456-462.
26 Ibid., p.463.
27 Ibid., p.456.
28 Ibid., p.462.
29 Ibid., p.477.
30 Loc. cit.
31 Ibid., pp.477-478. なお、この「邪悪」について、具体的には、窃盗、酩酊、風

紀の乱れなどから公金横領などの政治的スキャンダルまで広くとりあげている。
ibid., p.478.
- **32** Loc. cit.
- **33** Ibid., p.481.
- **34** Ibid., p.482.
- **35** Loc. cit.
- **36** Loc. cit.
- **37** Ibid., p.483.
- **38** Loc. cit.
- **39** Ibid., p.486.
- **40** Ibid., pp.484–485.
- **41** Ibid., pp.486–487.
- **42** Ibid., p.488.
- **43** Loc. cit.
- **44** Ibid., pp.488–489.
- **45** Ibid., pp.489–490.

第6章　直観教授論の展開

課題設定

　本章においては、すでにこれまでの検討、とくにウィーン万博報告書に関する全体的な検討において指摘した「直観的方法」をとりあげ、これをビュイッソンにおける教育方法（教授法）に関する思想として考察する。具体的には、ウィーン万博、フィラデルフィア万博、そして1878年パリ万博の時点におけるビュイッソンの言説を素材として、この「直観的方法」に関するビュイッソンの思想の深まり、発展の過程を追跡することをとおして、その思想の構造と特徴をあきらかにしていく。さらには、この点に関する複数の同時代人の思想（論）と簡単な比較を行なうことで、1880年代に展開される教育改革論への展望を得ることを課題とする。

　この問題に関する先行研究の動向・傾向については、すでにウィーン万博、フィラデルフィア万博両報告書に関する検討において概観したとおりであり、第三共和政教育史研究はもちろん、ビュイッソンに関する先行研究においてもまったく未開拓の問題である。本章もまた、ビュイッソンの経歴に関する部分においては、とくにギサ・ペイルとルッフェルに多くを負うものである。しかし、前者は教育の問題にはほとんど触れていないこと、後者はビュイッソンの教育学ないし教育思想の形成過程について十分な検討を行なっていないこと、とくに本章の主題とする直観教授に関する思想については時代的にも異なる様々な史料を総合した俯瞰的考察になっていること、などの不十分な点が認められる。本章は、思想形成の過程を時系列に即して追跡することにより、こうした研究の不備と間隙をうめるものである。

　ここでは、ビュイッソンの直観教授に関する思想の形成・発展の過程を

1870年代の著作、具体的にはウィーン万博報告書、フィラデルフィア万博報告書およびパリ万博における講演記録[1]を一次史料として検討し、彼の直観教授論の基本的な構造と特質をあきらかにする。これが、本章の中心分を占める。これらの史料のうち、万博関係についての研究状況はすでに検討した。パリ万博における講演記録は、これもまたビュイッソンに関する先行研究においてわずかに書名が登場する程度であり、内容の検討・分析はもちろん、概要紹介さえされていない史料である。これらの史料による検討をふまえ、彼にとって先人でもあり同時代人でもあったジュール・フェリー（Ferry, J.: 1832-1893）およびパプ・カルパンティエ（Pape-Carpentier, M.; 1815-1878）の直観教授に関する見解との比較を試みることで、その思想の特質をより明確にするとともに、1880年代の教育改革に関する言説（改革論）への発展を考察する。

第1節　万博報告書等にみられる直観教授に関する見解

本節では、1870年代の諸著作（報告書・講演記録）にみられるビュイッソンの直観教授に関する見解の展開を史料にそって時系列的に追跡し、その特質をあきらかにしていくことで、彼の直観教授論の形成過程ならびにその構造と基本的特質をあきらかにする。

(1)　ウィーン万博報告書にみられる直観教授に関する見解

スイス（ヌーシャテル）亡命からパリ・コミューンの崩壊、第三共和政の成立という激動の時期を経て、1872年にビュイッソンはセーヌ県初等視学官に任命され、「その肩書きを保持」したまま、ウィーン万博におけるフランスの学校教育関係展示の組織ならびに各国教育事情に関する調査と報告書の作成という任務につく。この任命の背景には、多くの先行研究が指摘するように、普仏戦争後に蔓延したフランス民衆教育の立ち遅れへの多大な危機感があったことは言うまでもない。このときビュイッソンによってまとめられたのが、すでに全体的な特徴について検討した、ウィーン万博報告書である。

この報告書についてルッフェルは、ビュイッソンがこの万博において、「感覚による教育の手順(procédés)」「直観の訓練(exercices d'intuition)」「実物教授(leçon de choses)」「視覚教材による教授(enseignement par l'aspect)」、そして「視覚教授(enseignement par les yeux)」と区別した「直観的方法」の「正当性」を確信したと指摘している[2]。ここではこの指摘するところを確認するとともに、それにとどまらず、さらに踏み込んで、この報告書作成の時点においてビュイッソンは直観教授(直観的方法)について、具体的にどのように認識していたのかをあきらかにする。

報告書で直観教授を直接とりあつかっているのは、第4章であり、その内容は大雑把には、①「直観的方法」の概念、用語の整理と説明、②その歴史の素描、③ウィーン万博での実際の展示の解説、に分けられる。それぞれに特徴のある内容が様々含まれているが、とりわけ注目されるのは、つぎの二点である。ひとつは、①の冒頭で「『直観』という用語について、時として教師が混同する二つの観念を区別しなければならない」として、「方法(méthode)」と「手順(procédés)」を峻別している点である[3]。「手順」には、ドイツの「直観科(exercices d'intuition)」、アメリカの「実物教授(leçon de choses)」そしてフランスの「視覚教材による教授」や「視覚教授」などがあり、「たいへん広く普及している」が「初歩的な手順」にすぎず、「直観的方法」の「応用」にすぎないとするのであり[4]、この点がルッフェルの指摘するところである。第二の特徴として、歴史的素描においてジャコト(Jacotot, J.; 1770-1840)をとりあげ、高く評価している点があげられる。「以前から直観の思想に慣れ親しんできた(ドイツの—引用者)教育学者たち……(中略)……ジャコトの原理のなかに直観の新しい理解の仕方とそこから最良の利点を引きだす方法を見いだした」。ジャコトの教育論からドイツの教育学者たち——その具体的人名は明記されていないが——をとおして「直観的方法」の原理が確立されたと論じ、その「方法」の核心を「子どもが自分自身で観察、推察、比較する」こと、「自発的に学ぶ」ことにおくのである[5]。このことは、この万博での実際の展示物の紹介において「セーヌ県公教育局長グレアール氏の刊行した『パリにおける初等教育の状況に関する報告(*Rapports sur la situation de l'éducation primaire à Paris)*』をとりあげ、そこにおいて「直観的方法の定義そのもの」があるとしている点と共通する。すなわち「(子どもたちを—引用者)見せたいものを『発見する』ように導くこと、推論することに慣れさせること、見つけ観察させること、一言で言えば、子どもの理性を絶え間なく働かせ、知性をめざめさせておくことである」とするのである[6]。ここに、子どもが自分自身の目で見て、観察し、推論・比較そして考察していく自発性ないし主体性の重視とその主体性の形成をめざす直観的方法の原理が自覚されている。ここに、この原理を基準として「手順」と「方法」とを峻別しようとするビュイッソンの、この時点での直観教授に関する認識が示されているといえる。

(2) フィラデルフィア万博報告書にみられる直観教授に関する見解

　ウィーン万博から3年後、1876年5月、アメリカ独立100周年を記念するフィラデルフィア万博での学校博覧会への視察団派遣が議会で決議され、その長にビュイッソンが任命された。この視察団は同年7月にフィラデルフィアに到着、万博に5週間、さらに6週間にわたってアメリカ各地の学校を精力的に訪問し、ビュイッソンが中心となって初等教育に関する報告書をまとめ、1878年に公教育大臣に提出したことは、既述のとおりである。この報告書は全30章からなる大部のものであるが、教育方法一般についての独立した章はなく、直観教授も単独でとりあつかわれている部分はない。ここでは、ビュイッソンの執筆した章から、関連の深い部分をとりあげることとしたい。

　すでに確認したように、報告書全体の基調をなす特徴は、さきのウィーン万博報告書に比べ、国家・社会の発展・繁栄の原動力として学校教育をとらえ、そのあり方をアメリカから学ぼうとする姿勢が明確なことである。ビュイッソンは、フリースクール・システム(無償学校制度)の紹介において、「(アメリカにおいて学校教育は—引用者)もはや慈善家や宗教団体の仕事ではなく、国家、市町村、都市が年間予算に計上する公共事業である」ことを強調する。さらに「男女ともに、初等義務教育から上級初等教育機関さらには中等教育機関も無償になっている。これを実現するために、法と風習が一致し、世論

も賛同して、そのための出費を要求さえしているのだ。それほど、アメリカ国民の未来はその学校が形成するものであることが、誰の目にも当然となっているのである」と述べ、「公共事業」としての学校教育、無償（実際には「無月謝」）ですべてのものに中等教育まで開放されている制度を絶賛するのである[7]。しかしながら、こうした制度のなかで実施されている教育の方法については、概略的な紹介にとどまる。すなわち、「彼らの（教育―引用者）方法は、長所と短所をあわせもつ二つの特徴によって、全般的に我々のそれとははっきり異なる。それは一方で、本質的に『直観的』で総合的、類推的(analogique)、活動的であり、そうであることをめざしている。他方、それはとりわけ『実際的』で、生活への応用、必要性、直接的な有益性の観点から考えられ、導かれているのである」と指摘しているにすぎない[8]。とはいうものの、この「直観的」であることと「実際的」であることの指摘、さらにこうした特徴をもつ教育が「公共事業」として整備され、「古典的であれ職業的であれ」中等教育にまで広く開かれている仕組みを強調的に紹介している点は、その後のビュイッソンの教育改革構想を考察するうえで注目しておかなければならない。

(3) パリ万博講演会における直観教授に関する見解

　フィラデルフィア万博から2年後の1878年8月、ビュイッソンはパリ万博にあわせて開催された、教員を対象とした教育に関する連続講演会の最終回に総視学官の肩書で講演する。その演題はまさに「直観教授 (l'enseignement intuitif)に関する講演」であった[9]。演題が示すように、これが当時のビュイッソンの直観教授に関する見解の総決算ともいえるものである。それゆえ、ここには様々な特徴が散見されるのであるが、ここでは大きく五つにまとめておこう。

　第一は、直観教授の歴史的起源および思想史的展開にかかわることである。彼は18世紀末以来、学校にひとつの「偉大な思想 (une grande idée)」が現れ浸透することで、古くからの「あまりにも重々しく衒学的で無味乾燥な教育の方式は消滅した」とする。その「思想」とはすなわち、「我々の知識はすべて感覚に由来する、したがってあらゆる知育（教育）は感覚によって行なわれ

なければならない」ということであったと定義して、その淵源をロック、コンディヤック、ルソーに求め、それに続いて、ペスタロッチ、バゼドウ、カンペ、フレーベル、ディースターヴェークなど、「ドイツの名誉となったあらゆる教育学者」を列挙するのである[10]。そしてこの「思想」にもとづく教授の方法が今日の「文明化された」国々では一般的になっているとしている。この点は、さきのウィーン万博報告書にみられた特徴でもある。

　第二に、この教授の方法の特徴として、二つの側面をあげている。すなわち、「ひとつには、確かに好ましく明るい側面であるが、ほとんど遊びながらなされる学習、子どもが楽しむ学校、努力と強制が追放された教育、である。他方は、これまた目立つ第二の特徴で、教授はすべて実際的で有益であること、つまり子どもたちに、将来自分たちに役立つに違いないものだけを教える、ということである」とするのである[11]。これもまた、さきのフィラデルフィア万博報告書にみられたアメリカの方法の特徴としてあげられていたことであった。

　第三に、上記の二つの側面のうち、前者についてはビュイッソンが消極的ないし否定的な評価を下していることである。その根拠としては、それが当時の学校教育に求められる内容、換言すれば教育内容の増大という現実にそぐわないものであるからであった。彼は、「学科課程のある部分の過度の難解さを幾らか削減してもなお、学校において教授を遊びながら行ない、受けることを期待するのは、見果てぬ夢にすぎないほど、なおも多くの内容が残るであろう」と述べ、さらには「そうした夢は望ましいものではない」とまで言い切っている[12]。また、後者についても、後述するように否定的な態度をとっているのである。

　第四として、直観の「フランス的な定義」ならびにその三つの種類ないしは機能するべき三つの領域の提示である。ビュイッソンは直観という言葉を定義するにあたりここではクーザン（Cousin, V.; 1792-1867―フランスの哲学者。ドイツ観念論とくにヘーゲルの影響を強く受けた）の哲学を援用する[13]。すなわち、直観とは「人間の知性のもっとも自然でもっとも自発的な行為であり、それによって精神（esprit）は、苦痛も媒体もためらいもなく、現実を認識す

る。それはひとつの『直接感覚 (apperception immediate)』であり、一種の一瞥 (un seul coup d'oeil) によってなされるのである」とし、さらに「直観は個別のひとつの能力なのではなく、人間の魂において、けっして数奇な目新しいものでもない。それは、魂そのもののうちに、あるいはその外に存在するものを自発的に知覚する人間の魂そのものなのである」と定義する。そして「ここから、直観の三つの種類、あるいはより正確には、直観が様々な形態で、しかし常に同じ性質で存在し得る三つの領域が現れる。すなわち、『感覚的直観 (l'intuition sensible)』、これは感覚からなる直観である。ついでいわゆる『精神的直観 (l'intuition mentale)』つまり、媒体も感覚的現象も、通常の提示もなく判断力によってなされる直観、そして最後に『道徳的直観 (l'intuition morale)』、心と良心へと向かう直観、である」とする[14]。ここでとくに注目しておきたいのは、このように定義された直観を、ビュイッソンは「これら三つの直観、あるいはむしろ、直観の三つの名称は、本能的状態における人間の知的活動のあらゆる部分を含むものであり、いわば、直観によって判断するということ、これは本能的に判断するということなのである」[15]としている点である。ここから、第一に、子どもを「自分自身で知識へと向かう本能とそれを獲得するために必要な能力をもつ存在」[16]とし、さらに、そうした「心と知性の生来の自発的な力」は「自然がすべての人間に与える本能」である[17]とする、ビュイッソンの子ども観ないし人間観が浮かび上がってくる。第二に、彼の定義する「直観的方法」とは、こうした自然の能力に働きかける作用としてとらえられていることがわかる。すなわち、「我々の理解する直観的方法は、あらゆる教授において、その能力『そのもの』、精神の一瞥、真理に向かう知性の自発的な飛躍に働きかけるものである。それは、あれこれの手順の適用ではなく、子どもの精神を、知的本能と呼ばれるものにあわせて働かせ、活動させる意図および全体的な習慣なのである」というのである[18]。

　第五に、ビュイッソンの構想する具体的な直観教授（直観的方法）のあり方についてである。これはさきの三種類の直観ないし直観の働く三つの領域それぞれに、目的と原則、具体例があげられている。第一の感覚的直観に関しては、実物教授がとりあげられ、「感覚を目覚めさせ、鋭くするため」[19]、あ

るいは、「完璧に鍛えられた視覚と触覚をもたずに初等学校を卒業してしまうことのないように望む」[20]というように、感覚の訓練を目的とするが、特徴的なことは、「実物教授が固定された時間内で終始してしまうようなことは望まない」[21]として、あらゆる教科・科目さらに教科外の活動において行なわれるべきことを説いている点である。第二の精神的直観、これはさきの引用文以降すべて「知的直観 (l'intuition intellectuelle)」と表現されることとなるが、これに関しては、「子どもの論理である自然の論理」にしたがって進めること、より具体的には「『単純なものから複雑なものへ』と進むのではなく、重要なのは、『既知から未知へ』と進むことである」としている点であろう[22]。最後に、道徳的直観に関してであるが、この部分は道徳および宗教教育のみならず社会および公民教育に適応するものであるとして[23]、様々な「道徳的概念」のうち、「人類と同じほど古く、すべての人の心に刻まれ、すべての人の良心のなかに根づき、人間性とわかちがたく、それゆえあらゆる人に明確ではっきりとしているもの」[24]のみを子どもたちに提示し直観させることを示すにとどまっている。ただ、ここでこのような抽象的ながらも道徳教育の必要性を語るのは、さきの第二、第三の特徴においてふれたように、「民衆教育を功利的なものにして、その価値を低めてしまうことのないようにつとめる義務」が教員には課せられているから、と説明している点に注目しておきたい[25]。

　以上のように、この講演においてビュイッソンは、直観を、対象に対して自発的に知覚する人間精神の生得的で普遍的な働き（直接知覚）ととらえ、感覚的、知的、道徳的な領域において作用するものとしている。そしてこのだれもが有する自発的な知覚に働きかけることによって、その自発性ないし主体性をさらに発展させようとする意図的作用に、直観教授（直観的方法）の本質を見いだしているのである。

第2節　1880年代教育改革とビュイッソンの直観教授論

　本節では、上記のようなビュイッソンの直観教授論のもつ特質をさらに明

確にし、あわせて、いわゆる1880年代に展開される教育改革論にどのように関連・発展していくものであったかを考察する。その手がかりを得るため、先人であり同時代人でもあったフェリーとパプ・カルパンティエの直観教授に関する見解との比較を試みる。

(1) 教育課程の拡充と直観的方法

　1880年代の教育改革には様々な特徴がみられるが、教育内容・方法の点では、「内容面での知識量の増加」と「新しい教授法」への移行があげられる[26]。1882年3月28日の法律 (Loi du 28 mars 1882 relative à l'obligation scolaire et à la laïcité) では、必修教科と選択教科あわせて24教科にのぼり、その一方でこうした教育内容の増加を背景として、方法面では、知識の伝達から能力の育成への重点移動がなされたのであった。この「新しい教授法」については、確かに1887年小学校教育課程の教育方法に関する規程 (Règlement du 18 janvier 1887, programmes d'enseignement des écoles primaries) においても、「初等教育の拠点は、子どもの注意力、判断力、知的自発性に絶えず訴えかけることである。それは、本質的に直観的であり、実際的である。直観的とは、すなわちそれは何よりも、自然の正しい判断力、直接的な確実性の力、すべてではないが、もっとも単純でもっとも基礎的な真理を、一見しただけで、証明なしでつかむために人間の精神が持つ内なる力に頼ることである」と、「直観的」かつ「実際的」であることが明記されている[27]。ここに、直観教授ないし直観的方法が重要な役割を担うものとして、登場している。問題となるのは、この知識量の増大、具体的には教科数の増加に対応する方途として登場する直観的方法がどのようにとらえられていたか、換言すれば、直観的方法に託された政策的な意図ないし希望は、何であったかということである。この点について、さきにみたビュイッソンの直観教授論の特質をより明確にするため、同時期のフェリーの言説をみてみよう。

　ここでとりあげるのは、さきの1882年法成立直前の1881年に、フェリーが行なった講演の記録 (Discours de M. le Ministre de l'Instruction Publique au Congrès Pédagogique de 1881) である。この冒頭でフェリーは、現在進行中の教育改革

の目的は、「学校に教育(l'éducaton)をもたらすこと」であり、そのためには「教員が教育者(éducateur)となること」が必要であることをあげ、そして教育内容の増加について言及していく。すなわち、「『読み、書き、計算』の基本的かつ伝統的な教授」に「実物教授、図画の教授、博物学の基本知識、学校博物館、体操、遠足、学校附設アトリエでの手工、唱歌、合唱等」の教科が追加されたのであるが、それはこれらの教育内容に「教育的価値がある」と認められたからであり、このことによってどんなに貧弱な初等学校にも「自由教育(éducation liberal)」をもたらすからである、とする[28]。こうした「目的」に対して、直観的方法は、どのように位置づけられるのか。この点についてこの講演でフェリーはつぎのように述べている。

「もし我々が、これらの教科すべてについて、深く専門的な教授を行なうことを求めるとしたら、それは笑うべき仕方でこうした教育内容を増加したこととなるだろう。我々はただ、これらを直観教授の素材にしようと望んでいるだけなのである。初等教育の伝統的な範囲を越えて初歩的な中等教育、小規模な中等教育の性格を帯びるくらいに教授が様々な領域にわたって行なわれ得るのは、それが直観的になされるかぎりにおいてなのである」[29]。

また、こうした直観教授はとりわけ道徳教育において行なわれなければならないとして、つぎのように述べる。「それは、子どもを具体から抽象へと進ませ、子どもを具体的なもののなかにとどめなければならない。……(中略)……諸君は、子どもを具体的なもののなかに置いておかなければならない」[30]。これらの言説からは、フェリーが少なくともこの講演においては、直観教授ないし直観的方法を、ビュイッソンの言うところの「手順(procédés)」のレベルで、具体的には実物教授として狭くとらえていること、さらに言えば、初等教育のみに限定された「手順」、それも教育内容増加に即応するための方途としてのみとらえていること、そしてその背景には、初等教育(初等学校)と伝統的な中等教育とのあいだの厳然たる区分を前提としていることがわか

るであろう。ここには、さきにみたビュイッソンの直観教授に関する見解のような、直観そのものについての考察の深さ、それも人間の本能として、自然がすべての人間に与えた本能として直観をとらえる視点はない。逆にいえば、ビュイッソンの直観教授論は、そうした視点から構築され、それはあらゆる人間の教育・学習可能性を認める根拠となるものであったといえるのである。

(2) 教育制度改革論への展望

　フェリーが初等教育（初等学校）と中等教育との厳然たる区別を前提として直観教授を語っているように、フランスにおける直観的教授、少なくともビュイッソンの「直観的な手順」を意味する実物教授の、草分け的存在であったパプ・カルパンティエの場合も同様であったと言える。ウィーン万博では褒章も授与され、初等教育界に多大な影響を与えた彼女の実物教授であるが[31]、彼女自身、1878年の雑誌記事「感覚の教育 (L'Education des sens)」において「教育においては『受刑者』はいらない、教育において生徒は活動的存在であり、教師と同じように活動的である」ことを望み、実物教授も「子どもの個人的な諸能力に訴えるもの」であり「子どもの身体的および知的な能力を働かせ、動かすもの」であるべきことを訴えている[32]。この点では、ビュイッソンの見解とも共通する。しかしながら、そうした実物教授によってなされる感覚の教育について、つぎのように述べていることに注意したい。「この世に生まれた子どもはすべて将来の労働者、生まれたときにはまだわからない職業の未来の徒弟、しかもその職業は、それなくしては自らの運命をも低めてしまうような、そんな能力と器用さを求めるものである」、また「視覚の正確さと範囲、手の器用さと確実さ、聴覚の鋭敏さと正確さは、それらが保障してくれる労働の速さと完璧さによって、（未来の―引用者）職人に多大な付加価値を与えるのである」としているのである[33]。ここには、フェリーと同じく、中等教育、少なくとも伝統的な中等教育への道を閉ざされた子どもたちが想定されている。彼女の実物教授もまた、中等教育と厳然と区別された初等教育、それを受けることが当然とされた子どもたちを前提として構想されてい

た、と考えられるのである。この点においても、さきのビュイッソンの直観教授のもつ独自性・相違点があきらかになると思われる。それは万人の学習可能性の根拠となるべく、そしてすべての人に狭い功利的・実益的な初等教育を越えた教育の機会を保障する根拠として構想されたものであった。こうした直観教授論構築の背景ないし課題意識には、フィラデルフィア万博報告書の特徴的な叙述にみられたように、すべてのものに中等教育をもふくむ教育の場を無償（少なくとも無月謝）で広げることがあった。万博および合衆国の教育視察から学びとって抱いてきたこうした課題意識は、ビュイッソンに、万人の教育・学習可能性の根拠となる直観教授論を形成させた。そして、この思想・理論の確立を、根拠＝他者への説得性と自らの確信とすることによって、1880年代の教育改革への積極的な関与ならびに改革の理論的説明としての改革論の展開へと接続していくのである。つぎには、その1880年代における彼の言説を具体的にとりあげ、制度改革論の特質をあきらかにしたい。

小　括

　本章においては、「直観的方法」に関するビュイッソンの思索の展開をあつかった。ウィーン万博で広く普及していた教育方法（教授法）として注目し、その報告書において「方法」と「手順」とを明確に区分することにより、子どもの自発性・主体性を重視し、その主体性のさらなる形成をめざす直観的方法（直観教授）の基本的原理を認識していたことを、まずはあきらかにした。ついで、フィラデルフィア万博報告書においては、合衆国の公立学校における教育方法の基本的特徴として、「直観的」方法を積極的に取り入れていることを強調していた点を示した。これらの成果をふまえ、1878年パリ万博における講演会において、彼の思索はさらに深化し、直観を対象に対して自発的に知覚する、すべての人間の精神の生得的で普遍的な働き──「直接知覚」──ととらえ、この自発的な知覚に働きかけることによって、その自発性・主体性をさらに発展させる意図的作用を、直観的方法の本質ととらえていたことをあきらかにした。この直観教授論はすべての人間の教育・学習可

能性を根拠づけるものであり、それは狭く実用的な初歩的教育を超えた、教育の道をすべての人間に広げていくための根拠となるものであった。フィラデルフィア万博ならびに合衆国の教育事情から学びとり形成していた課題意識――すべてのものに無償で中等教育への道を開こうとする――は、この直観教授の理論形成をまって、その根拠――他者への説得性と自己の確信――をもつに至り、ここに具体的な教育制度改革論の展開へと接続していくこととなったのである。

註

1　Buisson, F.: *Conférence sur l'Enseignement intuitif*, Paris, 1897
2　Loeffel, L.: op. cit., p.29.
3　Buisson, F.: *Rapport sur L'Instruction Primaire à l'Exposition Universelle de Vienne.*, op. cit., p.109.
4　Loc. cit.
5　Ibid., p.114.
6　Ibid., p.116.
7　Buisson, F. (éd.): *Rapport sur L'Instruction Primaire à L'Exposition Universelle de Philadelphie.*, op. cit., pp.1-2.
8　Ibid., p.673.
9　Buisson, F.: *Conférence sur L'Enseignement intuitif.*, op. cit., p.5.
10　Ibid., p.7.
11　Ibid., p.8.
12　Ibid., p.11.
13　Ibid., pp.11-12. なお *Dictionnaire de Pédagogie et d'Instruction primaire* の「直観および直観的方法」の項目も、ほぼ同様の内容である。
14　Ibid., p.12.
15　Loc. cit.
16　Ibid., p.14.
17　Ibid., p.43.
18　Ibid., p.14.
19　Ibid., p.18.
20　Ibid., p.26.
21　Ibid., p.25.
22　Ibid., p.31.

23　Ibid., p.37.
24　Ibid., p.39.
25　Ibid., p.41.
26　藤井穂高『フランス保育制度史研究──初等教育としての保育の論理構造』東信堂、1997年、212-219頁。
27　*Lois et Réglements sur L'Enseignement primaire et sur Les Différents services de l'enfance qui ne dependent pas du Ministère de L'Instruction publique*, Paris, 1890, p.525. ただし、訳は藤井同上書にしたがっている。
28　Ferry, J.: "Discours de M. le Ministre de l'Instruction Publique au Congrès Pédagogique de 1881," *Revue Pédagogique,* tome 1, 1881, pp.578-579.
29　Ibid., p.579.
30　Ibid., p.582.
31　Buisson, F.: *Rapport sur l'Instruction Primaire à l'Exposition Universelle de Vienne.*, op. cit., p.112, Loeffel, L.: op. cit., pp.28-29.
32　Pape-Carpantier, M.: *Introduction de la Méthode des Salles d'Asile dans l'Enseignement primaire, Conférence faites aux instituteurs réunis à la Sorbonne à l'occasion de L'Exposition Universelle de 1867*, Paris, 1879, p.17.
33　Pape-Carpantier, M.: "L'Education des Sens," *Revue Pédagogique*, tome 6, 1878, pp.545-546.

第7章　教育制度改革論の展開

課題設定

　本章においては、これまでの検討作業にひき続きビュイッソンの事跡と思想形成の一端をさらにあきらかにするため、万博（学校博覧会）帰国後、初等教育局長に就任する前後を簡潔に素描する。あわせて、その局長という立場から、彼が自らその立案・推進主体となった1880年代教育改革をどのように認識していたのか、あるいは広く認識させたいと願っていたのか、という点について、改革前後の具体的な言説をとりあげ検討することを、主題とする。

第1節　初等教育局長就任と『教育学・初等教育事典』の編纂

(1) 初等教育局長就任の経緯

　フィラデルフィアの万博および合衆国各地その他の初等教育視察からの、帰国直後のビュイッソンの事跡については、もっとも精緻な事跡研究であるギザ・ペイルの研究も、詳しくは触れていない。ここでは、さしあたり、彼女の研究成果にほとんど依拠しながら、この時期のビュイッソンの事跡をもっとも簡潔にまとめたエアの素描を引用しておく。

　　「（万博において―引用者）彼は諸外国の教育制度を学び、注目すべき報告書を作成・提出し、その後1878年にはパリにおける教育博物館の創設を提案したが、それは翌年、ジュール・フェリーによって開設される

ことになったのである。
　この時期には、1879年1月に、『教育学に関する重要な著作執筆ならびに特別な任務の遂行に対して』レジオンドヌール勲章シュヴァリエ章を受章するに先立ち、1878年に総視学官に昇進したビュイッソンにとっては、様々な出来事が急速に訪れた。1879年2月10日、ジュール・フェリーは彼を初等教育局長に任命する。（これは―引用者）彼が威厳をもって、1896年まで占めることとなる要職であった」[1]。

　この「教育博物館」については、ギサ・ペイルがより詳細に解説している。それによれば、教育博物館とは、19世紀後半に、万博における学校博覧会に展示された展示品や資料を残して、それらを基盤に各地で設置された資料館で、具体的には、ウィーン万博後にはヨーロッパ各地で、ローマの王立博物館、ウィーン学校博物館、ブダペスト教育博物館、チューリッヒのペスタロッチ博物館等が設置されたという[2]。フランスでもジュール・シモン(Simon, J.; 1814-1896)によってはやくから構想されており、ギサ・ペイルによれば彼がビュイッソンにその構想を伝え、「ビュイッソンは、ジュール・シモンも承知していたように、とくにスイス滞在以来の、スイス、ドイツ、アングロ・サクソンの国々における情報ネットワークによって、外国の教育者たちの十分で直接・間接的な知識を活用」し、「その実現の段階においては、ビュイッソンはその制度上の職階と省の職員の、十分かつ完全な支援を利用」することができた[3]。そして「ビュイッソンは（1878年パリの―引用者）万博に参加する諸国に対し、その万博終了時に、展示された物品をフランスに残してくれるよう交渉した」のである[4]。

　1879年2月10日に彼が就任した初等教育局長とは、1868年12月30日の政令で公教育省に設置された部局で、紆余曲折の後、1870年8月13日の政令で再建されたものであり、その後30年間のあいだに4名が就任しているが、ビュイッソンがそのうちの17年間を占めることとなる[5]。これは、たんに長期にわたるというだけでなく、その間に後のフランス公教育制度の根幹を基礎づけた1880年代教育改革、いわゆるフェリー改革および1886年ゴブレ法

の制定と実施の期間であったという点において、重要な意味をもつ。このような重要なポストにビュイッソンが就任した経緯について、ここではその任命権者であったジュール・フェリーとの関係という観点から、概観しておきたい[6]。

　フェリーとビュイッソンの出会いは、ビュイッソンのスイス、ヌーシャテル亡命時代にさかのぼる。すでにその一部をみたように、ヌーシャテルでビュイッソンは大学（アカデミー）教員として哲学と比較文学を講じるかたわら、宗教と教育の問題にかかわる様々な活動を展開していた。そのひとつが、『自由キリスト教宣言』に始まる「自由キリスト教」思想普及と「協会」設立の運動であった。「盲目的な信仰」そして「権威の信仰」と闘い、ただ「善」と「真」への愛を抱く人々すべてを「宗教的」とみなして、それらの人々が自由に集う集合体、「宗教と国家の完全な分離」のための準備を目的とする集合体の結成をめざしたこの運動は、プロテスタント自由派の注目を集め、その巨頭といえるエドガー・キネおよびジュール・シモンの共感をよんだ。とりわけキネはこれを称賛し、ビュイッソンを自らの「弟子」とまで称えたほどであった。ビュイッソンとフェリーとをむすぶ重要な媒体が、このキネとその思想（理想）[7]であった。ふたりの直接的な出会いは、スイス・ローザンヌで1869年9月にヴィクトール・ユゴー（Hugo, V.; 1802-1885）の主催した第二回国際平和会議（le Congrès de la paix et de la liberté à Lausanne）においてであった。このとき、ビュイッソンはかなりの反響をよんだ公教育に関する演説をしており、また、フェリーはこの機会にキネと長時間にわたって話し合ったという。ここで、フェリーはビュイッソンがヌーシャテルで行なっていた活動、キネが自らの政治改革プランを完璧に理解したものとしてビュイッソンを高く評価していたことを知ったのである。これが、ビュイッソンとフェリーの直接的な出会いであるが、1880年代教育改革にとりかかるにあたってフェリーがビュイッソンを登用したことについて、ギザ・ペイルは、つぎのような推測をしている。すなわち、第一に両者を結びつけたのはキネの抱いた政治改革プラン——共和政の確立と政教分離に代表される——への執着という共通点があったこと、第二に、その時点において実際に民衆教育の分野で活躍で

きる人材が多くはなかったこと、である[8]。後者の点については、すでにみたように、ビュイッソンはヌーシャテルでも教育問題とくに教育の世俗化問題に活発に取り組んでいた。また、フランス帰国後は、これも亡命中の活動に共鳴したジュール・シモンによって、初等視学官、さらにウィーンとフィラデルフィアの万博(学校博覧会)に派遣されている。1879年の時点では教育の専門家として知られるのみならず、「フランスおよび世界の初等教育の問題状況を熟知し、『教権派の』ネットワークと競い合えるだけの、教育に関する国際的なネットワークを構築」していたのであった[9]。こうした条件が、フェリーによるビュイッソンの初等教育局長登用の背景となっていたのである。

この時点における初等教育局長という職そのものの官制上の位置づけと重要性の確認はいまだできていないため、ここでは、少なくともビュイッソンがつとめたところの初等教育局長のポスト、という意味において、やはりギサ・ペイルがまとめているつぎの文を引用するにとどめる。

「Mosalba(ビュイッソンと同時代のジャーナリスト、生没年不詳―引用者)が1898年に述べているように、この時期(1880年代から90年代なかば―引用者)に初等教育局長であるということは、『初等教育界を新たに創造するのみならず、その完璧な改修をも行なうことでもあった』。……(中略)……このことについてどれほど低く見積もっても、1879年から1896年にわたって初等教育局長であるということは、ライシテおよび共和主義の普遍化の『構築』現場の中心にいたということである。それは、初等教育のほとんど単一の業務を組織し、教師たちを働かせる、あの『基本的な』諸法についての責任を負い、実施することであった。……(中略)……初等教育局長がとりあつかった『政令、省令、通達集』の全7巻が示しているように、初等教育局長であるということは、とりわけ19世紀終わりにあっては、行政の『帝国』の頂点にたつことであり……(中略)……大臣の数(15人以上)とならぶほどの長年(17年)にわたってこのポストに在任し続けたということは、行政的にもイデオロギー的にも激しく変

化する時期における行政帝国の『パトロン』となることでもある」[10]。

　ギサ・ペイルのいう「全7巻」にもおよぶ政令・省令・通達の根幹となったのが、いわゆるジュール・フェリー法であり、一般に「無償」「義務」「世俗性」の「近代初等教育の三原則」とよばれる原則の確立[11]によって、その後のフランス公初等教育制度の基盤を構築した「1880年代の偉大な学校教育諸法」[12]とされる諸法である。具体的には、「無償を定める1881年6月16日の第二法律」「就学義務と世俗性に関する1882年3月28日の法律」[13]であり、ビュイッソンは初等教育局長として、その立案・制定・実施、そして広く理解と解説・説明につとめたのである。そのいっぽう、ほぼ時を同じくして、ビュイッソンは著名な『教育学・初等教育事典』の編纂にたずさわることとなる。つぎには、その経緯と実際を概観することで、『事典』の特徴の一側面を、あきらかにしたい。

(2) 『教育学・初等教育事典』編纂と教育制度改革

　ビュイッソンの名がもっとも知られ、今日なお様々なかたちで活用されている業績が、『教育学・初等教育事典 (*Dictionnaire de Pédogogie et d'Instruction primaire*)』であろう。この初版は、彼が初等教育局長を務めている時期、すなわちまさに1880年代教育改革が断行される時期に、それと同時並行して編纂され、教育学の「壮大な記念碑」[14]として、初等教育にかかわるあらゆる人々の理論的かつ実践的な手引きとなったものである。この編纂にビュイッソンがかかわることとなった経緯について、ここでもギサ・ペイルに拠ってまとめておく[15]。

　『教育学事典』の版元であるアシェット家 (la maison Hachette) との「貴重なむすびつき」をもたらすきっかけとなったのは、その「娘婿の家」に家庭教師として住み込み、婚約者の死に絶望して修道院に入ろうとする娘を「カトリックの手中から引き離す」という任務の依頼であった[16]。先述のように、フランス帰国後、パリ・コミューンの動乱・鎮圧、第三共和政の成立という激動かつ混乱の時期、無職であったビュイッソン[17]は、「その家族を生活さ

せることができないという恐れ」を抱いていたおりから、この依頼を受け入れ、1871年9月からこれに従事することとなった。このことによりビュイッソンはアシェット社とのむすびつきを得るのである。ギサ・ペイルは、デュボワの研究[18]に拠りながら、1876年にウィーン、フィラデルフィア両万博の視察派遣を終えたビュイッソンのほうから、この家庭教師の件の仲介者をとおして、「初等教育で使用できる教育学の『事典』の出版」を申し出た、としている。そのときの「契約書」史料によれば、実際の編纂作業はビュイッソンが主導し、協力者の選択、掲載項目の決定とその優先順位も彼が決め、「遅くとも1878年1月初旬」には出版することがきめられていたという。そしてその作業の「初期の段階」にあって、「ビュイッソンは私的関係のネットワーク——とりわけプロテスタントのネットワーク、万博関係のネットワーク、その所轄部門（初等教育局のこと—引用者）のネットワークを同時に利用していった」。こうして『事典』は、ビュイッソンの公教育省内の地位と役割によって、「半公式的な企画」となっていき、1882年から1887年にかけて公刊されたのであった。

　1879年に初等教育局長に就任したビュイッソンは、変わらず『事典』編纂作業の中心であったが、その実際の編集業務に協力したのが、ジャム・ギョーム (Guillaume, J.; 1844-1917) であった。ギサ・ペイルは、ビュイッソンがギョームをスイスから帰国させ、『事典』の編集書記に据えて以降、「『事典』は、初等教育の領域における共和主義的改革とともに歩み、そして新しい政治に賛同しない協力者たちの言説を切り離しつつ、全体の言説を均質化していく」こととなる、と指摘する[19]。以下、おもにデュボワの研究に依拠してギサ・ペイルが指摘する、「これ以降」の『事典』にみられる特徴をまとめると、およそつぎの二点に集約されよう。第一に、「これ以降、『事典』の企画と共和派のプロジェクトが同一のものとなった」ことである。第二に、こちらが重要に思われるが、「1789年が、善と悪、現在と過去のあいだの、越えられない分水嶺となった。これ以降、使われるようになった『1790年以前』と『1790年以降』というカテゴリーが、反啓蒙主義に対する革新主義の闘争というふるい神話にとって代わった。これ以降、1790年以前、すなわちアンシャン・

レジームと教権主義的な反啓蒙主義勢力と、1790年以降、すなわち全員一致とみなされた革新主義勢力による統治、が存在することとなった」ことである。これについては、ギサ・ペイル自身もギョームが「君主制と教会、民衆と自由主義派連合とのあいだの容赦ない闘争」という図式を抱いていたというデュボワの指摘を引用して補足しているのである。こうした図式、およびそれにしたがった編集と叙述の方針は、ビュイッソンの承認を得たものであることは疑いもないが、なによりもこの図式、すなわちフランス革命を絶対的な分水嶺とする歴史観は、第4節でみるように、ビュイッソン自身のものであったのである。この歴史観、とりわけフランス革命を起点として描こうとする進歩史観の源泉を特定することは容易ではない。彼自身も属していたフランス・プロテスタント（改革派）が、「信仰の自由」を宣言しプロテスタント信仰の保障の道を開いたフランス革命を高く評価してきた伝統が源流にあったことも考慮しなければならない[20]。また、彼が若き時代に熱烈に傾倒したエドガー・キネのフランス革命論——キネは宗教改革とフランス革命を対比しつつ連続的にとらえていた[21]——の影響も無視できないだろう。しかしながらここでは、これらの思想的基底のうえに、さらに最後の啓蒙主義者コンドルセ（Condorcet, Marie Jean Antoine Nicolas de Carita, Marquis de; 1743-1794）の教育思想を学ぶなかで、その歴史観が形成されていったと判断する。その根拠として、第一に、『教育学・初等教育事典』における「コンドルセ」の項目では、コンドルセの「能力、自由な精神、公共善への情熱」、さらに教育改革への情熱と取り組みを高く評価するだけでなく、『人間精神進歩史（*Esquisse d'un tableau historique des progrèss de l'esprit humain*）』もとりあげ引用・紹介していること[22]、第二に、晩年において詳細な解説を附したコンドルセ著作集からのアンソロジーを執筆していること[23]、をあげておく。

このような歴史観にもとづき、また共有しながら、『教育学・初等教育事典』はギョームとビュイッソンの共同作業によって編纂されていった。以下に引用する史料は、初等教育局長という激務——まさに1880年代教育改革の進行渦中であった——をこなしつつ、この『事典』の編纂作業に取り組むビュイッソンの生の姿を伝えるものである。

「初等教育局長の職はあまりにも重荷であり、その後の彼には訪れることのなかったほどの生産性の危機の状態にあった。毎日、政令、通達を作成し、議会のための法案を準備し、議会では彼自身が政府の委員として審議に赴いたりもした。……(原文中断)……同じ時期、ビュイッソンは全4巻の彼の教育学事典の編集を進めていた。その初版のほうである。たいへん内容の豊かな独自性に富んだもので、今なお、他に出版された類似のものより、生き生きとした思想と資料の豊かなものである。しかし、いったい彼はどうやって行なっていたのか。省から出るや否や、彼は自宅に食事にかけつけた。その食堂には、彼の秘書で細心、勤勉で博学なジャム・ギョームが待機しており、ビュイッソンが食事をする間に、ギョームが受け取った項目の原稿を朗読、そしてビュイッソンとともにつぎの作業計画を練るのである。そのうえビュイッソンは、自分自身で重要な項目を執筆したのであり、それらはひとつの学説ともなり、なかには称賛に値するものも多いのである。さらに同じこの時期、常にビュイッソンはセバスティアン・カスティヨン(Castellion, C.; 1515-1563 良心の自由を唱えたフランス・プロテスタント自由派の宗教家―引用者)に関する学位論文の仕事も続行していた。カスティヨンに執着したのは、この人物が、誰一人として寛容ということのできなかった時代における寛容の使徒であったからである。全二巻になるこの大作は、時に夜に利用できた時間は別として、日々の15分の積み重ねによって作成されたといってよいものであった」[24]。

 こうした激務のなかで編纂された『教育学・初等教育事典』は、まさに1880年代教育制度改革とともに誕生したものであったといってよい。このことは、その序文にあきらかである。序文でビュイッソンは、この出版が「フランスにおける学校改革の運動そのもの」とともにあったこと、各項目の執筆者は「その項目の原理を、出版界において、あるいは議会、高等評議会において議論し守り抜いた」人々であること、それゆえ、「この事典は参考図

書であるだけでなく、この10年間の歴史すなわちわが国における教育理論と制度の改革の決定的な時代の記録なのである」と述べているのである[25]。事実、ビュイッソン自身が執筆した項目、たとえば「道徳」「世俗性」などのほとんどは、新たに制定された法律・政令・省令、さらには公教育大臣(ジュール・フェリー)の議会演説などがふんだんに引用されたものとなっており、この点においても、『教育学・初等教育事典』の編纂が1880年代教育改革と直接むすびついたものであったことが理解できるのである。

それでは、ビュイッソン自身もその立案主体のひとりとなった1880年代教育改革を、ビュイッソンがどのようにとらえ、また理解してもらおうと努めていたのか、この観点から彼自身の具体的な言説を検討することをとおして、彼の教育制度改革論をあきらかにすること、これが本章における中心的な主題である。以下、1880年代教育改革を便宜的に、いわゆるジュール・フェリー改革、すなわち1881年と1882年の学校教育法、およびそれを包括的に補完し1880年代教育改革の一応の到達点となる1886年のゴブレ法とに分割し、それぞれについて、ビュイッソンの具体的な言説をとりあげ、彼がどのように理解し、かつ説明しようとしていたか、という点を検討することとしたい。

第2節　ジュール・フェリー改革:「国民教育」の創設

ここでとりあげる史料は、さきの二つの初等教育関連法可決直後の1883年6月24日に、成人教育のための民間団体のひとつであったポリテクニーク協会[26]でビュイッソンが行なった講演の速記録から、これもビュイッソンが深く関与した『教育雑誌』に再録されたものである[27]。この講演でビュイッソンは、協会の会長である公教育大臣の代理であるとともに「公教育に関するもっとも地味な業務、すなわち初等教育を担当する所轄の長」であると冒頭で自ら名乗っていることから、この講演はいわゆるフェリー改革における初等教育改革立案・推進主体の公式な解説とみなすことができるであろう[28]。

これが、ここでこの史料をとりあげる根拠であり、また、先行研究においてもこの史料の内容紹介ならびに分析はなされていないのである。

　講演の内容は、まさに実現されたばかりのジュール・フェリー改革についての解説で、その基本的特質、その必要条件、実現のために立法主体のとった具体的な方策、その意義等にわたる広範なものであるが、以下、講演内容の展開にしたがい、ほぼこの順序でその概要を紹介する。小見出しは、便宜上つけたものである。

(1) 制度改革の目的と手段──「無償」「義務」「世俗性」の根拠
A) 改革の基本的特質と必要条件

　講演本論の冒頭は、フランス全土で現在進行中の改革について、「一言でまとめ」るもの、すなわち、その基本的特質、その概念規定、その実現のための必要条件を一挙に解説する部分である。この改革をビュイッソンは、「それはこの国において、ひとつの『国民教育』を創設することを目的とする試み」と断言し、その「国民教育」とは、「第一に、すべての人を対象とする教育である」こと、そして第二に「一人ひとりの人間のなかで人間のすべてを扱う教育である」ことを、その「本質的な特徴」と規定する[29]。この第一の特徴から、国民教育樹立のための必要条件が説明される。それは目的と手段の二つの側面から述べられている。すなわち、「第一には、すべての国民がその事業に参加できるということが必要」であること、第二に、「そのことを十分に理解した立法主体は、かつてむなしくも中断され喪失されもした伝統（フランス革命が提起した教育理念のこと、後述──引用者）をふたたびよみがえらせ、初等教育を『無償』『義務』そして『世俗的』にすることによって、真に国民的なものとしたのである」と[30]。ここに、国民教育樹立のための方途としての「無償」「義務」「世俗（性）」の「近代初等教育の三大原則」が、明確にうちだされているのである。

B)「三大原則」実施の理由・根拠の説明

　では、なぜ「無償」「義務」「世俗性」が必要なのか。その実施の理由・根拠

またはそのねらいはそれぞれについて、以下のように説明されていく。まず「無償」。これは、「すべての人にとって重要なことは、すべての人によって支払われるべきであるから」だが、さらに詳しくつぎのように説明されている。「われわれの生きている社会の状況、そして普通選挙体制のもとにおいては、初等教育はわれわれのすべてが負担するその他の公共事業と同じく最小限必要とされるものであるからである」[31]。ここでは初等教育を「公共事業」としてとらえ、国民すべての負担のうえに成り立つものととらえていることがわかる。さらに重要なことは、この「公共事業」はいわば機会の平等の精神によって「無償」とされることを、つぎのように説明している点である。「あらゆる状況にあるすべての人に必要不可欠な、教育のこの部分は、すべての人に対して国家によって保障されなければならない。各人は、裕福なものがそれをお金で買ったり、貧しいものが恵んでもらうのではなく、これを国家の贈与として、社会から受け取るべきである。子どもにとっての無償、それは両親にとっての平等ということなのだ。すでに50年も前にギゾー（Guizot, F.; 1787-1874）は、『初等学校はなによりもまず、平等の聖域でなければならない』と述べているのだ」[32]。

第二に「義務」化の説明であるが、これについてビュイッソンは、「このような説明が必要なのは、パリではない」という独特のレトリックで、いわば「義務」の原理・構造の説明にとどめている。「教育の基本的な部分を受けることは子どもにとって自然の権利であること、同様に、子どもにそれを保障することは社会にとっては自然の義務である」。これは現代義務教育の基本構造に直結するものであるが、両親の「義務」とは言わず、「社会」の「義務」としている点に注意しておきたい[33]。また、さきの機会の平等とも関連するが、この法案審議の際の激しい論争[34]を念頭にしたのだろう、いわゆる「家長の自由」――子どもの教育に関する親権の優先――に対して、つぎのように強く反対することで、「義務」化の根拠ないし理由を細く説明している点に注目したい。「『家長の自由』については、それは子どもたちからその友人たちとの意思疎通に必要な知識と道具を奪う権限であり、私に言わせれば、われわれが忌まわしいと思うこと、すなわち弱いものと幼子に対する正義を

否定することであり、大人による子どもの搾取にまさしく加担することであって、自由の理念と家長の名を同時に侮辱することにほかならない」[35]というのである。

　最後に「世俗」化あるいは「世俗性」の説明であるが、これもこの講演ではその根拠というよりその意義ないし本質についての説明になっている。まず「世俗的」であることの意味を「様々な信仰から独立」していることと換言したのち、「(世俗化したのは―引用者) われわれには、子どもの良心とよばれる、あの神聖なものにふれる権利はないからだ。なぜなら、われわれには、国家、教会、特定の団体や党派、如何なるものの名においても、あらゆる自由の根本そのものでありその根拠である、良心のあの自由な領域を侵害する権利はないからである」と説明し、続けて「この自由は、学校が教会から分離されているという明確な状況にあってのみ、学校においてすぐれて尊重されることとなろう」[36]というのである。ここで世俗化の意味を「学校が教会から分離されていること」としている点に注目しておきたい。この講演の時点では、1882年3月28日の法律によって公立初等学校から「道徳・宗教」科目の削除、すなわち教育内容（課程）の世俗化が実施されただけであったが、すでに教職員の世俗化および聖職者による学校（教育）査察の禁止まで展望した説明になっているからである。

　以上が、国民教育樹立のために立法主体のとった方途の説明である。ビュイッソンはこれを「法的改革 (la réforme legislative)」と言い直し、その背景にはユニヴェルシテ (Université 中央教育行政機構のこと―引用者) とその評議会による「教育学的 (あるいは教育的) 改革 (la réforme pédagogique)」――以下、「教育的改革」とする――が存在したとして、その説明へと進める。

(2) 制度改革を支える「教育的改革」――教育内容・方法の改革

　この「改革」についてビュイッソンは、ジュール・フェリーの言葉を引用して、その改革とはすなわち「今後、初等教育がならねばならないもの、それは教育そのもの (toute une éducation) そして自由教育 (une éducation liberale) である」という「スローガン」で言い表せるものであるとする[37]。では、その「教

育そのもの」あるいは「自由教育」とは何か。それは、「子どもを育てること(élever)」であるとし、その意味を「それはすなわち、子どもの発達のすべて、つまり、身体、精神、性格、心の発達を助け、促進することである」[38]と説明するのである。この説明において注目されるのは、この「育てる」ということは、子どもには「自然が保存しておいた時期」があり、その「時期」に子どもは「成長し、良くなり、幸福になる」が、この「時期」をそのように「育てる」ことに使うのは、「それが可能であった人々」だけであったとし、このことをふまえて、つぎのように主張している点であろう。

　「豊かで教養があり、その将来に野心をいだく両親をもつ幸せな子どもがおかれたこのような環境、共和国はこれを例外なくすべての民衆(国民)の子どもたちに広げようと企てたのだ。共和国は、この人生の序章、他のことには使われるべきでも失われるべきでもないこの時期、幸いにもいまだ『ごくつぶし』にもなってはおらず、人生のために準備することだけに使うことのできるこの子ども時代の数年を活用することができると信じたのだ。すなわち共和国は、この幼い数年を、未来の市民たちに基礎的教育のみならず、人生すべての幸福と尊厳を形成することになる思想と感情の宝物すべてを提供するために、用いることとなるのである」[39]。

　この説明からは、「子ども時代」の発見とその意義すなわち「育てる」、換言すれば子どもの心身全般にわたる発達の援助という発想こそが、フェリー改革の背景となる「教育的改革」の含意としてとらえられていることがわかる。そしてそれが、さきの「無償」の説明にもあった、いわば国家による機会の平等の精神に貫かれていること、さらにその「人生の準備」のために国家が保障する教育は「基礎的教育(une instruction rudimentaire)」の枠をこえたものを想定していること、が読み取れる。そして、講演では、実際のフェリー改革における教育課程の拡大[40]について、この論理展開のながれによって説明されていくのである。

　ここでの要点は、増加された教育内容＝教科の増加への教育(授業)方法

上での対応、新たに導入された教科のもつ意義、そして締めくくりとして、これらすべては教員の取り組みによるものとする教員論、からなる。はじめに、教育（授業）方法の改善について。これは、教育内容（教科）の増加に学校ないし教員が実際に対応できるのかという問い（自問）に応えるかたちで展開される。ビュイッソンは、「われわれは可能だからこそ、それ（教育課程拡大—引用者）を望むのだ」として、「子どもたちを教える方法」の改善を具体的に述べていく[41]。それは第一に、単一の教科を長時間継続して教えることから、「授業を変化に富ませる」こと、すなわち様々な「教科」「小さな練習」を短時間ずつ組み合わせて教授することへの転換である。この提案の背景・根拠には、子ども時代の「精神的状況」つまり飽きやすく疲れやすい発達段階にあることへの考慮がある[42]。ここに、さきの「教育的改革」のひとつの特質が見て取れるのである。第二に提案されるのが、「実物教授」の導入である。ここでは「実物教授(leçon de choses)」という言葉を使っているが、ビュイッソンが強調するのは、子どもたちの「観察」する力を養うこと、および「授業にあって書物にだけ向き合う抽象的な学習にとらわれていないこと」であり、この方法＝実物教授によって「記憶力と型にはまった教え方による授業を、知性を訓練する方法に置き換えること」である[43]。これは、名称こそ「実物教授」を使ってはいるが、いわば教科の実質的内容の教授から形式的能力の形成への転換ともいえるものであり、ビュイッソン自身の直観教授論をふまえて説明し、その普及をもって教育方法改革にあたろうとする意図をうかがわせるものである。さらに注目される点に、「歴史」と「公民」について、つぎのように述べていることがあげられる。「歴史もまた、現代の学校では、一連の事実や日付の列挙であってはならないし、公民教育も、一連の文章のかたまりであってはならない。それぞれの授業において、子どもは祖国、すなわち自分自身とその同朋を大切に感じるようでなければならない」、さらに「心から祖国とは何か、フランスとは何かを感じさせなかったとしたら、フランス史の授業をしたことにはならない」[44]。このことは、つぎの問題、つまり新たに導入された教科の意義についての説明に接続するのである。

新たに導入された教科でビュイッソンがとくにとりあげているのは、「図

画」と「唱歌」である。前者については端的に、「われわれの産業のもっとも必要なもののひとつ」であり「われわれの社会資本の主要な要素のひとつ」であり「われわれの産業技術の名誉を保つ唯一の手段」と説明する[45]。「唱歌」については、その批判つまり「それは何に役立つのか？」と自ら問いかけ、関連して学校に寄せられる様々な不満の事例を紹介したあと、つぎのように述べて、「唱歌」の教育的意義を説明する。「ひとつの国民の魂を形成するもの、それは集団的な感情であり、それは共同して表現されることによってのみ成長し、維持されるのであり、音楽によってのみ表されるのである」[46]。さらに、男子のみを対象に導入された「手工」についても同様に説明される。すなわち、「良き労働者、すばらしい労働者となることを理想として」導入されたこと、さらにその具体的授業のなかに「知性の関与」を入れる、つまり「その仕事の根拠（理由）を理解し、その法則を知る」ようにすることが望ましいと主張するのである[47]。これにより、新たに導入された教科の説明は、フランスの経済的発展ないし競争の観点、および国民の連帯・統合に必要であることの二つの観点から説明されていることがあきらかであり、これが大きな特徴といえる。

　これらをふまえ、最後にビュイッソンが強調するのが、この新たな「国民教育」創造と実施における最大の役割を担うものとしての教員の役割である。彼は現実の教員たちに対する人々の不満・批判をとりあげながらも、彼ら・彼女らもまた一家の父・母であってそれぞれの家族を養わねばならない存在であること、そしてなによりも「解放されてからまだ間がないのだ」と、とくに労働者としての側面を強調しながら、弁護している点が注目される[48]。しかしながら、さきにみた教育（教授）方法改善の提案における教員のあり方について、つぎのように述べていることから、実際の授業をとおして新たな国民教育の創造、そしてそのめざす経済的発展や国民の連帯・統合という目的達成の原動力をビュイッソンが、個々の教員のあり方、すなわち教員の個人的努力においていたことは容易に理解される。すなわち、「（生徒たちが―引用者）机から頭をあげたとき、その目の前に知的でほほえんだ、感じの良い姿、励ましのまなざしか言葉、短く温情に満ちた叱責、課業へと誘う言葉

がなければならない。……(中略)……生徒たちがその背後に、自分たちを導き、見守り、助け、一息入れさせてくれ、支え、励ましてくれる人、一言で言えば、愛してくれる人を感じるようでなければならない」[49]。ここから、ビュイッソンが教育方法(授業ないし教授法)改善の原動力を個々の教員のあり方、個人的努力に期待していることがわかる。また、この講演そのものが、教員に対する彼自身の期待および社会全体が教員の成長をあたたかく見守ることへの期待で締めくくられていることをみるとき、少なくともこの講演がなされたジュール・フェリー法可決直後の時点で、新たに実施されようとしている改革——国民教育の創設の原動力として、教員の個人的努力を想定していたということができるのである。こうした教育改革のとらえ方、ないしは期待は、いわゆるジュール・フェリー改革にとどまるものではなかった。それは、ジュール・フェリーの後継者による教育改革の続行ならびに一応の完結——1880年代教育改革の到達点に関しても、継続され、発展されるものであった。つぎには、この点について、具体的なビュイッソンの言説の分析をとおして確認していきたい。

第3節　「ゴブレ法」：教員制度の改革

　ここでは、第一に、1880年代教育改革の一応の締めくくりとなり、それを完成させたとされる「初等教育に関する1886年10月30日の組織法 (Loi organique du 30 Octobre 1886 sur L'Instruction primaire) (通称「ゴブレ法」)」について、ビュイッソンが解説した注釈(コメンタール)を具体的素材としてとりあげていく。それによってビュイッソンがこの法律をどのようにとらえ、また一般大衆にとらえてもらおうとしていたのかという視点から、その概要と特徴をあきらかにする。

　「初等教育に関する1886年10月30日の組織法」は、「無償」「義務」そして「世俗化」の初等教育三原則の法制化をはじめとする公教育政策の頂点をなし、「以後長く初等教育憲章として、初等教育の制度運用ならびに行政を規制し

続ける[50]と評価されるものであるが、オーソドックスな通史研究により、その概略をまとめておこう[51]。これは、フェリーの後継者であったゴブレ(Goblet, R.; 1828-1905)の名をとって「ゴブレ法」と通称されるが、「延々二十数回の審議」のすえにようやく成立した法律であった。そのおもな内容は、つぎの四点に整理できる。

① 初等教育の範囲の確定　これまで様々な種類の学校がバラバラに存在したが、「小学校」をはじめ「高等小学校」など「四種類の学校」が初等教育段階として一括され、「公立」と「私立」に分類されたこと、および原則として男女別学とされ、女子校と共学校は女子教員が、男子校は男子教員が担当することとされたこと。
② 教員の世俗化と資格要件の確定　公立学校の教育は「世俗教員」にまかされること、ならびに「上級免許状」「教員資格免許状」などの教員の資格要件が確定されたこと。
③ 私教育の自由と規制　監督当局の許可のもとで私立学校の教育内容・方法等の自由が確認・確立されたこと。
④ 中央統括の強化　各県における「初等教育評議会（県評議会）」の設置による指導・監督権の急速な移管と中央統括が法的に整備されたこと。

　1886年当時、まさにこの法律が議会で可決されようとしているとき、ビュイッソンはこれをどのように把握し、説明していただろうか。以下、1886年4月15日付の『教育雑誌 (Revue Pédagogique)』に掲載された「初等教育の新しい組織法に関する注釈」[52]の概略の紹介と検討を行なう。この史料をとりあげる理由は、「ゴブレ法」に関するビュイッソンのまとまった唯一の注釈であること、『教育雑誌』が当時の初等教育関係者に広く購読された雑誌であり、立法・行政主体の見解を伝える半官製の媒体であったことである。また、この史料は第三共和政教育改革に関する先行研究のみならず、ビュイッソンに関する先行研究においてもとりあげられていないものであり、ここにも本史料の利用の価値がある。

この「注釈」は、大きくは三つに分けることができる。第一に、全体の趣旨をあきらかにするとともに、新たな法律の基本的性格について、歴史的描写をまじえて説明する部分、第二に、法律全体の構成の紹介をふまえ、各編、部分的には逐条的に解説する部分、そして最後に、全体のまとめ、である。原文にはそれを示すような小見出しは付されていないが、以下、この区分によって概要を紹介しつつ、その特徴をあきらかにしよう。

A) 注釈──本コメンタールの趣旨について

この法律(案)が上院の審議を終えたばかりだが、「数週間後」には成立することになっていることをふまえ、その「法案の総括的分析」を行なう必要があると説明する。これを十分理解したうえで、この注釈では、「われわれの読者の、とりわけ直接的な関心を引く部分、すなわち教育(学)的性格を有する条項だけを強調して」解説する、と述べ[53]、その審議の詳細は「教育博物館」に資料集として収められていることを紹介する。ここに、この解説全体の特徴が、すでにあらわれているともいえよう。

B) 法律(案)の基本的性格について──歴史的素描をまじえて

この法律(案)の重要性を判断する観点として、「新しい法律は、何よりもまず、『成文法化』の所産である」ことを強調する[54]。ここでいう「成文法化」とは、様々な慣習法や統合されていない諸法をひとつの法律で統一化することである。この観点から考察しなければならない根拠は、「現時点では、初等教育に関するわれわれの様々な法は、古いものも新しいものも調和がとれておらず、常に調整が困難、時には不可能な寄せ集めになっている」からであり、この状況を打開するのが、この新たな法律であるからだとする。しかし、そうした様々な法の統一そのものより重要なことは、そうすることによって、いまだに初等教育全般を統制しているとみなされている「ひとつの基本法」を完全に消滅させることにあるとして、ここからいわゆるファルー法の説明にはじまり簡単な教育法制史素描に入っていく。以下、簡単にまとめよう。

通称「ファルー法」正確には「教育に関する1850年3月15日の法律(Loi

relative à L'Enseignement dite Loi Falloux du 15 mars 1850)」は、「偉大にして賢明な法律である」が、それは「われわれのものではない政治と教育学の所産」である。そこにこめられた「陰謀」をあばき、改革を断行しようと努力したのが、ヴィクトール・デュリュイ (Duruy, V.; 1811-1894) であった。彼の努力は具体的には、高等小学校と上級免許状の復活、「歴史および地理」教科の充実などとして実現された。この努力の方向性は第三共和政にも引き継がれたが、共和政が確立してもなおファルー法を擁護する力が強かったため、共和派も初等教育全般にわたる統一的な法案の提出をあきらめざるを得なかった。それゆえ、共和派は、「作業を分割し、このたいへんな事業を細分化することで1850年法を細かく分割することとなった」。こうして「断片的な諸法」が、1879年から1883年にかけてつぎつぎと採択されていったのである。具体的には、高等評議会に関する法律、師範学校に関する法律、無償に関する法律、義務と世俗化に関する法律、学校建築に関する法律である。これらは今なお実効性をたもっている。すなわち、個々の法律によって個々の領域をばらばらに決めているのが、現状なのである。

このように、1850年ファルー法を中心にした教育史素描とそれにもとづく現状の解説をしたのち、コメンタールは、ふたたび新たな法の目的を明確にする。すなわち、「上院で採択されたばかりの法の目的は、諸法のこの不統一を終焉させ、1850年法のⅠ章とⅡ章、この法律の初等教育に関する部分のすべてを終焉させ、廃止することなのである」[55]というのである。

C) 逐条的な解説とその特徴

以上をふまえて、新たな法律（案）の逐条的な解説に入るが、この部分はさらに二つに分けられる。法律（案）の全体構成の紹介および、おもに第1編を紹介する部分と、おもに第2編を重点的に紹介・解説する部分である。順をおって概要を紹介し、特徴をあきらかにしたい[56]。

最初にこの法律が6つの編から構成されること、そして、それぞれの編およびその章のタイトルを紹介しているが、この法律（案）には第7番目に「財政的組織」に関する編が予定されていたこと、それは切り離され「初等教育

経費」に関する法律と「教員給与」に関する法律として独立したこと、この後者はさらに延期されることになったことの三点を補足している[57]。続いて第1編第1章から紹介・解説していくが、その内容は最初のうち、文字通りの紹介にすぎない。注目されるのは、第2章『視学について』で、これまで「学級あるいは寄宿舎の立ち入り禁制」の理由ゆえに定められていた「特定の修道会に対してあらゆる視察の免除を認める特権」を廃止した「1882年12月26日の規則」を「法律のなかに」包括したと説明している部分である。これらは、ひとつには、この法律の基本的性格つまり「成文法化」を示している点、そして第二に、教育の世俗化を推進するものであることを説明している点で注目にあたいしよう。この点もふくめ、さらに注目されるのが、第2編第2章『教員と資格要件』の解説である。第17条「あらゆる段階の公立学校においては、教育はもっぱら世俗的教員にゆだねられる」について、つぎのように敷衍して解説している。

「(このことによって―引用者)教会が自由の名の下に国家から奪い取っていたもっとも例外的な権利のひとつが、ついに学校法から消滅した。(ここでいう―引用者)自由とは、すなわち、教会の選んだ男女教員をほかの教員たちとは絶対的に異なる条件で公立学校に配置する自由、その教員を大臣やその代理官によってではなく、修道会の長によって任命・転勤させる自由、一種の神権として至上権をもってその教員を配置し、その勤務条件を国家の学校においてさえも好きなように決める自由、国家の学校においてさえ、修道会が好きなように計画を立てて自らの会員を至上権をもって配置し、勤務年数と勤務条件を決める権利を、一種の神権として国家に押し付ける自由、なのである。そして、今後は、まったく同じ方法、同じ資格を有し、同じ法にしたがう、一人ひとりが責任を負うとともに選出される権利も有し、移動または免職もあり得る教員しか認めないことを宣言することによって、国家が教会から奪うのは、こうした自由なのである」[58]。

このように教育の世俗化の意味説明をもふくめて長い解説がなされている。また、この教員の世俗化の期限をめぐって上院では二つの修正案が提案され議論されたこと、そして「重要なのはあいまいさをなくすこと」であり、「実施の期限を明確にする」ことであったことなどについても長い解説がある。このことからも、この条項すなわち教員の世俗化の実現にビュイッソンが本法律(案)の重要な意義を見いだしていること、またそのように「読者」にとらえてもらおうと努めていることがわかるのである。しかしながら、これ以上にビュイッソンが重要ととらえ、またそのことをはっきり意識して意図的に強調しているのが、続く第20条から24条が規定する教員の資格要件についてであった。このことをビュイッソンは、「第20条から24条は……(中略)……教育(学)的にみて、本法律のなかでもいっそう重要なものに数えられる」と注釈している。これらの条項は、「上級免許状」「教員資格免許状」「師範学校教授適性証書」「付随的教科のための特別免許状」などについて定め、これにより「公立学校においては、その職務に応じた資格証書を所持していなければ、何人もいかなる教育の仕事に従事できない」ことを明確にしたものである。この点をビュイッソンは、試験等によって認められた技術の段階のヒエラルキーの形成とともに、情実や権威によらない任命をめざすものであり、これによって教員にいっそうのまとまりと安定性を与えるものだと解説している。さらにこの任命ないし採用についての解説でビュイッソンが強調するのが、本法律(案)により導入されることになった新しい仕組みである。それをビュイッソンは、「今後、初等教育の教員は二種類に大別される。『試補教員』と『正教員』である」という。「試補教員」とは、上級免許状を所持し就任期間二年未満の「新人」のことで、これが一定の「研修期間」を経て「教職適性証明」を得ることで「正教員」となることができるという任用の仕組みである。ビュイッソンは、これは近隣諸国のほとんどが採っている措置をフランスにも適用するだけだと説明し、さらにその意義をつぎのように解説する。少々長くなるが、以下に引用しておく。

「(教職適性の—引用者)考査を受ける者が、単に知識があるかどうかだ

けではなく、教えることができるか否かを示すこととなる……(中略)……どれほど多くの若者が教えるということを学んでこなかったことか！　免許状、少なくとも上級免許状がすべてを証明していてそれ(を所有するだけ―引用者)で十分だと、どれだけ想像されてきたことか！　この免状で、どれだけの者が惰眠を貪ってきたことか！　本法律は、こういう人たちを目覚めさせたのだ。この人たちは、自分たちの職業について学んだか、あるいは学び始めたことを証明する限りにおいて、正教員となることができる。それはほかのどのものよりも高貴でむずかしい職業であり、多くの学習が必要とされる。ある人たちは、いつまでも自分たちの生徒を犠牲にして学んでいるにすぎない。この者たちには今後は、国家が人々を養っていること、われわれの学校の子どもたちに教育を受けるために与えられたあまりにも短い時間を、浪費あるいは下手な使い方をさせることはできないこと、そして、もしその人たちが自分では十分勉強したつもりになって、この職業についての十分な学習と実践的教育学の謙虚な方法(手順)についての深い知識の獲得を拒むのなら、国家はその人たちとは何ら契約せず、正規の教員にするために、その証明をすることを待つだけであることが、通告されるだろう。……(中略)……この方策の大きな効果は、とくに道徳的な効果であろう。つまり、今はたいへん頼りなげなわれわれの若い教員たちを、刺激し励まし指導することとなる。それはまた、彼らの監督者に、若い教員を導き、学ばせ、職業的教育を実施する必要性をいっそう実感させるだろう」[59]。

　これに関連した逐条的な解説では、教員の任命権をめぐる議会での論議が詳しく紹介されている。法律では任命権は知事におかれたが、これをビュイッソンは議会での公教育大臣(当時の大臣ジュール・フェリー)の答弁を引用しつつ、「初等教育に関する各県の長官」が設置されるまでの「例外的かつ一時的な措置として、知事による教員の任命が維持されている」と説明している。各条項の説明ないし解説で、ビュイッソンがかなりのスペースを割き、力をこめている箇所は、以上の点である。それは教員の世俗化の断行とともに、

各種免許状による教員資格要件の制定、さらにあらたな「試補教員」から「正教員」に至る研修制度の導入による任用制度の改善を詳しく説明する。そうすることで、本法律（案）が教員そのものの資質向上のための条件整備を図るものであることを強調するものであった。ここに、このコメンタールの大きな特徴がみられるとともに、それはまた、1880年代教育改革の実質的な推進主体として教員をとらえ、一人ひとりの教員にその職務遂行のための努力をもとめるビュイッソンの意図がうかがわれるのである[60]。

D) 法律注釈のまとめと展望

最後に、この「注釈」のまとめであるが、ここではコメンタール全体の要約はなされていない。この時点では「上院が下院に再送付した法案」であるため、今後の展望が述べられているのみである。それは第一に、この法案に下院が可及的速やかに最終決定を下すことへの期待が語られ、第二に、「これにすぐに伴うようにして、法的事業の最後の部分、すなわち給与に関する法律が続くこと」を願っている。そして、「そのときこそ、共和国はその学校制度の登場をみるのであり、まさに『完成した記念碑』ということができるのである」と締めくくっている[61]。ここにもまた、教員の問題、しかも「給与」という教員の制度上、また心理的にも重要な問題にふれており、それに関する法律の成立をもって、改革の完成とビュイッソンがとらえていたことがわかるのである。

第4節　1880年代教育改革の総括と歴史的正統化

ビュイッソンが懸念していた教員の給与に関する法律は、ビュイッソン自身の努力により[62]、その三年後、「公私教育の通常経費ならびに教職員の給与に関する1889年7月19日の法律」として制定され、ここにビュイッソンの言う「記念碑」である1880年代教育改革が「完成」されることになる。では、彼自身、この1880年代教育改革全体をどのようにとらえ、またとらえてもらおうとしていたのであろうか。この点につき、ここでは1889年の彼の論

文「1789年から1889年のフランスにおける初等教育」[63]を素材に検討しよう。本史料もまた、ごく最近の第三共和政教育史研究に一部が引用されているのみであり、ビュイッソン研究においてはまったくの未使用の史料である。

(1)「初等教育三原則」の歴史的正統化

　この論文は、題目が示すように1789年から1889年の100年間にわたるフランス初等教育の歴史を素描するものである。1789年を起点にしていることから予想できるように、典型的な進歩史観にたち、特定理念の発展過程を描いている。この歴史観および記述方法そのものが最大の特徴といえるが、内容的には、およそ以下のように三つの部分に分けられる。第一に、1789年すなわちフランス革命とそこで生まれたひとつの理念について概念規定するとともに、論文全体の基調ないし史観をあきらかにしている部分、第二に、その理念の発展——その盛衰と継承、そして開花——の歴史を描く部分、そして最後に、その歴史をふまえて現在（1889年当時）の改革の特徴と展望を述べる部分である。本文にはこうした内容を提示する小見出し等は付されていないが、以下、この順序にのっとり概要を紹介するとともに、そこにみられる特徴をあきらかにする。

A) フランス革命の教育史的意義——歴史観の明確化と「理念」の概念規定

　①論文冒頭において、この論文のよってたつ歴史観が明確に述べられている。少々長いが、重要な部分であるから、引用する。

　　「1789年－1889年、これは、日付けの無意味な並置ではない。それはとってつけた期間ではなく、国民の歴史における自然な循環であり、それですべてを表わし、その統一性をもっているのである。
　　　この二つの日付けのうち、第一のものは、ひとつの理念の誕生を示し、第二の日付けは、その開花を示している。最初、理念は一瞬明るく生き生きと輝いて出現した。ついで、ほとんどみえなくなり、跡形もなく消滅したかに思われる。しかし、消失から40年後、たいへん弱々しく、し

かしこのたびは完全には消滅してしまわないほどに強く、ふたたび出現した。新たな攻撃にさらされ、それは抵抗したり逃亡したり、最初の出現から100年後、誰の目にも輝き、勝利を収めて発展するのである」[64]。

　では、ここで言われる、「理念」とは何か。本論文はこれを「100年前から言われ始めたように、『国民教育』の理念そのもの」と表現している[65]。続いて、ビュイッソンはフランス革命においてこの「国民教育」の理念が登場した経緯ならびにその内容について、かなり詳しく説明していくが、簡潔に整理すれば、つぎのようになるであろう[66]。まず、この理念を簡単に「国家の義務、国家の事業として考えられた教育に関する全般的な構想」ととりあえずの定義をしたあと、「1789年の革命」は「百科全書派の思想」と「無数の陳情書の声」にもとづいて、最初の憲法にこの理念を盛り込んだことが説明される。ここで言う「国家の義務」また「国家の事業」としての教育、ということについて、ビュイッソンはつぎのように解説している。「個人にとっと同じく、国家にとって重要なことは、個人が教育されていること、それも十分に教育されていること、である。なぜなら、社会にとって第一の関心がそこにあるのであり、それを監視するとともに手に入れるのは、社会においてであるから。社会はそれを偶然にまかせたり、家庭の配慮においたり、民間あるいは宗教的慈善にまかせることはできない。こうしたことが、1789年に出現した新しい原理である」。この言説でビュイッソンは、「国家」と「社会」とを概念規定もせずに言い換えていることに注意しておきたい。さきばしって解釈するならば、ビュイッソンは「社会」という言葉・概念をもちいることにより、「国家」という言葉・概念のもつ強いイメージの緩和を意図しているのではないかと思われるからである。さらに、この「原理」を強調したのが、1793年の「国民公会」であると説明している点にも注意しておく必要があるだろう。このことについては、③の項目で検討しよう。論文は続いて、初等教育を担当する学校は、「共和国がフランス国民の未来を託す国家的施設の第一のもの」であり、「その国家的性格」および「社会的役割」から、その存在のあり方が「自然と定まる」とする。以下、国家による公共事業とし

ての初等教育の確立条件ないし基本原則の説明、換言すれば、フランス革命とりわけ「国民公会」の生み出した「理念」の具体的内容の説明に移るのである[67]。

②ここで登場するのが、いわゆる「近代初等教育の三原則」[68]である「義務」「無償」そして「世俗性」の原則である。「義務」については、「この初等教育を施すことが社会にとって義務であるなら、すべての未来の市民にとってそれを受けることが、したがってすべての家庭にとって、その子どもをそこに参加させることが、義務となる。ここに『義務教育』の根拠がある」とする。ここでもまた、「社会」が前面にでていることに留意したい。同時に、その「社会」の準備する初等教育を受けることが「未来の市民」すなわち子どもにとっても「義務」とされていることにも注意しておく必要がある。「子ども」にとって「義務」であるから、「家庭」にとっても「義務」となる、という論理展開になっている点である。第二に、「無償」についての説明は、以下のとおりである。「それ（初等教育―引用者）が家庭および社会にとって義務となるなら、まさにそのことによってそれは、その他すべてのものと同様に、公共財によって保障されるべき公共事業である。つまり法廷、宗務、軍隊、警察そしてあらゆる行政部門が国家の名の下に国費で遂行され維持されるように、あらゆる人に必要であるがゆえにすべての人に共通でなければならない段階の教育もまた、個人の善意にすがったり、好き好きで支出されるべきではない。それは、国家が統制、管理そして支援する通常かつ一般の経費のなかに入る。ここに『初等教育の無償』の根拠がある」。このように「無償」原則は「義務」の原則から導き出されると説明され、ここでは「国家」が前面にだされている。「管理」や「経費」を語るうえでは「社会」がその主体となることはできないからとも言えるが、やはり「国家の公共事業」としての性質をあきらかにしたいがためであり、「社会」という言葉・概念はこのことをあからさまに示さぬための緩衝材としてもちいられていたと考えられる。そしてここで「国家」の「公共事業」と規定されたことにより、第三の「世俗性（世俗化）」の原則の説明が、つぎのようになされるのである。「この教育が国家の名の下ですべての人に施されるならば、国家それ自体と同じく、あらゆる法的自由、第一に良心の

自由を尊重しなければならない。それゆえ、それは何者かの手中で政治的または宗教的抑圧の道具となってはならない。……（中略）……ここに、公初等教育の『教育課程の世俗性』と『教員の世俗性』の根拠がある」。ここでは、「国家」を前面にだし、「義務」を負うはずであった「社会」は完全に消えているのである。

　③こうしてフランス革命とくに「国民公会」の提出した「理念」の内容を具体的に解説したのち、その「理念」全体、さらにフランス革命の教育史的位置づけを行なっている。「義務、無償、世俗性！　ここに法の遵守という制限の下に私教育の自由を加えるならば、ここに全体として、1789年から1794年の大革命の学校原則のすべてがあるのである」[69]。一見、フランス革命全体の教育史的意義の解説にみえるが、第一に1789年から1794年に限定していること、第二に「私教育の自由」の原則を追加していることに注意する必要がある。前者は、翌1795年10月25日に可決されたドヌー法 (Loi sur l'organisation de l'instruction publique, du 3 brumaire an IV) を「コンドルセ、ロンム、ブキエ、ラカナルの諸法案への反動表明」[70]と断定していることによるものと思われる。また後者は、あえて「法の遵守という制限」をつけたことが重要である。ビュイッソンが「反動」と決め付けた「ドヌー法」は「革命の当初から主張されてきた『教育の自由』の原則が、全面的に舞台の前景に登場することとなった」と評価される[71]ことを考慮するとき、ここにビュイッソンの一定の意図ないし恣意がうかがえる。それはすなわち、教育の世俗化のさらなる進展を展望していたということである。この論文執筆・公表の時点では、いまだ宗教団体の経営する学校は数多く存在し、国家の権限外にあって、教員に聖職者をあてて特定の宗教教育を施し続けていたのである[72]。

B)「理念」の発展──その盛衰と継承の歴史

　以上のフランス革命（正確には1789年から1794年）の生み出した「理念」の説明に続き、この「理念」の継承ないし発展という視点から、1889年までの初等教育史が説明される。この部分の内容も細かくは四つに分けられる。叙述順序にしたがって、概要をまとめながらその特徴をあきらかにする[73]。

①まず、フランス革命後のナポレオン帝政期および復古王政期には、この「理念」は「革命の夢」と追いやられ、「民衆教育」はふたたび聖職者の手にゆだねられたとする。その結果、教育の内容も「宗教の重要な原理の普及、いわば宗教教育の増加と強化」となり、教員も「教会の小使い (le bedeau de l'église)」や「司祭の用人 (le factotum du presbytère)」がつとめたり、また「修道会教員免許状 (la lettre d'obédience)」が復活し、それが俗人にも適用されるようになったことをあげている。こうした指摘は、逆にビュイッソンが教育の世俗化をきわめて重視あるいは歴史の進歩ととらえていることをうかがわせるものといえる。

②ついで、この歴史叙述に急変がおこる。ビュイッソンはギゾー法 (La Loi Guizot) を「初等教育の憲章 (la Charte de l'instruction primaire)」とよぶだけでなく、「突如としてよみがえった革命の理念」として教育史に位置づける。法律の規定については、各コミューンに負わされた学校設置義務、高等小学校の創設などの項目を紹介したのち、やはり宗教教育への対応について多くの説明をしている点が特徴的である。すなわち、宗教教育への聖職者の関与を縮小し、家長の要望にしたがうようにされたこと、教員と聖職者はともに「子どもに対して、その方法は異なっても同じような感化を与えるよう述べられていること」などを指摘している。ビュイッソンはこれを不十分とし、それゆえ七月王政全体の評価としては「完全ではなかったが……(中略)……永続性ある創造という性格を、否定することはできない」と、消極的な表現にとどめているのであった。

③これに続く1848年の革命は「まったく新しい扉を開いた」として、高く評価する。今回もやはり「政治的反動」が勝利を収めるが、「このたびはもはや王政復古のときのようにはいかない」とし、「(ギゾー法の成果の—引用者) すべてを打ち倒すことなど考えられなかった」と述べている。ここでも、「反動」勢力として「教会」をあげ、「自由、平等、正義の名の下、初等教育を教会の手にふたたび置くための手段」を弄したことが強調され、ついには「ファルー法、クーデタ、フォルトゥル大臣のあと、国家の事業としての世俗的教育は、ふたたび消滅するかのようであった」というように、「教会」な

いし宗教勢力を「反動」の主体、その勢力の狙うものが「国家の事業」としての教育、しかも「世俗的教育」、とする図式が貫かれているのである。この図式、そして「理念」の進歩史観が明確になるのは、第二帝政下のデュリュイ公教育大臣に対する評価においてである。「ヴィクトール・デュリュイ氏は、消えかけていた二重の観念、つまり国家には権利があるということ、および国家には教育、とりわけ民衆の教育に関する義務があるという思想をふたたびたちあげ、白日の下に置いたのである」。さらに、デュリュイが『官報』に「無償と義務の教育を求める報告書 (son fameux rapport qui réclame l'instruction gratuite et obligatoire)」を公表し、「すでに一連の行政的方策によって自分が世俗的教育の擁護者であると自ら宣言していたこと」を重ね合わせ、つぎのように評価を下すとき、いっそうあきらかである。「このことは疑いもないことだ、つまり『革命の三大原則』が二度目に墓から抜け出したのだ」。このように、第二共和政および第二帝政時代の叙述において、本論文における「革命の三大原則」の理念、その理念の継承・発達としての歴史観という特徴が、いっそう明確に理解されるであろう。ただし、第二帝政全体つまり1850年代について「残念ながら(デュリュイ—引用者)大臣はその政府にうとんじられ、また彼の臆病な後継者たちは、自由派を圧倒する保守派を安堵させようとするだろう」と消極的な評価を下している[74]。そのいっぽうで、「帝政自体、もし存続していたら、無償教育をつくりあげていただろう(法案は国務院で朗読・討議されていた)」とも評価するのである。

C) 1880年代改革の現状と展望

以上のような特徴のある歴史素描に続けて、論文の叙述は、第二帝政の終焉となった普仏戦争、さらにパリ・コミューンにはふれることなく、第三共和政へと進んでいく。いわば、改革の現状についての解説と展望であるが、やはり概要をまとめながら特徴をみていく[75]。

第三共和政では、そのはじまりから初等教育への関心が深まっていたことの証左として、ジュール・シモンの1871年末の言葉を、つぎのように引用している。「われわれの不幸の翌日(すなわち普仏戦争の敗北のこと—引用者)、

急を要する問題、緊急になさねばならぬことは、この国に公教育を再建すること、とりわけ初等教育の発達を促進することであるということは、すべての人がわかっていたのである」。こうした世論に支えられ、第三共和政確立後、初等教育の法的な整備が進められたとして、3名の人物を紹介しながら、具体的な法律を列挙していく。第一が、ポール・ベール (Bert, P.; 1833-1886) で、「1879年から、新しいすべての広範な法規を起草し確立した、偉大な委員会の報告者」として紹介する。第二にジュール・フェリーを「数多くの議会での勝利を得ることのできた人物」として紹介、ここでその成果として可決・成立した具体的な実効法を列挙している[76]。第三に「1886年10月30日の組織法」の公布によって共和主義的事業を固定」したゴブレ、である。この論文執筆の時点では教員給与に関する法律はいまだ可決されていなかったが、これもまもなく下院と上院で可決されるだろうと述べ、これによって「公教育の改革全般が完成される」とするのである。ここで注目されるのは、この「改革」全体について、その実現に向けてのフランス共和国の努力、ならびに実現した暁の成果について、ビュイッソンが、「フランス共和国は民衆教育に関して、おそらくアメリカ合衆国だけがその前例となるような努力をしていくこととなるだろう」と述べるように、隣国（ドイツ）等ヨーロッパ諸国の事例を避けて、あえてアメリカ合衆国の事例を引き合いにだして誇っていることである。

(2) 制度改革を支える「教育的改革」——教員の教育的使命の強調

　以上のような法的整備に関する説明とあわせて、本論文においても、新たに改編された「高等（教育）評議会」による「教育的改革」が、これらの法的整備に「名誉を与えた」としている点が注目される。これは、第2節で検討したジュール・フェリー改革に関する講演記録にも登場したものであるが、この「教育的改革」に関する本論文の叙述は簡略で、つぎのように述べている。「それは教員を解放するとともに、教員にその教育的使命およびそれに必要な独立の精神をもたせ、同時に初歩的であった教育そのものを、大臣の言葉にしたがえば、自由教育そのもの (toute une éducation libérale) へと作

り変えたのである」。すなわち、教員に「教育的使命(conscience de sa mission éducatrice)」の意識をもたせること、そして初等教育を「自由教育」へと変えていくことの二点が、この「教育的改革」の内容として説明されているのみである。これはさきに検討した講演記録で述べられた「教育的改革」の要点をまとめたものといえるが、とくに教員に関することに力点が置かれている点が特徴的である。1880年代の教育制度改革に関しては、教員の意識改革に必要な環境整備を整えてきたとして、師範学校から初等系高等師範学校(deux grandes écoles de Saint-Cloud et de Fontenay)への進学のルートを築いたことなどがあげられているのである。これもまた、さきの講演記録の補完といえる内容であろう。ビュイッソンは、この「改革」について言及したのち、このような1880年代教育改革を、あらためて「われわれ祖先の理念のこの勝利」とよび、多くの困難——就学義務の不徹底さや教員の世俗化にはまだ年月がかかるなど——はあっても、「第三共和政の学校事業は、破局がないかぎり、まったくすべて消え去ることはないものである」として、つぎのように論文を締めくくるのである。「初等教育の発展、義務、無償、そして教員の世俗化によって保障された中立性、われわれすべてに分け隔てなく不平等なく、何の隠し立てもなく与えられるこの幅広い教育すべては、学校や政治の成果なのではなく、それはまさに社会的成果なのであり、ひとたびこれを認識した国民はそれを奪取されたような前例はない、そうした成果なのである」。

第5節　国家による道徳の世俗的教育への展望
──「国家の代理人」としての教師

　これまで1880年代教育改革に関するビュイッソンの解説・注釈・総括ならびに教育史的位置づけを検討してきた。そこには様々な特徴がみられたが、もっとも注目される特徴のひとつに、制度的改革の背景あるいはそれを支えるものとして「教育的改革」の存在を繰り返し説明していた点があげられる。最後に、この「教育的改革」を切り口に、ビュイッソンの教育制度改革構想のめざした方向性を展望することとしたい。

第2節であきらかにしたように、ビュイッソンの言う「教育的改革」は、具体的には教育内容の拡大をもたらすものであった。「未来の市民たちに基礎的教育のみならず、人生すべての幸福と尊厳を形成することになる思想と感情の宝物すべてを提供」[77]するために、「図画」や「唱歌」が導入されたこと、それらの導入に関しては国民の連帯・統合の必要性の観点から説明されていたことは、すでにみたとおりである。それでは、伝統的な「道徳・宗教教育」の削除にともなってまったくあらたに導入された「道徳・公民教育」科目については、どのように説明されるのであろうか。実際、いわゆるジュール・フェリー法案の審議の過程において最大の論議を呼んだのも、この点についてであった[78]。これは換言すれば、教育の世俗化の意味が問われる問題であったといえる。

　これに対するビュイッソンの説明は、『教育学・初等教育事典』における「世俗性 (laïcité)」の項目にみることができる[79]。教育の世俗化について、それを様々な教科・科目から「道徳的・哲学的・宗教的なあらゆる観念」を「厳密な中立性に対する違反」として排除することとして理解したなら、それは「わが国の国民教育」にはあてはまらない。なぜなら、今日では教師は単に知識を教えるだけの者ではなく「教育者 (éducateur)」なのであり、また子どもたちも「自由教育 (éducation libérale)」を求めているのであるから。ここでも「教育的改革」が援用されていることがわかる。そしてこの「改革」のキーワードである「自由教育」の内容について、ビュイッソンはつぎのように述べる。「道徳的な影響、魂についての一般的知識、人間そのもの、さらにはその義務と宿命についての知識もない教育など、誰が想定できようか？　それゆえ教員は、その任務を完遂するために、国語や算数の教師であると同時に道徳の教師となることができるのである」。ここから、「教育的改革」によってもたらされる「自由教育」の内容に道徳の教育が重要な位置を占めるべきであり、その教育こそが教員にとって重要な役割・使命であるとビュイッソンが構想していたことが理解できる。このことをふまえるならば、ビュイッソンが1880年代教育改革の特徴として、教員制度の改革を強調していたことは、教員に「道徳の教師」としての使命感を保持させるともに、その教育方法の

向上——それは直観教授による道徳的直観の形成が想定されていた——をめざし、さらに教師のこの教育活動をとおして、国家による道徳教育を構想していたと考えることができる。このことは、やはり『教育学・初等教育事典』の「道徳」の項目に、あきらかに示されていた。

この「道徳」項目においてビュイッソンは、哲学者ポール・ジャネ (Janet, P.; 1823-1899) が1881年に公教育高等評議会に提出した報告書から、国家は兵士、医師、行政官らを養成する必要もあるという主張を引用したうえで、「それゆえ国家は道徳を教えることができるのであり、また教えなければならないのだ」と断言するのである[80]。この点を補足しよう。1908年、第1回国際道徳教育会議 (The First International Moral Education Congress) において、ビュイッソンは1880年代教育改革とくにジュール・フェリー改革に関する講演を行なっているが、その演題が「フランスにおける道徳の世俗的教育 (L' Enseignement laïque de la Morale en France)」であったこと、そこで教師のことを「国家の代理人 (le maître, représentant de l'Etat)」と呼称していること[81]を考え合わせるとき、ビュイッソンには「国民教育」の創設をとおして国家による道徳の世俗的教育の実施という構想が描かれていたと言える。では、その道徳の本質や特徴、その教育の内容・方法は如何なるものを構想していたのか。

さきの「道徳」項目においては、ジャネの報告書からの引用として、「われわれをして、低俗、卑属なるものを普遍的で高貴で繊細なものに従属させよと命ずる法則、それが『義務』と呼ばれるものである。それゆえ国家にとっては、義務の道徳以外には道徳は存在しないのである」としている点が注目される[82]。しかしながら、この項目を含め、残念ながらこの時点において、ビュイッソンは自身の言葉によっては明言していない。「義務」の概念を中核とする宗教観の発展として、新たな道徳およびその教育の具体的内実についてビュイッソンが語り始めるのは、20世紀の1910年代以降、とりわけ『教育学・初等教育事典』の改訂版が出版されるころなのである。それは、スイス・ヌーシャテル亡命時代に形成された「自由キリスト教」の思想であり、特定の教義や組織、形式をとりはらった、ビュイッソン自身の後の言葉によれば「世俗化された宗教」であり、「善の宗教」と表現されることとなる道徳であり、

その教育なのである[83]。

小 括

　本章では、1880年代教育改革をビュイッソンがどのように認識し、かつ説明して一般に理解してもらおうとしていたか、という観点から、制度改革に関する彼の言説の検討を行なった。それにはおもに3点の史料をとりあげた。以下、そのまとめと確認を行なう。

　1880年代、ビュイッソンは初等教育局長として改革立案・推進主体のなかにあった。その時点で公教育大臣の代理という立場で行なった、改革を説明する講演からは、およそつぎのような特徴をみることができた。①改革を「国民教育」の創設と特徴づけ、そのための手段として初等教育の「無償」「義務」「世俗性」を位置づけていたこと、②改革は「教育的改革」に裏打ちされたものとされ、それは「子どもを育てること」換言すれば幅広い教養の形成とそのための機会を保障することと説明されていたこと、③「教育的改革」は教育内容（教科・科目）の増設と教授法の改善──実物教授の導入を意味しており、とくに新たな教科の導入は経済発展と国民統合の観点から説明がなされていたこと、④最後に、こうした特徴を有する改革のすべては教員の努力にかかっていることの強調、などであった。ついで、「ゴブレ法」に関するコメンタールにおいては、①教員の世俗化にこの法律（案）の重要性を見いだし紹介していたこと、②教員の任用を中心とする教員制度の改革について詳しく説明し、本法律（案）が教員の資質向上のための条件整備を図るものである点を強調していたこと、などである。また、およそ1880年代教育改革が完了した時点での論文においては、①「国民教育」の理念をフランス革命（国民公会）が提起したものとし、その基本原則として「無償」「義務」「世俗性」を「革命の三大原則」と明確化するとともに、それらを歴史的に正統化していたこと、②法的（制度的）整備のみならず「教育的改革」がともなったことを説明し、その内実としてとくに教員に「教育的使命」をもたせる意義を強調していたこと、などである。これらの検討結果をふまえたうえで、

1900年代の史料も参照しながら、上述した「教育的改革」が新たな道徳・公民教育科目の導入の根拠となっていたこと、さらに国家による道徳の世俗的教育をとおして、国民統合という構想が形成されつつあったという見通しをつけた。

註

1 Hayat, P.: *La Passion.*, op. cit., p.20.
2 Gueissaz-Peyre, M.: op. cit., p.219.
3 Loc. cit.
4 Ibid., pp.219-220.
5 Buisson, F. (éd.): *Nouveau Dictionnaire de Pédagogie et d'Instruction primaire,* Paris, 1911, p.484.
6 Hayat, P.: *La Passion.*, op. cit., p.20.
7 エドガー・キネについては、Buisson, F. (éd.): *Nouveau Dictionnaire.*, op. cit., pp.1721-1723.
8 Gueissaz-Peyre, M.: op. cit., pp.456-457.
9 Ibid., p.209.
10 Ibid., pp.225-226. なお上垣はギサ・ペイルのこの文章をもとに、さらに強調ないし誇張して以下のように述べている。「彼が初等教育局長を務めていた期間、とくに最初の10年間は教育改革関連諸法が可決され、実施されていく時期であり、その法案作成やその具体化に直接携わり、重要案件のどの書類にも関わっているので黒幕的存在と目されていた。1883年にジュール・フェリーが公教育相を辞任して以後とくに隠れた権力者として現れ、初等教育界の帝国に支配的な存在となっていく」。上垣豊、前掲論文、147頁。
11 梅根悟（監修）前掲『世界教育史大系 10 フランス教育史Ⅱ』126-127頁。
12 Léon, A.: op. cit., pp.88-89.
13 Chevallier, P. et Grosperrin, B.: *L'Enseignement français de la Révolution à nos jours, tome II, Documents,* Paris, 1971, pp.273-278.
14 Nora, P.: "Le 'Dictionnaire de pédagogie' de Ferdinand Buisson: Cathédrale de l'école primaire" in Nora, P. (dir.): *Les Lieux de Mémoire,* Paris, 1997.
15 以下の叙述はとくにことわらないかぎり、つぎによっている。Gueissaz-Peyre, M.: op. cit., pp.221-224, et pp.253-260.
16 この事情について、ギサ・ペイルはジュール・スティーグに宛てたビュイッソンの書簡にもとづいてあきらかにしている。
17 パリ・コミューン前後のビュイッソンの事跡については、すでにあきらかに

したが、なお不明な点も多い。

18 ここでギサ・ペイルが利用しているのは、デュボワの学位論文である。Dubois, P.: *Le Dictionnaire de pédagogie et d'Instruction primaire de Ferdinand Buisson: Unité et disparités d'une pédagogie pour l'école primaire (1876-1911)*, Thèse de doctora en science de l'éducation, Université Louis Lumière Lyon 2, 1994. なお、彼女はここでデュボワの研究に頼らざるを得ないのは、「ビュイッソン・コレクション」に『教育学事典』関係史料が所在不明になっているためであると、「無神経な利用者」を非難している。Gueissaz-Peyre, M.: op. cit., p.222.

19 Ibid., p.225. ジャム・ギョームは、スイス・ヌーシャテルの時計職人の家系であった。父親の渡英中、ロンドンで生まれる。ヌーシャテルに帰国後、父親は代議士、コンセイユ・デタ評議員をつとめた。ギョーム自身はチューリッヒの「哲学・教育学ゼミナール」で勉学し、亡命中のドイツ人教授たちにつき、「ドイツ文化に魅了されるとともに、うんざりもした」といわれる。第一インターナショナル加入にかかわって困難な状況にあった1877年、ビュイッソンから『事典』編纂の協力依頼を受け、承諾する。後には、『教育学雑誌 (*Revue Pédagogique*)』の編集書記もつとめた。さらにビュイッソンは彼に、「世俗的教育の系譜」にそって「1789年から1808年の公教育の歴史に関する史料の系統だった刊行」をゆだねた。これは1889年に第1巻が、ついで1891年から1907年にかけて他の6巻が刊行された。これがフランス革命教育史研究必携となった、*Procès-verbaux du Comité d'instruction publique de l'Assemlée legislative*, 1889, *Procès-verbaux du Comité d'instruction publique de la Convention nationale*, 6 vols., 1891-1907. である。以上、Gueissaz-Peyre, M.: op. cit., *Annexe 1, Notices biographiques*, pp.14-15. ギョームのこの史料集は、フランス革命期公教育（思想）史研究の伝統的かつ主要な史料として用いられてきた。これは、フランス革命の立法議会期と国民公会期のみをとりあつかっており、これだけに依拠するフランス革命教育史の限界については、小林亜子「フランス革命期の公教育と公共性」、安藤隆穂（編）『フランス革命と公共性』名古屋大学出版会、2003年、参照。

20 Gueissaz-Peyre, M., op. cit., pp.356-357, 木崎喜代治『信仰の運命――フランス・プロテスタントの歴史』岩波書店、1997年、240-243頁。

21 Loeffel, L.: op. cit., p.23., Buisson, F. (éd.): *Nouvau Dictionnaire*., op. cit., p.1723.

22 Buisson, F. (éd.): *Dictionnaire de la Pédagogie et d'Instruction primaire*, Paris, 1887, pp.344-347.

23 Buisson, F.: *Condorcet*, Paris, 1929.

24 Pécaux, F.: "Ferdinand Buisson," op. cit., p.10.

25 Buisson, F. (éd.): *Dictionnaire*., op. cit., preface.

26 ポリテクニーク協会 (Association Polythecnique) は、1830年に労働者のための

無償公開教育を目的として、エコール・ポリテクニークの学生たちによって創設された。七月革命で、ともに自由と民衆の権利のために戦った「戦友」同士がかもしだす雰囲気から生まれたもので、当初からの目的は、科学と職業教育によって労働者を「より有能に、より快適に、より賢明に」するとともに道徳的向上を図ることにおかれた。エコール・ポリテクニーク卒業生らによって組織づくりが行なわれ、数多くの公開授業を実施する体制が整えられた。1880年には、285の授業（講座）の開講が確認されている。Buisson, F. (éd.): *Nouveau Dictionnaire.*, op. cit., p.125.

27 Buisson, F.: "Discours prononcé à l'occasion de la distribution des prix aux élèves de L'Association Polythecnique au cirque d'hivre, le 24 juin 1883," *Revue Pédagogique*, Nouvelle série, tome III, no.7, 15 Juillet, 1883.

28 Ibid., p.2.
29 Ibid., p.3.
30 Ibid., pp.3-4.
31 Ibid., p.4.
32 Loc. cit., なお、「国家」と「社会」の使い分けは、ビュイッソンの言説の特徴のひとつでもある。それぞれの概念と使い分けの法則性の解明は、今後の課題とする。
33 Loc. cit.
34 前掲『世界教育史大系 10』130-131頁、Chevallier, P. et Grosperrin, B.: op. cit., pp.269-271.
35 Buisson, F., Discours., op. cit., pp.4-5.
36 Ibid., p.5.
37 Loc. cit.
38 Ibid., p.6.
39 Ibid., pp.6-7.
40 1882年3月28日の法律では、必修教科と選択教科あわせて24教科に増加している。それ以前の教科との比較一覧表は、藤井穂高『フランス保育制度史研究』東信堂、1997年、212-219頁。
41 Buisson, F.: Discours., op. cit., p.7.
42 Ibid., pp.7-8.
43 Ibid., pp.9-10.
44 Ibid., pp.10-11.
45 Ibid., p.11.
46 Ibid., pp.11-13.
47 Ibid., p.14.

48　Ibid., p.16.
49　Ibid., p.9.
50　前掲『世界教育史体系 10』138-139頁。
51　以下の概略は、同上書、138-143頁。
52　Buisson, F.: "Notes sur la Nouvelle Loi Organique de l'Enseignement primaire," *Revue Pédagogique*, Nouvelle série, tome Ⅷ, no.4, 1886.
53　Ibid., p.289.
54　以下の基本的性格についての叙述は、とくにことわらないかぎり、ibid., pp.290-291.
55　Ibid., p.291. なお、本法のこの本質は、現代の教育史事典においても同様に叙述されている。Demnard, D.: *Dictionnaire*., op. cit., pp.349-350.
56　以下の逐条的解説に関する叙述は、とくにことわらないかぎり、Buisson, F.: Notes sur la Nouvelle Loi., op. cit., pp.292-309.
57　本法の構成は以下のとおり。第1部「すべての公・私初等教育に適用される『全般的規定』」、第2部「公初等教育について（学校施設、教職員、任命、処遇、報酬、その他）」、第3部「私初等教育について」、第4部「初等教育の評議会について：県評議会、カントンの代表、学校委員会」、第5部「移行規程」、第6部「アルジェリアと植民地に関する規程」、ibid., p.292.
58　Ibid., p.295.
59　Ibid., p.301.
60　ビュイッソンのこうした個々の教員の個人的努力への期待については、すでにみたとおりである。
61　Buisson, F.: Notes sur la Nouvelle Loi., op. cit., p.310.
62　ギサ・ペイルは、「ビュイッソンは、教員の給与を定める1889年の法律の作成者である」と断定している。Gueissaz-Peyre, M.: op. cit., p.226.
63　Buisson, F.: "L'Instruction primaire en France de 1789 à 1889," *Revue Pédagogique*, tome 14, no.1, 1889. この論文は、同年の『初等教育年報 (*l'Annuaire de l'enseignement primaire*)』に掲載された論文の抜粋・再録である。執筆年月日は特定できないが、内容から、「公初等教育の通常経費ならびに教職員の給与に関する1889年7月19日の法律」の審議中と推定される。
64　Ibid., p.9.
65　Loc. cit.
66　Ibid., pp.9-10.
67　以下の叙述は、とくにことわらないかぎり、ibid., pp.10-11.
68　この表現は、たとえば前掲『世界教育史体系10』126-139頁など。
69　Buisson, F.: L'Instruction primaire., op. cit., p.10.

70　Loc. cit.
71　松島鈞『フランス革命期における公教育制度の成立過程』亜紀書房、1968年、246頁。
72　前掲『世界教育史大系 10』138頁。
73　以下の歴史的素描については、Buisson, F.: L'Instruction primaire., pp.13-15.
74　ごく最近の教育史研究では、ビュイッソンのこの史料をとりあげ、「第三共和政の学校の共和主義者たちにも、カトリックの一部の同時代人にとってさえも、1850年代は沈滞さらには退行の時代」として認識されていたことを示し、この認識が後の教育史研究の通史的な枠組みになったことを示唆している。Chapoulie, J.-M.: op. cit., p.8.
75　以下の叙述は、Buisson, F.: L'Instruction primaire., op. cit., pp.15-22.
76　ここであげられている法律は、以下のとおり。「師範学校に関する法律（1879年8月9日）（la loi sur les écoles normales (9 août 1879))」、「高等評議会に関する法律（1880年2月27日）(la loi sur le Conseil supérieur (27 févrie 1880))」、「女子中等教育に関する法律（1880年12月21日）(la loi sur l'enseignement secondaire des jeunes filles (21 décembre 1880))」、「徒弟学校に関する法律（1880年12月11日）(la loi sur les écoles d'apprentissage (11 décembre 1880))」、「リセ、コレージュおよび学校の金庫に関する法律（les lois sur la Caisse des lycées, colleges et écoles)」「教員資格に関する法律（1881年6月16日）(la loi sur les titres de capacité (16 juin 1881))」、「無償に関する法律（1881年6月16日）(la loi de gratuité (16 juin 1881))」、「教育を義務および世俗化する1882年3月28日の偉大な法律（la grande loi du 28 mars 1882 qui constituait l'instruction obligatoire et laïque)」である。ibid., p.16.
77　Buisson, F.: Discours., op. cit., pp.6-7.
78　Chevallier, P. et Grosperrin, B.: op. cit., pp.283-284. たとえば、右派の代表的な反対論者からは、厳密な中立性を実施するならば宗教教育のみならず唯心論哲学も公民教育も徹底的に排除されねばならず、そうなればカリキュラムには何が残るのか、といった厳しい指摘がなされた。
79　以下の叙述・引用は、Buisson, F. (éd.): *Dictionnaire.*, op. cit., p.1472.
80　Buisson, F. (éd.): *Dictionnaire.*, op. cit., p.1969.
81　Buisson, F.: "L'Enseignement laïque de la Morale en France" in Spiller, G. (ed.): *Papers on Moral Education*, London, 1909, p.190.
82　Buisson, F. (éd.): *Dictionnaire.*, op. cit., p.1969.
83　Buisson, F.: "Le Fond religieux de la Morale laïque" in *Revue Pédagogique,* tome 60, no.4, 1917, p.355.

終章　本研究の結論

　最後に、本章においては、本研究の全体を締めくくるにあたり、そこで得られた成果をまとめるとともに、それをふまえて研究の展望もあきらかにする。まず第一に、本研究の直接的な課題であったビュイッソンの教育思想の形成過程ならびにその特質についての検討結果を確認し、ビュイッソン研究に即してその成果を明示する。ついで、その成果がもたらすであろう展望について、第三共和政教育改革史研究に照準化して考察することとしたい。

1. ビュイッソン研究に即して：研究の成果

　本研究においては、第三共和政成立前後から1880年代におけるビュイッソンの事跡をあきらかにしつつ、その時系列に即して彼の具体的な言説をとりあげ、それぞれの基本的特徴を明確にする作業をとおして、1880年代教育改革の時点における彼の教育思想の特質を解明することを課題とした。そのため、各章構成は、ほぼ彼の事跡の時系列にそったものとなっている。まずは各章ごとに、その検討結果を簡潔にまとめ、つぎにそれをふまえて、従来のビュイッソン研究に即したかたちで、その成果を明示しよう。

(1) 各章における検討結果

　まず第1章においては、青年期（20歳代）のビュイッソンの事跡と思想形成過程をとりあつかった。第二帝政下のパリ時代に、彼が福音書を自由に検討・解釈、そして表現する権利を主張して正統派、さらに改革派教会から逸脱していったことをあきらかにした。スイス・ヌーシャテル亡命時代には、

初等公教育の世俗化、具体的には「聖史」教育の廃止を強く主張する。また教義や聖職者に代表される「権威」を排除し「義務」の信仰を中心におく「自由キリスト教」の思想と運動を形成・展開してもいた。前者、すなわち「聖史」教育批判と教育の世俗化の主張にあっては、「聖史」教育の不合理性を指摘することをとおして、自らの教育観(教育目的と内容の特定)を表明している。それは子どもに早期から自由な探求と検討の習慣を獲得させるとともに、「義務」を中核に「自由」と「平等」の観念を教授しようとするものであった。また、後者「自由キリスト教」思想の展開にあっては、宗教の本質を個人的な「善」とともに「公共善」をめざす心的態度におき、それによって宗教と道徳を同一視する。これらは、後に彼が取り組むことになった教育の世俗化および道徳の世俗的教育の構想の、思想的基底となるものであった。

　ついで第2章では、普仏戦争勃発によるフランス帰国、パリ・コミューンの動乱の時期におけるビュイッソンの事跡をとりあげた。パリ・コミューン以前からパリ・バティニョールにおいて熱烈な共和主義と共和政体を礼賛する論説を公表し、またパリ・コミューンの改革の先取りともいえる孤児院の運営に関与していたことがわかった。これは、従来の先行研究ではあきらかでなかった事跡の解明である。

　第3章では、いまだ政治的に不安定な第三共和政にあって、初等視学官としてウィーン万博学校博覧会に派遣された経緯およびその視察報告書について検討した。彼が単独で起草した報告書は、万博参加各国の初等教育に関する実態、とくに教育方法を広く紹介するものであり、そこで彼が万博参加各国で広く普及していた「直観的方法」に着目、この紹介に力をそそいでいたことをあきらかにした。

　第4章では、ウィーン万博にひき続き派遣された、アメリカ合衆国フィラデルフィア万博学校博覧会に関する報告書をとりあげ、検討した。彼が責任者となってまとめられたその報告書は、フランス初等教育関係者を対象にして、アメリカ合衆国における公立(初等)学校の制度と組織——教育内容・方法もふくめて——を中心とした詳細な実態と特徴を紹介・解説するものであった。それは、アメリカにおいては、学校が「公共事業」として広く認識され、

「無償制」がとられていること、公立小学校の全般的な教育内容・方法が「直観的」かつ「実際的」であることなどを指摘し、1880年代改革を前にしたフランス初等教育関係者に広く情報提供するものであったことを解明した。

これら二つの万博報告書に関する全般的な検討結果をふまえ、ビュイッソンはこれらの万博・学校博覧会ないしは諸外国の教育事情から何を学ぼうとしたのか、少なくとも両報告書から読み取ることができるのか、この点につき、続く第5章では具体的に「宗教教育」と「道徳教育」について、そして第6章では、「直観的方法」について詳細に検討した。

第5章においては、ウィーン万博報告書にあっては実際には「宗教教育」を中心に紹介と評価がなされていたこと、またスイスとアメリカ合衆国、すなわち教育の世俗化が貫徹されている国における、この領域の教育事情の紹介におおくが割かれていたこと、そしてこの領域の教育においては教員一人ひとりの個人的な役割が重要になっている点が強調されていた。また、フィラデルフィア万博報告書では、「宗教教育」と「道徳教育」に明確に分割されて報告されていること、それぞれの報告対象はほとんどがアメリカ合衆国の公立（小）学校であった。ついで、「宗教教育」については、合衆国の公立学校は「本質的に『非宗教的』」であり、基本的には宗教教育は実践されない世俗化の原則が改めて確認され、かつ強調されている。最後に、「道徳教育」に関しては、特定宗教に拠らない道徳教育構築の模索が紹介され、教員個人が道徳的模範となるべきであること、それも子どもの自発性と理性を重んじ「直観的」な方法に拠ろうとしている基本原則が強調されていたことがあきらかとなった。

第6章では「直観的方法」に関するビュイッソンの思索の展開をあつかった。ウィーン万博で広く普及している教育方法として注目し、その報告書において「方法」と「手順」とを明確に区別することにより、子どもの自発性・主体性を重視し、その主体性のさらなる形成をめざす直観的方法（ないし直観教授）の基本原理を認識していたことをまずはあきらかにし、ついでフィラデルフィア万博報告書においては、合衆国公立学校における教育方法の基本的特徴として、「直観的」方法を積極的に取り入れていることを強調して

いた。これらのことをふまえ、1878年パリ万博における講演会では、彼の思索はさらに深化し、直観を対象に対して自発的に知覚する、すべての人間の精神の生得的で普遍的な働き（直接知覚）ととらえ、この自発的な知覚に働きかけることによって、その自発性・主体性をさらに発展させる意図的作用こそ「直観的方法（直観教授）」の本質ととらえていたことをあきらかにした。これは、これまでの先行研究で十分にはあつかわれてこなかった、ビュイッソンの教育学ないし教育思想それ自体を対象とした初めての研究成果といえる。

　第7章においては、初等教育局長への就任ならびに『教育学事典』の編纂作業の経緯を示した。同時に、初等教育局長としてビュイッソンが、自らその立案・推進主体のひとりとなった1880年代教育改革をどのように把握し、かつ理解をもとめようとしていたのか、改革期に関して彼が解説した具体的な論考を三点とりあげ検討し、その特徴を整理するとともに、この時点における彼の教育改革構想の基本的な枠組みをあきらかにした。まず第一に、ジュール・フェリー改革を「国民教育」の創設と規定し、その構築のための手段として「義務」「無償」「世俗化」の「三重の改革」を位置づけ説明していたこと、この制度的改革の背景には「教育的改革」があるとして、その内実を「自由教育」の実現――具体的には教育内容＝教科・科目の拡大とその実施を可能にするための教授方法の改善＝直観的方法の積極的導入――にもとめていた。また1880年代教育改革の一応の到達点であった「ゴブレ法」については、教員の世俗化ならびに教員の資質――この場合、教授方法における質の向上が想定される――向上のための条件整備を目的とするものである点を強調していた。これを含めて、1880年代教育改革の総括と歴史的評価については、「国民教育」の理念ならびに「無償」「義務」「世俗性」の「近代初等教育三原則」を、フランス革命とりわけ国民公会が生み出した理念と規定し、それを第三共和政1880年代教育改革によって実現したとする歴史的な正統化を行なっていた。さらにまたこの改革を支えた「教育的改革」について、その内実として教員一人ひとりに「教育的使命」をもたせようとしたものであったと説明している。これらの成果をふまえ、最後に、彼の主張した「教育的改革」が、

新たな「道徳・公民教育」の導入を正当化するものであり、制度改革を教員の資質向上のための条件整備として説明した。また、それを支える「教育的改革」が、教員一人ひとりに「教育的使命」をもたせようとするものとして説明され、新たな道徳教育の遂行主体たる教師を「国家の代理人」と規定することによって、国家による道徳の世俗的教育の実現と、それをとおして国民統合をめざす構想が展開していくことを、展望し得たのである。

(2) 本研究の成果

　本研究の具体的成果は、なによりもビュイッソンの事跡と思想形成過程の解明にある。すでに序章で検討したように、従来の教育史研究においてビュイッソン自身の経歴・事跡はほとんどあきらかにされておらず、また教育思想ないし教育学の構想についても、単独でとりあげられること自体僅少であった。本研究は、彼の青年期から1880年代教育改革期にいたる事跡と宗教および教育に関する思想の展開過程をあきらかにすることで、フランス教育史研究の間隙を埋めることができたと考える。より具体的には、以下の諸点において成果をあげたと考える。

　(1)青年期における「自由キリスト教」思想の形成と内実の解明

　本研究は、ビュイッソンの教育にかかわる経歴と思想形成の過程を時系列に即して検討・分析・叙述する方法をとった。この方法によってもたらされたもっとも重要な成果が、彼の宗教と道徳をめぐる思索の形成過程とその特徴を先駆的にあきらかにしえたことである。具体的には、のちに展開される世俗的と特徴づけられる教育思想の基底を、青年期における「自由キリスト教」思想の形成と内実にもとめることができた点である。
　彼の「自由キリスト教」思想の形成と特徴の析出自体は、すでに本研究がもっとも依拠したギサ・ペイルの研究が、すぐれた解明をしている。しかしながら、彼女の精緻な研究においても、教育改革あるいは教育学との関連からの解明はなされていない。本研究では、青年期、とくにスイス・ヌーシャ

テル時代のビュイッソンの思想と活動の展開をあきらかにしたのみならず、それがビュイッソンにおける宗教と教育をめぐる問題、さらに言えば対立関係を解消するための思想的基盤となるものであったと位置づけた。ヌーシャテルにおける「自由キリスト教」運動そのものは挫折するが、宗教の本質を「義務」の信仰とし、私的および公的な「善」の追求、さらなる向上をめざす心的態度ととらえることにより、宗教を道徳に置き換えようとするこの思想は、後々までビュイッソンの宗教観および道徳観、道徳教育論を規定するものであった。このことは、1880年代改革が一応の完成をみた後において述べられた彼のつぎの言葉からもあきらかである。「宗教とは、論文や決まり文句では片付けられない本質をもつものである。宗教は、ひとつの詩である。もっとも純粋で飛翔力があり、もっともとらえにくい詩だ。人間の魂は、それによって、無限に愛し、希望をもち、すべてを理解し、すべてを見抜き、未知なるものを知り、不可能なことを実現し、自分のあらゆる力を無限に伸ばそうという願いを表現するのである」[1]。また、「残された問題は、宗教を破壊することではない。教会がながいあいだ確固たる支配者であったあらゆる活動を世俗化することで実現させた解放の事業を、この領域においても実施することが残されているのだ」[2]。ビュイッソンがこうした宗教観・道徳観を青年期に確立し、それを1880年代改革期において持続・保持していたことを明確にできたことは、この改革に関する教育史研究、とくに新たに導入された「道徳・公民教育」に関する教育史研究に、つぎのような展望をひらくものと考えられる。

①**伝統的宗教に依拠しない道徳教育導入過程に関する再検討**

ビュイッソンのこうした宗教観と、それにもとづく新たな道徳教育導入の説明は、1880年代教育改革の提起した最大の問題である教育の世俗化、とくに特定宗派によらない道徳教育の導入と展開のプロセスを実践の場において支え、あるいは反対論者を説得する論理として機能した、とみることができる。このことはまた、つぎの点への展望につながる。

②**新たな「道徳・公民教育」教科の教育内容に関する再検討**

実際に導入された「道徳・公民教育」教科の内容は、有名なジュール・フェ

リーの教員宛書簡[3]、あるいは1887年1月18日付け公教育省省令に付された学習指導要領[4]にあきらかなように、様々な徳目を「義務」として列挙する、まさに義務の道徳であった。こうした道徳教育の内容的な特質について、これまで、①「義務ばかりが教えこまれる」ものであって、そこから「新しい精神をよみとることは容易ではない」という指摘[5]、および「基本的には、共和主義と反教権主義の情念をともなった古い唯心論であった」とする指摘[6]のほか、②「カントを源流とし、その合理的な基礎をもとめた」とするもの[7]、また、③「(そこには—引用者)二つの源流がある。ひとつはカントの哲学と倫理学、もうひとつは、自由プロテスタントである」という指摘[8]がなされてきた。ここに、本研究であきらかにしえたビュイッソンの宗教観・道徳観(両者を同一視する)を介在させることにより、単なる「義務」や徳目の列挙にしかみえないこの教育内容において、プロテスタント自由派からも離脱しつつ、なおも宗教的であることにこだわったプロテスタント左派ないし過激派の思想と原理が貫徹されていたとの仮説からの再検討も、可能になると考えるのである。

(2)ウィーン、フィラデルフィア万博派遣の経緯とその報告書を本格的に検討・分析の対象としたことにより、ビュイッソンの教育思想形成における諸外国とくに合衆国からの影響を指摘することができた点。

これはビュイッソン研究のみならず第三共和政教育史研究においても未開拓であった史料分析の成果である。もちろん、報告書執筆・刊行当時のフランスのおかれた時代背景と国民感情とを考慮しなければならないが、フィラデルフィア万博報告書に関する検討結果からもあきらかなように、合衆国における学校教育の基本原則——政教分離、公共事業としての学校整備、直観的で実際的な教育方法(教授法)、教員の養成方法と教員に対する期待など——をビュイッソンは高く評価しており、その直観教授論もここから多くの影響を受けていると言ってよい。この点は、ビュイッソンの教育思想(形成)研究においても重要なことであるが、同時に第三共和政教育史研究にも、新

たな展望をもたらす視点を提供できたと考える。具体的には、すでにみたように、1880年代教育改革の教育内容・方法的研究において重要な位置を占める1887年小学校教育課程の教育方法に関する規程において、「初等教育の拠点」は「直観的であり、実際的である」とする規定がもりこまれたのは、初等教育局長たるビュイッソンを介して合衆国（アングロ・サクソン）の影響にあるものと判断しえたことである。そしてこのことは、第三共和政の教育史研究において、国際的な交流という観点の導入を、今後の課題とする必要があるのである。

(3) 初等教育局長および『教育学・初等教育事典』編纂作業に関する経緯と言説を具体的にとりあげ、検討したこと。

　これも、従来の第三共和政教育史研究はもちろん、ビュイッソンに関する先行研究においても活用されてこなかった史料の検討・分析の成果である。これにより、消極的には、ビュイッソンが初等教育局長として、初等教育関係者の頂点に位置する立場から、講演会・教育雑誌などのメディアを活用して、1880年代教育改革の意義の解説・理解の普及に努めていた活動の一端をあきらかにしえた。しかしながら、より積極的な成果は、これらの史料にみられるビュイッソン自身の言説——1880年代教育改革の理解・認識の様態ないしはその表現として——の分析結果にある。1880年代教育改革を「国民教育」の創設と説明し、その基本要素を「無償」「義務」「世俗性」の「三大原則（三重の改革）」として説明していたこと、さらにこの「三大原則」をひとつの「理念」としてとらえ、フランス大革命、ことに国民公会が生み出したものとして説明していた点を明確にできた。このことから、序章で指摘した、今日なお実証を欠いて流布するいわゆる「通説」、すなわち近代公教育の基本原則である無償・義務・世俗性（中立性）はフランス革命期において登場し、第三共和政においてその理念が実現されたとする教育史観の原型が、他ならぬビュイッソン自身によって、1889年の時点ですでに確立されていたことを特定できた。この点は、本研究の重要な具体的成果のひとつである。また、

彼が1886年の「ゴブレ法」の基本的特徴として、教員の資質向上のための条件整備を図ったものとして強調していたこと、および1880年代教育改革全体の効力をもたらす原動力と位置づけたのが、教員一人ひとりの個人的努力と「教育的使命」としたことを解明し得た点も、彼の教育論——この場合、制度改革を支える「教育的改革」論として展開するが——の内実をあきらかにするという意味において、本研究の成果のひとつといえる。

2. 第三共和政教育改革史研究に即して：研究の展望

　本研究は、ビュイッソンの教育思想の形成過程とその特質の解明を具体的な課題としてきた。その課題の遂行をとおして、第三共和政初期教育改革に関し、従来の制度史・政策史的研究の成果に加えて、より具体的な教育内容・方法レベルにおける改革の思想にまでふみこんだ包括的な再検討・再構成の手がかりを得ることが、本研究の目的であった。このことは、第三共和政教育（改革）史に関する従来の政治史・社会史あるいは社会学的アプローチとその成果に対する批判的な問題関心を根底にもつ。換言すれば、これは、教育における制度改革の検討には、制度の改革を必要とした、あるいはそれを導き出した教育論（思想）の析出とその位置づけが必要であるという課題意識にもとづくものである。最後に、この観点から上述した本研究の具体的成果をふり返り、新たな第三共和政教育改革史研究への展望を示しておきたい。

　ビュイッソンの言説の分析をとおしてあきらかとなった1880年代の教育制度改革を支える教育論（思想）は、彼の言葉を借りれば、「教育的改革」にもとめることができる。これをビュイッソンは、子どもの発達のすべて、つまり身体、精神、性格、心の発達を助け、促進することと説明した。その具体的な内実は、学校における教育内容（教科・科目）の拡充とその実施を可能にするための直観的方法（直観教授）の積極的導入をうながすことにあった。これを実現するためにビュイッソン自身が、直観的方法についての考察を深化・発展させていった過程は、すでにあきらかにしたとおりである。実際の制度（法制）改革の立案・推進主体の中枢にあったビュイッソン自身がこの

ような努力を重ねるとともに、教育雑誌や各種の講演会といった当時のメディアを駆使して、この「教育的改革」論を説明していたこと自体、教育の制度改革がたんなる立法や法制変更のみで実現するのではなく、そこには一定の教育学的営為の蓄積が存在していなければならなかったことを明確に示している。このことはまた、第三共和政教育改革史をあつかった従来の政治史的研究が政策立案主体の政策的意図として描き出した、あるいは社会学的研究が歴史的帰結として上澄みのごとく描き出したところの、教育による国民統合という国家目標が、こうした教育学的営為の蓄積のうえにはじめて到達されうるものであることを示している。つまり、従来の政治史や社会学的研究からは、この点に関する考察が抜け落ちていたのである。逆に言えば、この観点、すなわち制度改革の渦中における教育学的営為の蓄積＝教育学の発展・展開の解明という観点に立脚し、その端緒ともいえるビュイッソンの「教育的改革」の内実をあきらかにしえた本研究の成果からは、そうした教育学的営為の蓄積＝創出されつつあった教育学の発展・展開を機軸としながら第三共和政教育改革史をとらえ直し、より包括的な改革史像を描く可能性を、提起できるのではないかと考えている。ビュイッソンの事跡と教育思想の展開を検討した本研究の成果をふまえて言えば、さしあたり以下のように見通すことができよう。

　すなわち、ビュイッソンが「道徳・公民教育」科目をはじめとする教育内容の拡充とその実施を可能にするための直観的方法（直観教授）を内実とする教育論を、おもに合衆国経由で導入し、「教育的改革」と明言しつつ展開させたこと、これが教育の制度改革を支える理論＝教育学的営為の端緒となり、制度改革を思想的に誘発することとなる。その際ビュイッソンは、自らの宗教観——「自由キリスト教」思想に立脚し、宗教を義務の信仰と転置する——を背景に、とくに新たな（特定宗派に拠らない）「道徳」の「世俗的教育」によって、新生共和国の「国民」の創出をめざそうとした。これが第三共和政「初期」すなわち1880年代教育改革の基本的なモティーフとなったのである。しかしながら、彼が導入し考察を深めた直観的方法（直観教授）は、この道徳教育の実現には即座に対応しうるものではなかった。このことは彼自身、

1878年の講演においても、「道徳的直観」の形成に関する考察が不十分であったこと、またそれ以降においては、直観的方法に関する考察や体系化を深化させた形跡を残していないことからも推測できる。その代わり、ここにおいてビュイッソンが二つの万博派遣を契機に形成し、『教育学・初等教育事典』編纂の過程において活用した知的ネットワーク＝人的つながりが明確に活きてくることとなる。具体的には、ソルボンヌで1883年から最初の「教育科学 (la science de l'éducation)」講座を担当し、ドイツの実験教育学の流れをくむ哲学的な「教育的心理学 (la psychologie appliquée à l'éducation)」を講じたアンリ・マリオン (Marion, H.; 1846-96)、そして——出版は20世紀に入ってであるが——『ヘルバルトと教育的教授 (Herbart et l'éducation par l'instruction, Paris, 1903)』などを著し、ヘルバルトとその「教育的教授」論を研究・紹介したガブリエル・コンペーレ (Compayré, G.; 1843-1913) など、ビュイッソンと深くかかわりながらも、彼とは異なり政策立案実務に直接関与することなく、教育と研究にたずさわった人々とその教育学的営為との交流である。とくにコンペーレが、ヘルバルト教育学の紹介・導入によって、教授——知識（の伝達）を媒介とした——による道徳教育論を展開することは、ビュイッソンの直観的方法（直観教授）の限界を補完するべきものとして位置づけられるべきである。このように、1880年代教育改革期には、ビュイッソンの「教育的改革」論を端緒として、教育改革のための理論をめぐって複数の教育学者——未だ広義の教育学者に止まっているのかもしれないが——たちが一種の知的サークルを形成しており、教育改革のための知の連携作業が構築されていたと考えられるのである。そして、これらの人々による知的作業の成果を基盤として、あるいはそれらとの葛藤をのりこえて成立するのが、20世紀初頭すなわち第三共和政中期におけるデュルケーム (Durkheim, E.; 1858-1917) の社会学に依拠した教育学および道徳教育論なのである。ここにおいて、教育による国民統合の理論は一応の完結をみる、という見取り図である。

以上のように、本研究でとりあげ検討したビュイッソンの教育思想を起点・機軸にして、教育学的営為の蓄積（単純な積み重ねではなく、多くの葛藤を包摂するだろうが）という観点から、とりあえずの見取り図を描くことができ

るのである。この見取り図を太い機軸として、個々の制度改革、たとえば初等教育改革のみならず教員養成制度改革や高等教育（大学）制度改革、さらに中等教育改革や女子教育の制度改革などを、教育学的意義の析出という課題のもとに位置づけ、再構成――改革史像の再構築――する可能性は開かれたと思われる。ここにこそ、本研究が第三共和政初期教育改革史研究に対して提起する新たな方向性がある。しかしながら、見取り図は見取り図であり、その個別実証的な検討、さらにその検討の成果を太い機軸として描き出す作業は、当然今後の課題とせざるをえない。世紀転換期以降のビュイッソンの活動と言説の分析をとおしての彼の思想形成・発展過程のさらなる解明とともに、この残された諸課題に今後取り組んでいきたい。

註

1 Buisson, F. : "Non! Vous ne voulez pas 'détruire la religion'," in Buisson, F. : *La Foi laïque*, Paris, 1912, pp.85-86, これは、*L'Action* 誌の1903年8月16日および21日号に掲載されたビュイッソンの公開書簡の再録である。
2 Ibid., p.188.
3 Ferry, J. : *Lettres aux instituteurs du 17 novembre 1883*, Paris, 1883.
4 Buisson, F. (éd.) : *Nouveau Dictionnaire*., op. cit., pp.1354-1355.
5 原聡介「国民的連帯へ向かう第三共和国――道徳教育世俗化の課題」梅根悟監修『世界教育史大系38 道徳教育史Ⅰ』講談社、昭和51年、215頁。
6 Stock-Morton, P. : *Moral Education for a secular society—The development of Moral Laïque in Nineteenth Century France*, New York, 1988, p.84.
7 Ognier, P. : "L'Idéologie des Fondateurs et Administrateurs de l'école république à travers la Revue Pédagogique de 1878 à 1900," *Revue Française de Pédagogie*, no.66, 1984, pp.7-10.
8 Zeldin, T. : *FRANCE 1848-1945*., Oxford, 1980, p.183.

フェルディナン・ビュイッソン（Ferdinand Buisson）
関連略年譜

1841　12月20日、パリで生まれる。
　　　裁判官であった父親の転勤により、フランス各地を移住。ノルマンディー地方オルヌ（Orne）県の小都市アルジャンタン（Argentan）のコレージュに入学し、さらにローヌ・アルプ（Rhône-Alpes）地方ロワール（Loire）県の県庁所在地であるサン・テティエンヌ（Saint-Etienne）のリセに入学した。

1858　父親の死亡に伴ない、一家はパリに戻る。17歳のビュイッソンは長男として家庭教師をして家計を支えるとともに、ボナパルト・リセで学習を続ける。

1859　バカロレア（大学入学資格試験）合格。
　　　この頃から、エドガー・キネやヴィクトール・ユゴーの著書を読み、共和主義ないし共和政への関心が高まる。読書会を組織していたらしく、ユゴーの『懲罰詩集（*Les chatiments*, 1853）』が会読されていたらしい。

1863　高等師範学校（Ecole normale supérieure）入学試験を受験、面接試験で共和主義への熱望を語ったため、不合格となる。ただし、公式には、健康上の理由により不合格と公表された。
　　　同年、文学士（Licencié ès letters）の学位を取得する（異説あり）。
　　　この頃から、母親と叔父の影響により、改革派（フランス・プロテスタント）のテブ教会に熱心に通い始める。1865年には執事（diacre）に任命されていたことが確認されている。

1864　『改革派教会における正統派教義と福音書』公表。テブ教会における正統派と自由派の抗争のなかで、教会を事実上追放された牧師補を擁護し、実質的に自由派の立場から自らの宗教観を公表。ビュイッソンの最初の著作となる。

1865頃　テブ教会の執事を解雇され、教会から追放される。
　　　この頃、エドガー・キネの教示により、スイス・ヌーシャテルの新設アカデミー（大学）で、「哲学および比較文学」の教授採用に応募し、採用される。そのため、パリを離れ、ヌーシャテルに事実上、亡命することとなる。

1866　ヌーシャテルの大学（アカデミー）で「哲学および比較文学」の教授として4時間の哲学と3時間の比較文学を担当する。

1867　牧師の娘、ポリーヌ・エマ・ドリボクール（Pauline Emma Deribaucourt）と結婚する。
　　　11月、ヌーシャテルの急進派の機関紙 *Le Premier Mars* に「スイスの小さな

	州における公教育」を発表。教育問題への関心を明確に示す。
1868	哲学のアグレガシオン（大学・中等教員資格）の正式取得のため一時帰国する。
	アグレガシオンを正式に取得。
	ジュネーヴで開催された第1回国際平和会議に出席、演説を行なう。この内容は、同会議を主催した「平和と自由の国際同盟 (la Ligue internationale de la paix et de la liberté) の機関紙『ヨーロッパ連合 (Les Etats-Unis d'Europe)』の4月号に、「教育による戦争の根絶 (L'Abolition de la guerre par l'instruction)」として掲載された。
	12月5日、ヌーシャテル議事堂ホールにて、「初等教育における緊急の改革」の講演を行なう。即座に小冊子として公表する。
1869	9月、第2回国際平和会議に出席、やはり戦争反対の演説を行なう。この時、ジュール・フェリーも参加しており、エドガー・キネを介してフェリーがビュイッソンの活動を認識する機会となった。
	『自由キリスト教宣言』を出版・公表する。ビュイッソンは、その執筆者のひとりであった。
1870	7月、フランスがプロイセンに宣戦布告、普仏戦争の勃発。
	フランス軍敗北、第二帝政の崩壊のさなか、ビュイッソンは妻を残して帰国。ただちにパリ第17区にて孤児院の創設・運営を開始する。
1871	1月、パリ17区のインターナショナルの機関紙『労働者の共和国 (La République des travailleurs)』に、「戦争の恩恵」を発表。
	同月、『労働者の共和国』で、第17区の孤児院に関する記事が掲載され、ビュイッソンが「臨時の所長」をつとめ、中心的役割を果たしていたことが確認される。
	3月8日、パリ・コミューンの成立。
	パリ・コミューン議会、孤児院の開設をはじめとする教育・福祉政策・改革を展開、ビュイッソンらの活動はこの先駆として位置づけられる。
	5月、パリ・コミューンの鎮圧、ビュイッソンはコミューンの活動家を保護し、スイス亡命を導く。
	8月、ティエールが大統領に就任し、第三共和政が成立。
	9月、アシェット家の家庭教師となる。
1872	1月、ジュール・シモン文相により、セーヌ県初等視学官に任命される。
	12月、議会にてビュイッソンの任命に対する批判が起こり、ビュイッソンは初等視学官待命となる。また、この時期に創設された初等教育統計委員会の書記に任命されている。
1873	ウィーン万博に派遣される。フランス学校教育関係展示の組織ならびに万

	博参加各国初等教育事情調査を命じられる。
1875	ウィーン万博における学校博覧会に関する報告書を単独で執筆し、刊行。
1876	7月、フィラデルフィア万博ならびに合衆国初等教育視察団の長を命じられる。
1877	アシェット社と『教育学・初等教育事典』編纂・出版の契約を行ない、以後、この編纂作業に専念する。 同年、編纂の助手としてジャム・ギョームをスイスから呼び寄せる。
1878	「フィラデルフィア万博における初等教育に関する報告書」を編集・刊行。 8月、パリ万博にあわせて開催された教育に関する連続講演会にて、「直観教授に関する講演」を行なう。 総視学官に任命される。 「教育博物館」創設の提案を行なう。
1879	1月、レジオンドヌール勲章シュヴァリエ章を受章。受章の理由は、教育学に関する重要な著作の執筆ならびに特別な任務の遂行によるもの。 2月10日、ジュール・フェリー文相により、初等教育局長に任命される。 12月6日、ポール・ベールによって、初等教育に関する改革法案が議会に提出される。ジュール・フェリー改革の始動。
1881	6月、「1881年6月16日の第一法律」により、初等教員に資格証書（免許状）が義務付けられる。同じく、「1881年6月16日の第二法律」により、公初等教育の無償が実施。
1882	3月、「1882年3月28日の法律」により、初等教育の義務化および公初等教育から宗教教育（「道徳・宗教」）教育の排除が断行される。この2年間の法整備により、公初等教育の無償・義務・世俗性が確立される。
1883	6月24日、ビュイッソンはポリテクニーク協会の褒章授与式にて、公教育大臣代理として、この間の教育改革、いわゆるジュール・フェリー改革の基本的特質を広く説明・解説する講演を行なう。
1886	4月、『教育雑誌』に、審議中の「初等教育に関する1886年10月30日の法律」（通称「ゴブレ法」）に関するコメンタールを発表、法案の基本精神の解説に努める。 10月、「ゴブレ法」により、教員の世俗化・教員資格要件の確立等がなされ、1880年代教育改革が一応の完結をみる。
1887	2月、『教育学・初等教育事典』全4巻が刊行。
1889	7月、「公私教育の通常経費ならびに教員給与に関する1889年7月19日の法律」が制定。この制定に先立ち、ビュイッソンは、『教育雑誌』に1880年代教育改革の総括をする論文を発表。
1891	セバスティアン・カスティヨンの生涯と思想に関する論文により、ソルボ

ンヌ大学から文学博士号を取得。
同年、初等教育局長を辞職し、ソルボンヌ大学の教育学 (la science de l'éducation) 講座の教授に就任。

1892　アシェット社から学位論文を著書として刊行。『セバスティアン・カスティヨン、その生涯とその業績 (*Sébastien Castellion, sa vie et son oeuvre* (1515-1563))』全2巻。

1902　ソルボンヌ大学教授を辞職、その後任が、エミール・デュルケームであった。パリ選出の国会議員となる。

1903　フランス教育同盟 (la Ligue française de l'enseignement) の会長となる。

1904　議会にて、「1904年7月7日の法律（通称「修道院教育禁止法」）の法案報告者をつとめる。また、翌年に成立する政教分離法（「教会と国家の分離に関する法律」）案の検討委員会委員長をつとめる。

1910　普通選挙検討委員会委員長をつとめる。

1911　『教育学・初等教育事典』の改訂版、『新・教育学・初等教育事典』を刊行。

1913　人権同盟 (la Ligue des droits de l'homme) の会長となる。

1914　国会議員を辞職。

1915～　第一次世界大戦

1919　ふたたび、国会議員となる。

1924　国会議員辞職

1927　ノーベル平和賞を受賞。

1932　2月16日、死去。

参考文献一覧

(1) F. ビュイッソン (第一次資料)

Buisson, F. : *L'Orthodoxie et L'Evangile dans l'Eglise réformée*, Paris, 1864

Buisson, F. : Rapport sur *L'Instruction Primaire à L'Exposition Universelle de Vienne en 1873 par F. Buisson*, Paris, 1875

Buisson, F. (éd.): *Rapport sur L'Instruction Primaire à L'Exposition Universelle de Philadelphie en 1876, présenté à M. le Ministre de L'Instruction Publique au nom de la Commission envoyée par le Ministère à Philadelphie, par F. Buisson, Président de la Commission*, Paris, 1878

Buisson, F. (éd.): *Conférence sur l'Enseignement intuitif*, Paris, 1878 (1897)

Buisson, F. : "Discours pronouncé à l'occasion de la distribution des prix aux élèves de L'Association Polythecnique," *Revue Pédagogique*, Nouvelle série, tome III, no.7, 15 Juillet, 1883

Buisson, F. : *Répertoire des Ouvrages Pédagogiques du XVI siècle*, Paris, 1883 (1968)

Buisson, F. : "Notes sur la Nouvelle Loi Organique de l'Enseignement primaire," *Revue Pédagogique*, Nouvelle sèrie, tome VIII, no.4, 1886

Buisson, F. (éd.) : *Dictionnaire de Pédagogie et d'Instruction primaire*, Paris, 1887

Buisson, F. ; "L'Article 15 de la Loi du 30 Octobre 1886," *Revue Pédagogique*, Nouvelle série, tome 12, no.3, 1887

Buisson, F. : *Conférences et causeries pédagogiques*, Paris, 1888

Buisson, F. : "Rapport à le Ministre de l'Instruction Publique sur le résumé des états de situation de l'enseignement primaire pour l'anné scolaire 1886-1887," *Revue Pédagogique*, Nouvelle série, tome 13, no.9, 1888

Buisson, F. : "Instruction primaire en France de 1789 à 1889," *Revue Pédagogique*, Nouvelle série, tome 14, no.1, 1889

Buisson, F. : *Sébastien Castellion, sa vie et son oeuvre (1515-1563)*, Paris, 1892 (1964)

Buisson, F. : "Jules Ferry, organisateur de l'enseignement nationale," *Revue Pédagogique*, Nouvelle série, tome 22, no.4, 1893

Buison, F. : "L'Ecole primaire en France et sa part de responsabilité dans l'éducation morale du pays," *Revue Pédagogique*, Nouvelle série, tome 32, no.2, 1898

Buisson, F. : *La religion, la morale et la science: leurs conflit dans l'éducation contemporaine,*

Paris, 1900

Buisson, F. : "L'Enseignement laïque de la Morale," in Spiller, G. (ed.) : *Papers on Moral Education*, London, 1908

Buisson, F. (éd.) : *Nouveau Dictionnaire de Pédagogie et d'Instruction primaire*, Paris, 1911

Buisson, F. : *La Foi laïque*, Paris, 1912

Buisson, F. : "L'Ecole et la Nation en France," *Année Pédagogique*, deuxième année, 1913

Buisson, F. : "Le Fond religieux de la Morale laïque," *Revue Pédagogique*, Nouvelle série, tome 60, no.4, 1917

Buisson, F. : *Condorcet*, Paris, 1929

(2) F. ビュイッソン(第二次資料:アンソロジーおよび復刻集)

Bouglé, C. (éd.) : *Un moraliste laïque; Ferdinand Buisson*, Paris, 1933

Hayat, P. (éd.) : *Ferdinand Buisson; Education et République*, Paris, 2002

(3) F. ビュイッソンに関する研究文献(アルファベット順)

Caplat, G. : *Les Inspecteurs Généraux de l'Instruction Publique*, Paris, 1986

Champy, Ph. et Etévé, Ch. (éd.) : *Dictionnaire encyclopédique de l'éducation et de la formation*, Paris, 2000

Chase, G. : "Ferdinand Buisson and Salvation by National Education" in Frijhoff, W. (ed.) : *L'Offre d'école*, Paris, 1983

Demnard, D. : *Dictionnaire d'Histoire de l'Enseignement*, Paris, 1981

Gueissaz-Peyre, M. : *L'Image émigmatique de Ferdinand Buisson; La vocation républicaine d' un saint puritain*, Paris, 2003

Hayat, P. : *La Passion laïque de Ferdinand Buisson*, Paris, 1999

Loeffel, L. : *Ferdinand Buisson: Apôtre de l'école laïque*, Paris, 1999

Tomei, S. : *Ferdinand Buisson (1841-1932) Protestantisme libéral, Foi laïque et Radical-Socialisme*, 2 vols., Paris, 2004

Zeldin, T. : *Intellect and Pride*, Oxford, 1980

Pécaux, F. : "Ferdinand Buisson; quelques traits de l'homme," *L'Enseignement publique*, no.107, 1932

(4) 『教育学・初等教育事典』に関する研究文献(アルファベット順)

Denis, D. et Kahn, P. (éd.) : *L'Ecole républiqueet la question des saviors; Enquête au coeur du Dictionnaire de Pédagogie de Ferdinand Buisson*, Paris, 2003

Dubois, P. : *Le Dictionnaire de Ferdinand Buisson; Aux fondation de l'école république (1878-1911)*, Paris, 2002

Dubois, P. et Bruter, A.: *Le Dictionnaire de Pédagogie et d'Instruction primaire de Ferdinand Buisson; Répertoire biographique des auteurs*, Paris, 2002

Nora, P.: "Le Dictionnaire de pédagogie de Ferdinand Buisson Cathédrale de l'école primaire," in Nora, P. (éd.): *Les lieux de mémoire*, Paris, 1997（谷川稔（監訳）『記憶の場——フランス国民意識の文化＝社会史〈統合〉2』岩波書店、2003年）

(5) フランス教育史・第三共和政教育史関係（欧文文献：アルファベット順）

Anderson, R.: *Education in France 1848-1870*, Oxford, 1975

Barral, P.: *Jules Ferry; une volonté pour la République*, Nancy, 1985

Baubérot, J.: *La morale laïque contre l'ordre maral*, Paris, 1997

Baubérot, J., Gauthier, G., Legrand, L. et Ognier, P.: *Histoire de la laïcité*, Besançon, 1994

Boussinesq, J.: *La laïcité française*, Paris, 1994

Chapoulie, J.-M.: "L'Organisation de l'enseignement primaire de la IIIe République; ses origins provincials et parisiennes, 1850-1880," *Histoire de L'Education*, no.105, 2005

Chevallier, P. et Grosperrin, B.: *L'Enseignement français de la Révolution à nos jours*, Paris, 1971

Chevallier, P. et Grosperrin, B.: *L'Enseignement français de la Révolution à nos jours, tome II; Documents*, Paris, 1971

Choppin, A. (éd.): *Manuels scolaires, Etats et sociétés XIXe-XXe siècles*, Paris, 1993

Cogniot, G.: *Laïcité et réforme démocratique de l'enseignment*, Paris, 1974

Crubellier, M.: *L'Ecole républicaine 1870-1940*, Paris, 1993

Combes, J.: *L'Ecole primaire sous la IIIe République*, Edition Sud Ouest, 2002

Debré, J.-L.: *La laïcité à l'école, Un principe républicaine à réaffirmer*, Paris, 2004

Dubreucq, E.: *Une éducation république*, Paris, 2004

Foucambert, J.: *L'Ecole de Jules Ferry, un mythe qui a vie dure*, Paris, 1986

Fourrier, Ch.: *L'Enseignement français de 1789 à 1945*, Paris, 1965

Furet, F.,: *Jules Ferry; fondateur de la République*, Paris, 1985

Furet, F. et Ozouf, M.: *Lire et écriture; L'alphabétisation des Français de Calvin à Jules Ferry*, Paris, 1977

Giolitto, P.: *Histoire de l'enseignement primaire au XIXe siècle; l'organisation pédagogique*, Paris, 1983

Giolitto, P.,: *Histoire de l'enseignement primaire au XIXe siècle; les methods d'enseignement*, Paris, 1984

Giolitto, P. : *Abécédaire et Férule: maîtres et écoliers de Charlemagne à Jules Ferry*, Paris, 1986

Giolitto, P.: *Histoire de l'école : maîtres et écoliers de Charlemagne à Jules Ferry,* Paris, 2003
Gontard, M. : *L'Oeuvre scolaire de la Troisième République,* Toulouse, c.1950
Gontard, M.: *L'Enseignement primaire en France de la Révolution à la Loi Guizot (1789-1833),* Paris, 1959
Grevet, R.: *L'Avènement de l'école contemporaine, 1789-1835,* Lille, 2001
Hayat, P.: *La laïcité et les pouvoirs, pour une critique de la raison laïque,* Paris, 1998
Loeffel, L.: *La question du fondement de la morale laïque sous la IIIe République (1870-1914),* Paris, 2000
Léon, A.: *Histoire de l'enseignement en France,* Paris, 1967
Luc, J.-N.: *La statistique de l'enseignement primaire 19e-20e siècles; politique et mode d'emploi,* Paris, 1985
Mayeur, J.-M.: *La Question laïque XIXe-XXe siècle,* Paris, 1997
Mercier, D.: "L'Enseignement de la morale au quotidian: le rôle des inspecteurs primaire (1880-1914)," *Histoire de la l'Education,* no.105, 2005
Moody, J.: *French Education Since Napoleon,* New York, 1978
Nicolas, G.: *Instituteurs entre politique et religion, La première generation de normaliens en Bretagne au 19e siècle,* Rennes, 1993
Ognier, P.: "L'Idéologie des Fondateurs et Administrateurs de l'école républicaine à travers la Revue Pédagogique de 1878 à 1900," *Revue Française de Pédagogie,* no.66, 1984
Ognier, P.: *L'Ecole républicaine française et ses miroirs,* Paris, 1988
Ozouf, J. et Ozouf, M.: *La République des instituteurs,* Paris, 1992
Ozouf, J.: *Nous, les maîtres d'école, autobiographies d'instituteurs,* Paris, 1967
Parias, L.-H. (éd.): *L'Histoire générale de l'Enseignement et de l'Education en France,* tome 3, Paris, 1981
Prost, A.: *L'Histoire de l'enseignement en France 1800-1967,* Paris, 1968
Prost, A. et al.: *Repenser l'école obligatoire,* Paris, 2004
Stock-Morton, Ph.: *Moral Education for a Secular Society; The Development of Morale laïque in Nineteenth Century France,* New York, 1988
Terral, H.: *L'Ecole de la République, Une anthologie (1878-1940),* Paris, 1999

(6) フランス教育史・第三共和政教育史関係（邦文文献：五十音順）
梅根悟（監修）『世界教育史大系 10 フランス教育史Ⅱ』講談社、昭和50年
梅根悟（監修）『世界教育史大系 38 道徳教育史Ⅰ』講談社、昭和51年
梅澤収「フランス義務教育制度における教員の位置——初等教育組織法（1886年）の成立過程を通して」『東京大学教育学部教育行政学研究室紀要』第9号、1989年
梅澤収「フランス『初等教育費負担法』(1889年7月19日法) に関する考察——「国家

の初等教育役務」に焦点をあてて」『フランス教育学会紀要』創刊号、1989年
梅澤収「フランス第三共和政期における義務教育の導入論議」、牧柾名(編)『公教育制度の史的形成』梓出版社、1990年
上垣豊「ライシテと宗教的マイノリティー——フランス第三共和政初期の教育改革とプロテスタント」望田幸男・橋本信也(編)『ネイションとナショナリズムの教育社会史』昭和堂、2004年
大坂治「F.ビュイッソンの公教育思想研究(その1)」『教育制度研究』第9号、昭和51年
小野田正利『教育参加と民主制——フランスにおける教育審議機関に関する研究』風間書房、平成8年
小山勉『教育闘争と知のヘゲモニー』御茶の水書房、1998年
小林亜子「フランス革命における〈公教育〉と〈祭典〉——憲法制定国民議会期(1789-1791)を中心に」『日本の教育史学』第29集、1986年
小林亜子「フランス革命期の公教育と公共性」、安藤隆穂(編)『フランス革命と公共性』名古屋大学出版会、2003年
曽我雅比児「フランスにおける『教育の自由』概念の歴史的展開に関する考察——フランス近代教育制度成立史研究(その一)」『岡山理科大学紀要B、人文・社会科学』17 B、1981年
高津芳則「フランス国民機制度成立過程研究——義務制を中心に」『東京大学教育学部紀要』第27巻、1987年
谷川稔(編)『規範としての文化——文化統合の近代史』平凡社、1990年
谷川稔『十字架と三色旗——もうひとつの近代フランス』山川出版社、1997年
藤井穂高『フランス保育制度史研究——初等教育としての保育の論理構造』東信堂、1997年
松浦義弘「フランス革命と〈習俗〉——ジャコバン独裁期における公教育論議の展開と国民祭典」『史学雑誌』92(4)、1983年
松島鈞『フランス革命期における公教育制度の成立過程』亜紀書房、1968年
吉田正晴『フランス公教育政策の源流』風間書房、昭和52年
吉澤昇「近代公教育原理『世俗性』と現代ドイツ・フランスの宗教教育—(3)世俗性の歴史的諸要因(続)」『研究室紀要』第31号、東京大学大学院教育学研究科、教育学研究室、2005年6月

(7) その他 (欧文：アルファベット順・邦文：五十音順)

Anderson, R.D.: *France 1870-1914 Politics and Society,* London, 1977

Bourgien, G. et Henriot, G. (éd.) : *Procès-verbaux de la Commune de 1871*, tome 1, Paris, 1924

Dictionnaire de Biographie Française, tome 7, 1966

Dommannget, M.: *L'Enseignement, l'Enfance et la Culture sous la Commune*, Paris, 1964
Edwards, S. (ed.): *The Communards of Paris, 1871*, New York, 1973
Ferry, J.: "Discours de M. le Ministre de l'Instruction Publique au Congrès Pèdagogique de 1881," *Revue Pédagogique*, tome 1, 1881
Ferry, J.: *Lettres aux instituteurs du 17 novembre 1883*, Paris, 1883
Froumov, S.: *La Commune de Paris et Démocratisation de l'école*, Moscou, s.d.
Les Murailles Politiques françaises, tome 2, Paris, 1875
Lois et Réglements sur L'Enseignement primaire et sur Les Différents services de l'enfance qui ne dependent pas du Ministère de L'Instruction publique, Paris, 1890
Noël, B.: *Dictionnaire de la Commune*, Paris, 1971
Pape-Carpantier, M.: *Introduction de la Méthode des Salles d'Asile dans l'Enseignement primaire, Conérence faites aux instituteurs réunis à la Sorbonne à l'occasion de L' Exposition Universelle de 1867*, Paris, 1879
Pape-Carpantier, M.: "L'Education des Sens," *Revue Pédagogique*, tome 6, 1878
Price, R.: *A Social History of Nineteenth Century France*, Hachinson, 1987
Rougerie, J.: *Paris lible, Paris*, 1971（上村・他訳『1871年 民衆のなかのパリ・コミューン』ユニテ、1987年）
Tersen, J. et al.: *La Commune de 1871*, Paris, 1970
Zeldin, Th. (ed.): *Conflicts in French Society, Anticlericalism, Education and Morals in the 19th century*, London, 1970
井上俊・他（編）『民族・国家・エスニシティ』岩波書店、1996年
ヴォヴェル, M.（谷川稔・他訳）『フランス革命と教会』人文書院、1992年
木崎喜代治『信仰の運命——フランス・プロテスタントの歴史』岩波書店、1997年
桂圭男『パリ・コミューン』岩波書店、1971年
桂圭男『パリ・コミューン——パリが燃えた70日』教育社、1981年
喜安朗「フランス第三共和政の形成とその政治支配の論理——ブルジョワ支配と『制度民主主義』」『歴史学研究』第350号、1969年
木下半治『フランス・ナショナリズム史』(一) (二) 図書刊行会、昭和51年
桜井哲夫『知識人の運命——主体の再生に向けて』三一書房、昭和58年
柴田三千雄『パリ・コミューン』岩波書店、1973年
柴田三千雄・他（編）『世界歴史大系・フランス史 3 19世紀なかば〜現代』山川出版社、1991年
田中浩『国家と個人——市民革命から現代まで』岩波書店、1990年
ダヴァル, R.（串田孫一・中村雄二郎訳）『フランス社会思想史』白水社、1979（1954）年
中木康夫『フランス政治史 上』未来社、1975年

長谷川正安『コミューン物語』日本評論社、1991年
服部春彦・谷川稔 (編)『フランス近代史——ブルボン王朝から第五共和政へ』ミネルヴァ書房、1993年
服部春彦・谷川稔 (編)『フランス史からの問い』山川出版社、2000年
平野千果子「第三共和政フランスの公教育と植民地」西川長夫・渡辺公三 (編)『世紀転換期の国際秩序と国民文化の形成』柏書房、1990年
平野千果子『フランス植民地主義の歴史——奴隷制廃止から植民地帝国の崩壊まで』人文書院、2002年
ビュアリ, J.B. (森島恒雄訳)『思想の自由の歴史』岩波書店、1983 (1951) 年
フュレ, F. (大津真作訳)『フランス革命を考える』岩波書店、2000年
ブルジャン, G. (上村正訳)『パリ・コミューン』白水社、1961年
堀尾輝久『現代教育の思想と構造』岩波書店、1971年
牧柾名「パリ・コミューンと人民の教育権」『牧柾名教育学著作集 1 教育権の歴史と理論 上』エイティム社、1998年
マルティモール, E.J. (朝倉剛・羽賀賢二訳)『ガリカニスム——フランスにおける国家と教会』白水社、1987年
モンクロ, G. (波木居純一訳)『フランス宗教史』白水社、1997年
リサガレー (喜安朗・長部重康訳)『パリ・コミューン 上』現代思潮社、1968年
リサガレー (喜安朗・長部重康訳)『パリ・コミューン 下』現代思潮社、1969年
レオナール, E.=G. (渡辺信夫訳)『プロテスタントの歴史 (改訳)』白水社、2001年
山口俊夫『概説フランス法 上』東京大学出版会、1978年
山本桂一 (編)『フランス第三共和政の研究』有信堂、昭和41年

あ と が き

　本書の構想は、大学院時代に発表した「フェルディナン・ビュイッソンの公教育思想に関する考察——世俗化の論理を中心に——」(1987年)にまでさかのぼる。学部、大学院をとおしての指導教官、そして恩師である松島鈞先生の厳しいご指導を受けつつ何度も書き直したことを、今なお想いだす。それ以来、ちょうど20年となるわけだが、その間、研究対象はあれこれ多様化しわき道にそれたりもしたが、つねに手元にあったのが、『教育学・初等教育事典』であった。このおつきあいは、20年以上にもわたることとなる。本書は、これほど長い時間の末にできたものと言えるが、そのわりには内容の浅い未熟な研究成果となり、先生には申し訳ない気持ちである。しかし、先生の御教示くださった、地道な粘り強い研究の継続という一点においてのみ、学恩におこたえできたと思う。
　この間に発表し、本書のもとになった論文を執筆順に並べると、以下のとおりである。

① 「フェルディナン・ビュイッソンの公教育思想に関する考察——世俗化の論理を中心に——」『筑波大学教育学系論集』(筑波大学教育学系) 第11巻第2号、1987年、17-47頁
② 「F. ビュイッソンにおける教育改革の論理——『教育の世俗化』と『統一学校』——」松島鈞 (編著)『近代教育の史的展開——松島鈞博士退官記念論文集』紫峰図書、1988年、276-297頁
③ 「フェルディナン・ビュイッソン:『第三共和政の学校事業の完成』——近代義務教育論の一典型として——」『西洋教育史研究』(筑波大学外国教育史研究室年報) 第18号、1989年、103-121頁
④ 「F. ビュイッソンの統一学校論における義務教育思想の特質——革命期

の理念の継承と変容——」『フランス教育学会紀要』第2号、1990年、81-88頁

⑤「公教育の成立——フランス革命と第三共和政の場合——」『近代教育フォーラム』第6号、1997年、137-142頁

⑥「公教育史における私学問題と公共性——第三共和政の場合——」『フランス教育学会紀要』第12号、2000年、49-58頁

⑦「F.ビュイッソンのコンドルセ評価に関する考察—— Condorcet 第三覚書の分析——」『岡山大学教育学部研究集録』第119号、2002年、117-122頁

⑧「F.ビュイッソンの公教育思想に関する基礎的考察(1)——事跡の再検討を中心にして——」『岡山大学教育学部研究集録』第125号、2004年、57-66頁

⑨『フランス第三共和政教育改革における F.ビュイッソンの役割に関する基礎的研究』(平成14・15年度科学研究費補助金(基盤研究 C (2))研究成果報告書:研究代表者・尾上雅信)、2004年、全45頁

⑩「F.ビュイッソンの公教育思想に関する基礎的考察(2)——パリ・コミューンとの関連で——」『岡山大学教育学部研究集録』第126号、2004年、13-21頁

⑪「F.ビュイッソンの公教育思想に関する基礎的考察(3)——ウィーン万博派遣とその報告書——」『岡山大学教育学部研究集録』第127号、2004年、1-9頁

⑫「F.ビュイッソンの公教育思想に関する基礎的考察(4)——フィラデルフィア万博派遣とその報告書——」『岡山大学教育学部研究集録』第129号、2005年、133-140頁

⑬「F.ビュイッソンの直観教授論に関する考察」『フランス教育学会紀要』第17号、2005年、5-18頁

⑭「F.ビュイッソンの公教育思想に関する基礎的考察(5)——万博における道徳・宗教教育の視察報告——」『岡山大学教育学部研究集録』第130号、2005年、99-106頁

⑮「F. ビュイッソンの公教育思想に関する基礎的考察(6)――初等教育局長時代の言説の検討：その1――」『岡山大学教育学部研究集録』第131号、2006年、101-111頁

⑯「F. ビュイッソンの公教育思想に関する基礎的考察(7)――初等教育局長時代の言説の検討：その2――」『岡山大学教育学部研究集録』第132号、2006年、91-102頁

　これらの諸論文をもとに大幅に加筆修正した上で、2006年7月に筑波大学に博士（教育学）学位請求論文として提出した。山内芳文先生には、論文のとりまとめ、加筆修正、提出から審査に至るまで、厳しくもあたたかいご指導をいただいた。審査に加わってくださり、貴重なご助言・ご教示をくださった桑原隆先生、清水一彦先生、大戸安弘先生、また同じく審査に加わってくださった、当時の人間総合科学研究科教育学専攻長の窪田眞二先生、人間総合科学研究科教授（外国教育史）の安川哲夫先生とともに、深く感謝申し上げる。

　また、古沢常雄先生をはじめとするフランス教育学会の諸先生方からは、専門的な立場からの様々なご指導をいただいた。研究対象としてのフランス教育の面白さと奥の深さを、フランス的なエスプリに満ちた雰囲気であたたかくも厳しく論議できる場としてのこの学会で知り合った先生方からのご助言はたいへんありがたいものである。また、小さな研究会であるが、比較教育史研究会（宮本健市郎さん、名須川知子さん、西井麻実さん、佐藤哲也さん、吉田武男さん、菅野文彦さん）にもお世話になった。会員の先生方が学位論文に取り組む姿からは、多くのことを学ばせていただき、励まされた。みなさんに感謝の気持ちをお伝えしたい。

　資料収集の上では、筑波大学、東京大学、国会図書館、大佛次郎記念館などの国内の図書館、フランスの国立図書館、英国のブリティッシュ・ライブラリーなど国外の図書館所蔵の貴重な資料も利用させていただいた。これらの利用については、岡山大学附属図書館の職員の方々には、文献相互貸借業務をはじめ、たいへんなご尽力をいただいた。厚く御礼申し上げたい。

また、職場である岡山大学教育学部、とりわけ教育学講座（教室）の先生方にも感謝申し上げる。教育と研究の両立を身をもってご教示くださった先生方、とくに髙旗正人先生にはたいへんお世話になった。本書で少しでも学恩におこたえできれば幸甚である。

　私事だが、平成14年ごろに体調を崩し、回復した今もなお心配を掛け続けている両親に本書をささげたいと思う。

　最後に、出版に際しては、東信堂の下田勝司社長が快くお引き受けくださっただけでなく、細部にわたりご助言くださった。心から御礼申し上げたい。

　2007年夏

　　　　　　　　　　　　　　　　　　　　　　　　　　　　著　者

事項索引

〔数字〕

1880年代(の)教育改革　　9, 15-17, 64, 118, 158, 176, 183, 186, 189, 190, 191, 193, 196, 197, 204, 211, 219, 231, 232, 235, 236-238

1882年3月28日の法律　　4, 183, 193, 200

〔ア行〕

インターナショナル　　44-46, 55-58,

ウィーン万博　　16, 17, 62, 65-68, 71-73, 75-77, 80, 95, 104, 158, 163, 172, 175, 176, 178, 180, 185, 186, 229

〔カ行〕

改革派　　24, 25, 29, 40, 228
ギゾー法　　6, 216
義務　　4, 27, 35-37, 40, 65, 147, 154, 155, 168, 170, 182, 193, 198, 199, 207, 213-215, 221, 222, 229, 231, 233-235, 237
教育科学　　5, 238
教育学　　5
　──・初等教育事典　　14, 15, 193, 195-197, 221, 235, 238
教育組織　　6, 7, 9
教育的改革　　200-202, 218-220, 222, 231, 232, 236-238
教育内容・方法　　5-7, 16, 183, 200, 229, 235, 236
共和主義　　29, 30, 40, 45, 49, 58, 192
共和政　　43, 45, 47-49, 63, 65, 109, 191
共和派　　8, 30, 63, 64, 194, 207
近代初等教育の三原則　　193, 198, 214, 231
国民教育　　113, 135, 197, 198, 200, 203, 213, 221, 222, 231, 235

国民統合　　110, 237, 238
孤児院　　44, 49-53, 55-58, 70, 229
ゴブレ法　　17, 190, 197, 204, 205, 222, 231, 236

〔サ行〕

実物教授　　79, 85, 89, 91, 92, 97-100, 177, 181, 182, 184, 185, 202, 222
就学義務　　4
宗教教育　　17, 31, 32, 69, 108, 115, 116, 122, 129, 135, 139, 140, 159-166, 172, 215, 216, 230
自由キリスト教　　36-38, 40, 43, 221, 229, 232, 233, 237
自由派　　24-29, 38,
ジュール・フェリー改革　　3, 190
初等教育局長　　9, 17, 22, 189, 190, 192, 195, 196, 222, 231, 235
初等視学官　　6, 7, 9, 62, 64, 66, 80, 105, 176, 192
新・教育学・初等教育事典　　14
聖史　　31, 36, 40, 78, 161, 229
聖書　　33, 35, 36, 63, 132, 133, 135, 136, 138, 161, 165
正統派　　24, 25, 40, 63, 65, 80
制度改革　　5
世俗化　　4, 22, 31, 40, 41, 49, 50, 54, 63, 162, 163, 172, 192, 200, 205, 207, 209, 210, 215, 229, 231
世俗思想　　8
世俗性　　4, 10, 11, 22, 136, 162, 193, 197, 198, 200, 214, 215, 222, 235
ソルボンヌ　　5

〔タ行〕

第三共和政	4, 8-10, 16	パリ・コミューン	16, 43-46, 49, 50, 52-58, 62-64, 80, 176, 193, 229
——教育改革	3, 5, 6, 18, 50, 228	パリ万博	17, 71-73, 75-77, 80, 81, 104, 175, 176, 179, 186, 231
——教育史	5	ピューリタン	10
直観教授	13, 17, 175-179, 181-187, 202, 231, 234	ファルー法	206, 207, 216
直観的方法	17, 67, 69, 85, 86, 93, 100, 120, 163, 172, 175, 177, 178, 181, 183, 184, 186, 229-231, 236-238	フィラデルフィア万博	16, 17, 81, 102-104, 158, 159, 163, 172, 175-178, 180, 186, 187, 229, 234
テブ教会	24, 25, 28	福音書	25-27, 40
道徳・公民教育	220, 232, 233, 237	普仏戦争	16, 43-46, 49, 57, 58, 176, 229
道徳および宗教教育	159-161, 163, 172, 182, 220	フランス革命	3, 4
		プロテスタンティズム	12
道徳教育	4, 7, 8, 9, 15, 17, 55, 108, 122, 140, 142, 145, 146, 149, 151, 155, 159, 161, 166-172, 182, 184, 230, 232, 233, 237	プロテスタント	10, 11, 12, 23, 24, 26, 27, 29, 38, 65, 80, 133-137, 160, 162, 164, 165, 194, 195, 234
道徳的直観	13, 90	万博	12

〔ナ行〕

ヌーシャテル	16, 23, 27-31, 40, 41, 43-45, 57, 64, 160, 162, 176, 191, 228, 232

〔ハ行〕

〔マ行〕

無償	4, 114, 119, 179, 186, 187, 193, 198, 199, 201, 214, 222, 231, 235

人名索引

〔ア行〕

エア, P.　　11, 13, 22, 23, 28, 44-46, 55, 63-65, 103, 159, 189

〔カ行〕

ギサ・ペイル, M.　　10, 12-14, 22-24, 25, 28, 38, 39, 44, 55, 63, 64-67, 102, 103, 158, 175, 190-194, 232
ギゾー, F.　　6, 199
キネ, E.　　29, 40, 191, 195
ギョーム, J.　　194, 195
クーザン, V.　　180
グルヴェ, R.　　6
コクレル師（コクレル, A.）　　24, 25
ゴブレ, R.　　218
ゴンタール, M.　　3, 6
コンドルセ, M.　　195, 215
コンペーレ, G.　　238

〔サ行〕

ジオリット, P.　　5
シモン, J.　　59, 62-66, 80, 190-192, 217
ジャコト, J.　　177
シャプリ, J.-M.　　5
シュヴァリエ, J.　　7
スティーグ, J.　　64, 66,

〔タ行〕

チェイス, G.　　13
デュボワ, P.　　14, 44, 46, 58, 67, 194,

デュリュイ, V.　　207, 217
デュルケーム, E.　　238
ドゥニ, D.　　14
ドマンジェ, M.　　50, 51, 53-55, 57
トムィ, S.　　11

〔ハ行〕

バチコ, B.　　4
パプ・カルパンティエ, M.　　13, 176, 183, 185
ブーグレ, C.　　22
フーリエ, C.　　3, 7
フェリー, J.　　3, 6, 10, 19, 176, 183-185, 191, 193, 197, 200, 210, 218, 233
プライス, R.　　4
プロ, A.　　7
ペコー, F.　　23
ボベロ, J.　　8

〔マ行〕

マリオン, A.　　238
メイヨール, J.-M.　　8
メルシエ, D.　　5, 7, 8, 9,

〔ヤ行〕

ユゴー, V.　　29, 40, 51, 191

〔ラ行〕

ルッフェル, L.　　13, 23, 43, 45, 57, 58, 63, 65, 67, 175, 177
レオン, A.　　4, 7

著者紹介

尾上雅信（おのうえ　まさのぶ）
　1957年　静岡県生まれ
　1985年　筑波大学大学院博士課程教育学研究科単位修得退学
　1985-87年　筑波大学教育学系助手
　1987年　岡山大学教育学部講師
　1993年　岡山大学教育学部助教授
　2006年　博士（教育学）（筑波大学）
　2007年　岡山大学教育学部准教授。現在に至る。
　専門：教育学、西洋教育史（近代フランス教育史）。

主要著書・論文等
『近代教育の史的展開』（共著、紫峰図書、1988年）、「F．ビュイッソンの直観教授論に関する考察」（『フランス教育学会紀要』第17号、2005年）、「フランス第三共和政初期の初等教員養成改革に関する考察(1)」（『岡山大学教育学部研究集録』第134号、2007年）、など。

L'Etude sur la Pensée Educative chez Ferdinand Buisson
　—*Une recherche historique sur la réforme scolaire dans les premières années de la Troisième République*—

フェルディナン・ビュイッソンの教育思想──第三共和政初期教育改革史研究の一環として

2007年8月20日　初　版第1刷発行　　　〔検印省略〕
定価はカバーに表示してあります。

著者Ⓒ尾上雅信／発行者　下田勝司　　印刷・製本／中央精版印刷

東京都文京区向丘1-20-6　郵便振替00110-6-37828
〒113-0023　TEL（03）3818-5521　FAX（03）3818-5514
　　発行所　株式会社　東信堂
Published by TOSHINDO PUBLISHING CO., LTD.
1-20-6, Mukougaoka, Bunkyo-ku, Tokyo, 113-0023 Japan
E-mail : tk203444@fsinet.or.jp　http://www.toshindo-pub.com

ISBN978-4-88713-777-6　　C3037　　Ⓒ Masanobu Onoue

東信堂

教育の平等と正義	大桃敏行・中村雅子・後藤武俊 K・ハウ著	三二〇〇円
大学教育の改革と教育学	小笠原道雄・坂越正樹 K・ノイマン訳著	二六〇〇円
ドイツ教育思想の源流	平野智美・佐藤直之 R・ラサーン著	二八〇〇円
教育哲学入門	上野正道訳	三八〇〇円
フェルディナン・ビュイッソンの教育思想——第三共和政初期教育改革史研究の一環として	尾上雅信著	三八〇〇円
経験の意味世界をひらく——教育にとって経験とは何か	市村・早川・松浦・広石編	三八〇〇円
洞察＝想像力——経験・他者・関係性	市村尚久・D・スローン監訳	三五〇〇円
文化変容のなかの子ども——知の解放とポストモダンの教育 ボディ・エデュケーショナルの思想圏	田中智志編	三五〇〇円
教育の共生体へ	高橋勝	二三〇〇円
人格形成概念の誕生——近代アメリカの教育概念史	田中智志	三六〇〇円
サウンド・バイト：思考と感性が止まるとき	小田玲子	二五〇〇円
体験的活動の理論と展開——「生きる力」を育む教育実践のために	林忠幸	二三八一円
学ぶに値すること——複雑な問いで授業を作る	小田勝己	二二〇〇円
階級・ジェンダー・再生産——現代資本主義社会の存続メカニズム	橋本健二	三二〇〇円
再生産論を読む——バーンステイン、ブルデュー、ボールズ＝ギンティス、ウィリスの再生産論	小内透	三二〇〇円
教育と不平等の社会理論——再生産論をこえて	小内透	三二〇〇円
情報・メディア・教育の社会学——カルチュラル・スタディーズしてみませんか？	井口博充	二三〇〇円
オフィシャル・ノレッジ批判——保守復権の時代における民主主義教育	野崎・井口・小暮・池田監訳 M・W・アップル著	三八〇〇円
新版 昭和教育史——天皇制と教育の史的展開	久保義三	一八〇〇円
地上の迷宮と心の楽園【コメニウスセレクション】	藤田輝夫訳 J・コメニウス	三六〇〇円
修道女が見聞した17世紀のカナダ——ヌーヴェル・フランスからの手紙	門脇輝夫訳	九八〇〇円

〒113-0023 東京都文京区向丘1-20-6　TEL 03-3818-5521　FAX03-3818-5514　振替 00110-6-37828
Email tk203444@fsinet.or.jp　URL·http://www.toshindo-pub.com/

※定価：表示価格（本体）＋税

東信堂

比較教育学——越境のレッスン	馬越徹	三六〇〇円
比較・国際教育学（補正版）	石附実編	三五〇〇円
教育における比較と旅	石附実	二〇〇〇円
比較教育学の理論と方法	J・シュリーバー編著 馬越徹・今井重孝監訳	二八〇〇円
比較教育学——伝統・挑戦・新しいパラダイムを求めて	M・ブレイ編著 馬越徹・大塚豊監訳	三八〇〇円
日本の教育経験——途上国の教育開発を考える	国際協力機構編著	二八〇〇円
近代日本の英語科教育史——職業諸学校による英語教育の大衆化過程	江利川春雄	三八〇〇円
世界の外国語教育政策——日本の外国語教育の再構築にむけて	大谷泰照 林桂子 他編著	六五七一円
世界の外国人学校	末藤美津子 福田誠治 他編著	三八〇〇円
アメリカのバイリンガル教育——新しい社会の構築をめざして	末藤美津子	三二〇〇円
アメリカの才能教育——多様なニーズに応える特別支援	松村暢隆	二五〇〇円
多様社会カナダの「国語」教育（カナダの教育3）	関口礼子 浪田克之介編著	三八〇〇円
ドイツの教育のすべて	マックス・プランク教育研究所研究者グループ編 天野・木戸・長島監訳	一〇〇〇〇円
マレーシアにおける国際教育関係——教育へのグローバル・インパクト	杉本均	五七〇〇円
市民性教育の研究——日本とタイの比較	平田利文編著	四二〇〇円
中国大学入試研究——変貌する国家と中国の選抜	大塚豊	三六〇〇円
大学財政——世界の経験と中国の選択	呂煒著 成瀬龍夫監訳	三四〇〇円
中国の民営高等教育機関——社会ニーズとの対応	鮑威	四六〇〇円
「改革・開放」下中国教育の動態	阿部洋編著	五四〇〇円
中国の職業教育拡大政策——背景・実現過程・帰結	劉文君	五〇四八円
中国の後期中等教育の拡大と経済発展パターン——江蘇省と広東省の比較	呉琦来	三八二七円
陶行知の芸術教育論——生活教育と芸術との結合	李燕	三六〇〇円
東南アジア諸国の国民統合と教育——多民族社会における葛藤	村田翼夫編著	四四〇〇円
オーストラリア・ニュージーランドの教育	笹森健 石附実編著	二八〇〇円

〒113-0023　東京都文京区向丘1-20-6
TEL 03-3818-5521　FAX 03-3818-5514　振替 00110-6-37828
Email tk203444@fsinet.or.jp　URL:http://www.toshindo-pub.com/

※定価：表示価格（本体）＋税

東信堂

大学再生への具体像	潮木守一	二五〇〇円
大学行政論Ⅰ	川本八郎編	二三〇〇円
大学行政論Ⅱ	近川八郎編	二三〇〇円
もうひとつの教養教育	伊藤昇司編	二三〇〇円
大学のイノベーション——経営学と企業改革から学んだこと	近森節子編著	二六〇〇円
大学の管理運営改革——日本の行方と諸外国の動向	江原武一編著	二六〇〇円
新時代を切り拓く大学評価——日本とイギリス	杉本均編著	二六〇〇円
私立大学の経営と大学院の役割 校長の資格・養成と大学院の役割	坂本和一	三六〇〇円
原点に立ち返っての大学改革	小島弘道編著	六八〇〇円
改めて「大学制度とは何か」を問う	丸山文裕	三六〇〇円
短大からコミュニティ・カレッジへ	舘昭	一〇〇〇円
現代アメリカのコミュニティ・カレッジ	舘昭	三六〇〇円
——飛躍する世界の短期高等教育と日本の課題	舘昭編著	二五〇〇円
日本のティーチング・アシスタント制度 ——その実像と変革の軌跡	秦由美子編著	三六〇〇円
大学教育の改善と人的資源の活用	北野秋男編著	二三八一円
アメリカ連邦政府による大学生経済支援政策	宇佐見忠雄	二八〇〇円
大学院の改革〔第4巻〕	犬塚典子	三八〇〇円
学士課程教育の改革〔第3巻〕	ホーン川嶋瑤子	三六〇〇円
大学評価の展開〔第2巻〕	杉本和弘	五八〇〇円
大学改革の現在〔第1巻〕	静岡県総合研究機構 馬越徹監修	二五〇〇円
〔講座「21世紀の大学・高等教育を考える」〕 アメリカの女性大学：危機の構造	坂本辰朗	二四〇〇円
大学教育とジェンダー ——ジェンダーはアメリカの大学をどう変革したか	絹川正吉編著	三二〇〇円
戦後オーストラリアの高等教育改革研究	清水一彦編著	三二〇〇円
アジア・太平洋高等教育の未来像	山野井敦徳編著	三二〇〇円
	有本章編著	三二〇〇円
	江原武一編	三二〇〇円
	馬越徹編	三二〇〇円

〒113-0023 東京都文京区向丘1-20-6
TEL 03-3818-5521 FAX 03-3818-5514 振替 00110-6-37828
Email tk203444@fsinet.or.jp URL:http://www.toshindo-pub.com/
※定価：表示価格（本体）＋税